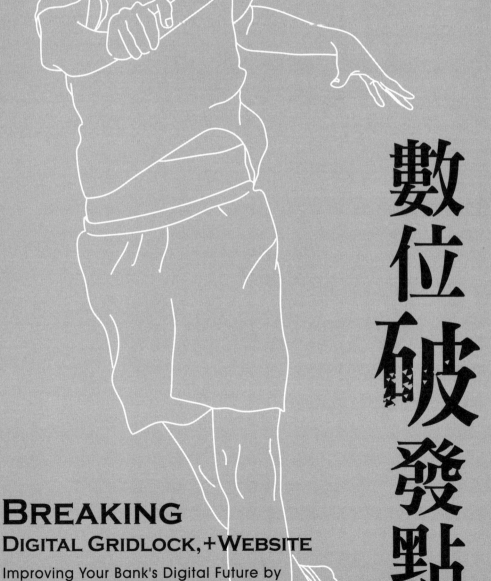

數位破發點

JOHN BEST 約翰·貝斯特──著

方慧媛──譯 孫一仕、蕭俊傑──編審

BREAKING
DIGITAL GRIDLOCK, +WEBSITE

Improving Your Bank's Digital Future by
Making Technology Changes Now

目 錄

推薦序

Brett King，國際暢銷書作家，

著有《擴增時代 (Augmented: Life in the Smart Lane)》、

《Bank4.0：金融常在，銀行不再？(Bank 4.0)》等

　　當你有本以「大數據與僵屍末日」一章為結尾的書時，可預期將經歷一段獨特的閱讀旅程，但我不得不說約翰・貝斯特的首部大作所陳述的結論無法否認，更是合理的。

　　在這個世界，幾乎地球上的每個行業都正以某種方式透過科技進行數位轉型。問題似乎總在於，傳統業者是否做的夠多得以續存？在音樂、書籍、零售、運輸和視訊領域，我們看到了純粹數位競爭者的崛起，從而對整個產業造成巨大的顛覆。最初這是透過在網際網路發展期間 (dot.com)，所謂的電子商務 (e-commerce) 業者所造成的。2007 年，隨著 iPhone 及其 app 應用程式生態系統的出現，又重新開始。如今我們談論區塊鏈、人工智慧、機器人、能源轉換和基因療法，但模式其實是一樣的。自從盧德主義者搗毀蒸汽機、美國第一條跨洲際電報線路擊垮了快馬郵遞、汽車取代馬匹以來，情況就一直如此。

　　面對潛在的產業顛覆，許多企業都延遲了回應的時機，希望他們是「與眾不同」，不會受影響。但當變革的必然性已經顯而易見時，企業根本來不及因應。貝斯特從實踐者的角度，即那些曾在戰壕中一直努力實現這種轉型的人，來解決這個問題，他首先從典型的心理迷思開始，在數位

威脅的早期，這些迷思抑制了理性的反應，然後詳細介紹抗拒變化的構成部分，以及如何克服這些流程、傳統行為、思維和系統。

我不斷地看到貝斯特所識別出的許多企業癥狀。即便在今天，當我們看到金融服務業出現所謂的「獨角獸」時，例如：Ant Financial（螞蟻金服）、Stripe、Klarna、Credit Karma、Transfer Wise、Ripple、SoFi、LuFax等，最終它們在各自的領域中占據主導地位，縱然它們大多數已經超越了該領域的傳統業者，但傳統業者卻仍然否認存在任何「威脅」。

本書就是在探討這個議題，它關乎你如何真正地進行企業數位轉型。我們聽到現今關於數位轉型的很多報導，但如果你問我（而且我經常被問到）哪些銀行或金融機構是真正轉型的最佳範例，我很難找出幾個，為什麼？因為如果你想以傳統業者的思維與金融科技公司及科技公司（或科技金融公司）競爭，就如同以雙手被綁在背後、鞋帶被綁在一起的方式，參加世界一百公尺短跑錦標賽決賽。如果你想在數位世界中獲勝或甚至僅僅是生存下去，都必須採取不同的思維和行動。

從簡單創新，像是遠端支票存款 (Remote Check Deposit)【編註：美國大部分銀行 app 所具備的功能，客戶可藉由拍照上傳支票的方式兌現支票】透過雲端、人工智慧、區塊鏈和加密技術，貝斯特精心解釋進化或革命性科技的影響是什麼，作為傳統業者，什麼是你應該擔心的，以及你有什麼選項。在本書解釋應用程式介面 (API) 銀行和第二號支付服務指令 (PSD2) 時，貝斯特用麥當勞兄弟面對經營模式的可能選擇比擬，闡釋這種模式是否可能破壞他們的核心業務。銀行和金融機構在這種顛覆性的格局中確實有一些選擇，但文化、領導力、技能和方法都必須重新調整，進行數位轉型需要極大的決心。

在策略的最後一節中，貝斯特提出了一個根本問題，即所有傳統業者在未來五至七年內都需要捫心自問以求生存。你是一家提供金融服務的科技公司嗎？還是一家透過科技提供服務的金融服務公司？貝斯特認為許多處於數位轉型的金融機構被夾在中間。他們肯定不是科技公司，因為沒有經驗、背景、人員和科技，但如果你想要與科技原生背景的獨角獸公司競爭，你就不能只是進行局部的轉型，因盲目崇拜科技而建置互相衝突的科技應用，你需要高標設定好自己的遊戲規則。

本書的結論非常明確。如果你想生存下去，就必須盡可能打破典型的僵局障礙，唯有透過強大領導、文化和能力才能做到這一點，而這些能力在你的企業，目前卻是不存在的。貝斯特讓我明白，今天談論變革的大多數企業都只是剛剛開始一段漫長的旅程，而且他們之中的許多企業根本無法迅速做出足夠的變革，從而在最終取得成功。然而，貝斯特在書中最能體現的是，如果你願意致力於真正的變革性方法，成功是可能的。

貝斯特年輕時，是在 VIC-20 開始上編寫程式碼，他從一名科技專家的眼光看到了網際網路、行動、人工智慧、雲端和區塊鏈的革命。如今他代表著一個由行家和專家組成的協會，如果你要成為金融機構的專家，你每天都需要依靠它，單憑這個原因，就應該在董事會上閱讀這本書，它會給你一個漂亮而簡潔的購物清單，列出你為了生存所需要進行的專案，但如果你不參加，必將被數位轉型的浪潮所淹沒。

我猜如果你是一個高階管理層的讀者，那麼你會說，我們當然想挺過金融科技革命。好的，那麼該開始了，繼續讀下去…。

Brett King

典範轉移經常 究看誰領風騷

2019 年第 54 屆金鐘獎，「綜藝教母」張小燕小姐憑其對於電視綜藝節目的偉大貢獻，眾望所歸獲頒「終身成就獎」。小燕姐感人的致詞中，回顧了她 66 年的電視生涯，特別是從「綜藝一百」、「超級星期天」、「百萬小學堂」等高收視率節目的製作經驗中，娓娓闡述職場心境的轉變，隨著回顧幕前幕後的發展，我們也同時看到了台灣電視綜藝節目生態的轉變，從老三台時代、到第四台有線電視，再到現在的 OTT 年代，年輕人拋棄遙控器，觀眾們不再只能用遙控器在有限選擇中尋找笑點慰藉，而是更加多元自主，隨時可以在 YouTube 看想看的影片或節目，或者是直接付費給 OTT 業者 (如 Netflix)，來滿足追劇的需求。

事實上，猶如電視產業這樣的典範轉移，早已充斥在各行各業之中。例如雜貨店、照相館、錄影帶出租店等，都是曾在市場上獨領風騷，卻慢慢地歸於塵土歷史。但是，對這些產業而言，之所以被逐漸淘汰的原因，並不單單僅是生財技術的改變導致它們退出市場，往往是在整個經營環境因為技術進步而被重新塑造時，原有的領先者無法轉化其商務模式與時俱進，而讓後進者有了成就典範轉移的契機。

本書是作者從 FinTech 發展的角度，針對美國基層金融數位轉型，以親身領導轉型或提供諮詢的經驗，提出金融機構常見的轉型困境，以及應有的對策方向建議。畢竟，金融業正在面對著前有未有的挑戰，無數的科技業者想用資訊科技來取代金融業的市場角色，而具有遠見的領導金融業者，也同樣汲汲營營想發揮網路所提供的便利，進一步擴大既有市場獲利。但問題是，夾在中間的金融業者呢？當沒有足夠的資本可以進行資訊

設備投資，又沒有辦法延攬到需要的資訊專長人才時，是否只能拱手讓出過去辛苦打下的事業江山？

作者針對敏捷組織設計、數位願景形塑、信任框架建構等等面向一一分析介紹，讓金融機構能夠找到對於技術發展衝擊下的思考切入點，也在構思對策時，可以有更清楚的依循方向。尤其是 2019 年，除了是台灣金融市場準備迎接開放純網銀競爭的關鍵時點，更因超商與連鎖零售店基於與消費者的緊密接觸，透過支付機制建構其個別的金融生態系，金融市場競爭變數越來越多，挑戰益加艱鉅。台灣金融業者若不能即時進行必要調整，將可能錯失轉型契機。因為，一旦日本、歐洲負利率環境也蔓延到台灣，加上不習慣刷存摺的青年世代成為金融市場的主力客戶時，若金融機構仍然僅能依賴利差與服務費收入，屆時所面對的將是實質又關鍵的企業存續挑戰。

經營的成功典範，往往就如同贏得消費者青睞的流行風潮一般。當小燕姐在回顧台灣綜藝節目史時，有多少人還記得，遠在廣告收入成為大傳業者主要收入之前，其實廣播與電視的經營模式並不是免費提供服務的，而是直接跟影音使用者收費，作為節目製作的收入來源。以 1962 年（民國 51 年）為例，因為當時收音機與電視機的擁有者均應登記領照，每台電視 60 元、收音機每年 30 元的執照費，是當時業者的最重要收入。細想，那樣的模式，不就是現在 Netflix 的收費模式？背後的思維其實是如此的雷同。感覺上，典範的移轉就像流行風潮一樣，各領風騷，但也往往會在繞了幾圈之後，又回到原點。平心而言，不論是哪種產業，這樣繞了幾圈兒回到的原點，應該也就是目前人工智慧所不能模仿的最後禁地，也就是「人性」的需求。金融是否能夠數位轉型的關鍵，正是自問在技術快速變化的經營環境中，金融機構還能不能掌握各個世代對於金融服務，

提供最根本的人性需求，用金融業最重視的信任營造，提供金融消費者更好的金融生活體驗。

台灣金融研訓院 院長

黃崇哲

數位僵局求突破 改變其實沒有那麼難

數位時代的來臨，無論是政府、企業與個人都面臨適應與轉變的挑戰。從個人的角度來看，員工擔心新的職能會威脅其既有的工作，對學習新的職能又有著不確定的感覺（學不學得會，以及學了之後有沒有用）。對企業來說，現有的營運模式雖然面臨威脅，但也還撐得下去，要投入大筆資金，徹底大改造，到底有沒有效，也是個疑問。從政府決策與監管的觀點來看，要推動新的數位政策，解決數位落差，如何化解民眾對資安、個人隱私保護等議題的疑慮，以及重新調整現有法規，也有許多關卡須要突破。由於上述這些因素，我們便看到一個詭異的現象，那就是明知數位化是一個趨勢，但我們的進展卻是裹足不前，這便是所謂的瓶頸，或是本文作者所提到的僵局 (Gridlock)。

其實改變並沒有那麼困難。舉例來講，當你即將面對交通阻塞的情況下，你可以採取一些對應措施，例如改變行車路線、或是變換交通工具、甚或改變出訪的目的地（換個地方旅遊、或是由見面改為視訊會議），或是塞在車陣當中，耐心等待車流過去。但我相信絕大多數人都會選擇耐心等待，這也是一開始造成交通阻塞的原因。如果我們願意提早規畫行程，避開尖鋒時間，也許僵局就不會產生了。對個人、企業或是政府，面對僵局時，也許也可以想想如何解決這些問題。我認為其中的關鍵，就是迅速針對問題做出應對。當客戶不再臨櫃時，銀行如何迅速調整分行位置，重新配置人力資源，並善用網路及行動載具，留住客戶，如果等到客戶流失了，才採取補救措施，可能就為時已晚。

　　尤其對中小型的金融機構來說，經常面臨在金融科技的競爭力上比不過大型金融機構，主要是因為在採取數位解決方案時，常常因為成本考量，或是營運模式難以迅速調整，而變得躊躇不前。我認為本書在這一方面提供一個適時的指引，如何在有限的預算、在不改變企業文化以及銀行本身的特色下，針對企業內部的流程與各種痛點，利用新的科技來達到數位化的效果，進而提升客戶服務的水準與滿意度，最終提升營運績效與獲利能力。對有興趣改變自己的讀者，我強力推薦本書，深深值得一讀。

國家發展委員會 副主委

鄭貞茂

迎向數位美好生活

　　身處快速、複雜、多變的數位時代，產業疆界逐漸模糊，企業間彼此合作卻也互相競爭，想要在這樣的競合關係中脫穎而出，就要採取不一樣的思維與行動。其中，科技應用、顧客需求及金融法規這三股力量，正在重塑金融業的樣貌，金融業面對艱鉅的挑戰，也充滿各種機會。

　　《數位破發點》作者約翰‧貝斯特研究企業可能構成數位化僵局的六個領域，透過他與團隊的實戰經驗及多元視角，有方法地調整心理與認知，提出改變的建議來逐步打破數位化僵局。本書從簡單的創新，到進化性、革命性的科技，務實地解釋金融業面臨的困難及轉型者可以有的選擇。並進一步強調，這股浪潮不僅影響作業流程，更將改變人們使用金融服務的基本方式，而改變的關鍵在於資料分析的能力，能夠讓金融業更瞭解顧客，協助顧客享有更好的金融服務。

　　數位時代的重要決勝關鍵在於顧客體驗，玉山長期投入資源，期望透過科技的運用，提升顧客的滿意程度。從成立由資料科學家組成的 CRV 小組 (Customer Risk & Value, CRV) 開始，到轉型為智能金融處 (Intelligence Finance Division)，設立台灣金融業首位數金長 (CDO) 與科技長 (CTO)，以及首創科技儲備幹部制度 (Technology Management Associate, TMA)。這些努力的目標，就是要真正回應顧客的需求，以科技做為加速器，將資料化為資訊，讓技術促成暖心服務，使顧客擁有更好的體驗。

　　在數位轉型的過程中，我們體驗到企業文化的兼容性、創新性、容錯性與人才培育都是至關重要，這與本書強調的觀點不謀而合。玉山透過全面調整科技部門的管理模式，打造數位時代的工作環境、提供科技人才盡

情揮灑的寬廣舞台，持續鼓勵跨部門、跨專業、跨世代的同仁，表達多元的觀點與建議。期望同步結合創新與紀律、同時兼顧績效與風險，走出一條不一樣的路。

「你是提供金融服務的科技公司，還是透過科技提供服務的金融公司？」數位化並不僅止於科技應用，無論是場景金融、普惠金融或智能金融，都必須再加上對顧客體驗的深度瞭解、對金融本質的深刻認知、以及對未來世界的無限想像，才能從企業核心價值引導數位化發展，打造顧客導向的金融服務，並與跨產業的合作夥伴打造生態圈，共同提供有溫度的服務，與顧客一起邁向數位美好生活。

玉山金融控股公司 總經理

黃男州

數位轉型大道 科技不是敵人而是夥伴

金融服務已不再是銀行的特許行業，經由科技創新、生態系的結合，許多非傳統金融體系的金融服務源源不絕的湧現。金管會法令政策的開放趨勢下，開放銀行已為金管會公告 2019 FinTech 施政重點、同時開放三家純網銀，期望鯰魚翻轉金融新風貌、擴大開放電子支付應用範圍與雲端委外的規範，金融業的變革已經是勢不可擋。金融是價值的流通，科技是改變資源的手段；科技不是敵人而是夥伴。未來已來，如何在滾滾的時代洪流中，抓住機遇，成為領先者，確實是在這個當下，讓各大金融機構如履薄冰、卻又興奮雀躍不已的課題。

本書從討論流程、科技開始，並強調風險的重要，最後再由人員、文化、治理結尾，述說推動數位轉型過程中將遇到的僵局。作者憑藉深刻清晰的洞察力，結合他對科技、金融不落俗套的認知和理解，對新技術、新潮流，如人工智慧、雲端、區塊鏈與大數據做出鞭辟入裡的分析。最難能可貴的，作者不但能夠闡明科技出現的前因後果，還能鉅細靡遺的提供應對方案。

個人最喜歡的部分是對數位僵局與文化再造的討論。銀行是被高度監管的行業，嚴明組織架構、循規蹈矩、不容犯錯，造就了穩定的銀行業務。然則面臨當前金融科技公司的競爭下，傳統銀行該如何重塑企業文化，容許犯錯 (在風險控管下)，鼓勵全員創新，在加上原有的傳統銀行優勢，面對挑戰。

中國信託所設下的數位願景，不是為科技而科技，而是用數位科技給客戶最佳的金融體驗。銀行數位化，應該是金融體驗無所不在、無時不

在。要怎麼融入客戶的生活圈？怎麼提供有溫度的服務？銀行的數位轉型必須要能透過客戶體驗提供更便民的服務、利用流程數位化提供更有效率的服務、金融服務結合 AI 和大數據提供更溫暖的服務、跨產業與科技公司策略合作提供更多元的服務。而這一切必須有賴於企業文化的支持，企業的文化將影響企業接受創新的意願、企業適應變革的能力以及企業解決內部衝突的能力。也因此，我們建立內部創新平台，鼓勵創新文化。

這是本值得細細品味的書，與我們在數位發展上高度契合，希望企業夥伴們以及所有的讀者們都能從書中得到正在尋找的數位轉型大道。

中國信託商業銀行 總經理

陳佳文

作者序

grid•lock　網格・鎖定

grid läk noun　(讀音) 名詞

單數名詞：gridlock；複數名詞：gridlocks

1.交通堵塞影響著交叉街道的整個網路。

　　你曾經陷入嚴重的交通堵塞嗎？我在加州工作時，常常開車從帕薩迪納 (Pasadena) 到約巴・林達 (Yorba Linda)。這趟 40 英里的路程常常花了三到四個小時，我發現在高速公路上有時會堵死，甚至完全停上幾個小時，坐在車裡一動也不動是多麼無助的感覺，你被困住了，不知道什麼時候會排除，然而最令人不安的是，你並不知道造成堵塞的原因。

　　當你適應漫長的等待開始四處看看，逐漸熟悉其他車裡的人，有時候會發現他們正看著你，然後你很快移開視線 (畢竟互相盯著對方不太禮貌)，廢氣的氣味迫使你讓車內的空氣再循環，當你緩慢地沿著路線移動時，突然發現自己看清每個路標，並仔細查看高速公路上通常不會注意到的所有細節，時不時你會瞥見希望，因為前面的剎車燈消失了，向前移動 10 或 15 英尺，你會想，「這就對了！我們又可以開始行駛了！」有時你甚至會達到時速 15 或 20 英里，然後你開始和堵車的同伴們一起遙遠地擊掌和微笑，然後說出「我們正在前進！」，直到前面的剎車燈亮起紅色，你又被困住了。剛剛在兩車道外，你和那個開 BMW 的傢伙一起慶祝的小慶典突然結束了。某處正有人在等你，但你卻無法做任何事情想辦法更快到

達那裡。

對我來說，這種感覺和你在一個環境中工作，似乎無法前進是一樣的感受。每當你有足夠的動力向前行駛時，總會有什麼事情或人阻礙了你，讓你又回到了交通堵塞的狀態。

數位僵局是什麼？

數位僵局是由幾種不同類型的癱瘓構成的，當它們結合在一起時，會導致企業怠速或停滯。企業有六大數位破發點待突破：

1. 流程 (Processes)：系統和工作流程必須跟上科技進步的步伐，以防止數位僵局。

2. 科技 (Technology)：隨著科技的進步，它所發揮的作用不僅僅影響流程；還從根本上改變人們從事業務的方式。

3. 安全性 (Security)：缺乏預防安全性漏洞的準備，可能會使企業易受攻擊。這不僅會令客戶面臨風險，還會導致法律和財務責任以及企業聲譽受損。

4. 人員 (People)：適當的人員必須放在適當的位置上，唯有適才適所，企業才能成功。

5. 文化 (Culture)：溝通不良和缺乏信任是文化癱瘓的兩大主要徵狀。這會妨礙企業進行所需的變革。

6. 策略 (Strategy)：治理、規劃和執行是策略的核心。它們將保持你的企業向前發展。

本書分為六篇，每篇都對應於可能引起企業問題的特定領域。

風險恐懼症

對於擺在桌上的每個新想法，畏懼風險的領導者都會做出本能反應：「不！這其實很有趣，因為衡量和推斷風險是我們金融機構員工的一項關鍵能力，影響我們如何發放貸款和進行投資，甚至決定我們給客戶的建議；然而在科技方面，金融部門如此害怕監管或製造任何風波，以致許多企業已停止進步。然而，諷刺的是，他們對風險的恐懼本身就是個風險。

我認為，風險恐懼症源於缺乏資料分析。我們擁有做出明智決策所需的所有資料，卻害怕實施它；我們比任何電商、搜尋引擎或部落格都更了解客戶；我們知道客戶購買什麼商品，知道他們何時購買，知道他們何時度假或旅行。金融機構擁有的資料類型最有價值，谷歌、亞馬遜或蘋果將願意為此付費。儘管如此，我們仍然不敢使用它，即使它有助於讓客戶的生活更加美好，因為我們擔心客戶會感到受侵犯，將使機構失去他們的信任。我們生活在恐懼中，擔心自己會被稱為「老大哥」，或者在不知不覺中違反一些晦澀難懂的法規，並被消費者金融保護局 (CFPB) 罰款，更沒人想上十點鐘新聞。這種對風險恐懼症的領導風格，將會影響你的企業，對新技術持懷疑態度，並避免出現新的功能、產品、服務或商業模式，直到它們被其他人證明可行。雖然這似乎是一個合乎邏輯的計畫，但這將導致陷入癱瘓的企業留在停滯的高速公路上，而不是在一個有希望的出口處下車，以冒險繞開堵塞。人們相信，在你所在的道路上停留的風險，會小於嘗試新的方法。

你可以將客戶視為等待你到達目的地的人。你的客戶正在等待你推出新功能，他們對數位化服務的期望取決於他們在臉書、亞馬遜、谷歌、Netflix 和蘋果等公司的體驗影響，他們期望獲得無縫的體驗和持續的改

進，只要他們能夠看到進展，就會耐心等待，但如果他們覺得你陷入了僵局，就會去尋找其他能提供這些服務的地方。

導致僵局的下一個癱瘓是文化癱瘓。情況是這樣的：你的銀行或信用合作社有很多員工，而且一些最優秀的員工在企業中級別較低，他們是每天與客戶互動的人，巧合的是，他們也是薪酬最低的人。第一線員工有很多機會了解客戶需求，評估客戶對你的業務產品的需求和不喜歡的內容，尤其是數位服務，因為如果他們必須手動完成交易，則很可能是因為此交易在你的數位化銀行平台上不能使用。這些員工不需要透過調查來了解客戶對你所提供服務的感受或反應，他們在與客戶互動時就可以感受到，但不幸的是，我們大多數的時候都沒有為這些員工提供平台分享第一手消息和知識，因此企業無法使用來自直接與客戶互動所獲得的資訊來改善業務、產品和服務。在大多數企業中，較低級別的員工無權解決問題，導致陷入癱瘓。

我曾經做過一次演講，然後詢問有多少人使用創新建議箱，令我驚訝的是這個數字甚至比我想像的還要少。當我深入研究時，發現其中一個還是匿名的建議箱，當我問為什麼是匿名時，此人無法回答。我認為匿名的建議箱唯一的原因是，人們害怕分享他們的想法，這反應該企業文化中某些嚴重的問題。我問了一個有正常建議箱的人，他們是如何使用這些建議。他們說，會對他們進行審查，然後與提交被認為是好點子的人交談；我接著問他們，對沒有使用的建議做了什麼；他們說，只是把建議擱置一旁，我再問他們，是否主動聯繫員工感謝他們的意見，結果發現他們沒有這樣做。對我來說，這很有意思，因為我認為每個建議都應該跟進，因為當員工願意以書面方式提出想法、向領導層提交，卻永遠得不到認可的建議，會有什麼感覺？著實讓人士氣低落。如果你是這個員工，會願意再提

出另外的想法嗎？文化的癱瘓與溝通的癱瘓是相輔相成的。

當這些因素聚集在一起，阻止企業向前發展時，就會出現數位僵局。這正是讓我們感到無助的原因，我們被困在一個拖延了六個月、看不到終點的專案上。我們不知道前方是否發生事故，或者道路是否永久關閉，唯一的出路是從更高的視角來觀察所有這些因素是如何相互作用的，並找出癥結所在。

這本書探討關於如何打破數位僵局，突破數位破發點。我將與大家分享我和團隊是如何完成任務，以及其他偉大企業是如何克服停滯。這本書將幫助你用行之有效的管理和科技方法戰勝癱瘓，這些工具將有助於企業協調，提升坦誠的溝通，獎勵風險（以正確方式處理時），並促進創新。你的金融機構將學習如何成為資料驅動型，以及如何從資料中找到洞察，如何嘗試失敗，並且仍然保持正常運作，然後可能再次失敗又失敗，不過這些事情都不必擔心登上十點鐘的新聞。這本書可以幫助你在高速公路上以 80 英里的時速行駛，並感受頭髮上飛揚的風。

編審序

自從於 2013 年與金融研訓院及當時任職的 IBM 團隊，開始翻譯第一本－「Bank 3.0 銀行轉型未來式」後，陸續共同合作翻譯了七本書。這七本書分別探討不同的主題，其中有探討數位經濟趨勢的「擴增時代」、「價值網」。探討銀行趨勢的「Bank 3.0 銀行轉型未來式」、「數位銀行」、「Bank 4.0 金融常在，銀行不再」，探討數位轉型執行策略的「新數位力」以及介紹人工智慧基礎原理的「機器學習」。

翻譯團隊的目標是希望能夠持續地從不同面向，提供讀者新的資訊以因應數位經濟對於金融業所帶來的衝擊。這本「數位破發點」與之前七本作品較為不同，我將其定位為一本工具書，非常適合想要進一步了解數位轉型要如何實作的高階主管可當作入門書，也適合已經在從事數位轉型的第一線中階主管當作參考書，更適合想了解資訊單位為何要「做這、做那」的金融專業人員當作說明書。

我在進行編審作業的過程中，有個感覺一直出現，就是「作者講的內容我都知道，我也都有在做！」但是，當我靜下心來再想一遍時，就覺得我仍有改善空間，而產生了「知易行難」的感慨，雖然作者以他在美國的工作經驗為基礎，但是書中的觀點，執行方法及原理卻是可以適用於想要進行數位轉型的銀行，對於金融從業人員極具參考價值。

由於這是一本實戰經驗總結的書，作者從六個部分，分別是流程、科技、安全性、人員、文化、策略來說明銀行在進行數位轉型會碰到的問題及因應之道。

▶ 第一部分：流程

　　第一章－如何改善內部作業流程：這個章節主要討論企業進行流程改造可能會碰到的問題，包括個別領域的專家以及現有的流程，都會限制企業尋找更好作業流程的機會，特別是應用全新的數位技術，應全面檢視是否各通路的流程都可以進行優化及整合。此外，作者也簡單比較了兩項軟體系統開發方式，即瀑布式開發及敏捷式開發，並說明各自適合的情境。

▶ 第二部分：科技

　　第二章－技術進化與科技革命：進化性技術會改變或擴展現存作業流程或做事方法，而革命性的科技則根本改變了做某些事的基本方式，作者分別以 iPhone 以及 Netflix 說明兩者的差異，探討銀行在兩種科技發展特性下可能的應用，並指出銀行業的關鍵革命將來自雲端服務、人工智慧、區塊鏈和身分自主權。

　　第三章－雲端服務：作者說明運用雲端服務的優點，並從費用、安全性、穩定性、擴充性、人員及監管等各種面向來說明雲端計算已是銀行可以考慮的科技應用方式。另外，作者也分別解釋三種不同的雲端架構，基礎架構即服務 (IaaS)、軟體即服務 (SaaS) 和平台即服務 (PaaS)，透過舉例目前提供雲端運算的三個平台，並說明其共通性、如何選擇雲端平台以及遷移至雲端的策略建議。

　　第四章－人工智慧：作者簡明介紹了人工智慧以及機器學習，並以蘋果的 Siri、亞馬遜的 Alexa、臉書、美國銀行、摩根大通銀行為例，然後說明可能的應用，並收錄了與 Bank 4.0 作者 Brett King 就人工智慧在金融業應用以及金融科技未來扮演角色的對話，最後再說明人工智慧可能帶來

的威脅。

　　第五章－應用程式介面：作者收錄了與德國著名純網銀 Fidor Bank 主管的對話，聚焦 Fidor 的基本理念，以客戶的需求為依歸，以社群的機制了解客戶的需求，並探討以 API 的方式串接客戶需要的服務，即便該服務並不是由 Fidor 提供。作者再以對話內容為基礎，提出應用 API 的建議以及如何與第三方服務業者 (如：美國的帳戶整合業者 Mint) 競合。

　　第六章－區塊鏈和加密貨幣：作者首先介紹了比特幣的歷史，進一步探討區塊鏈在金融業可能的應用，如許可制區塊鏈，也說明了區塊鏈分散式帳本機制的優點以及可能的應用。

▶ 第三部分：安全性

　　第七章－身分自主權：作者指出目前每個人都陷入密碼危機，也就是在不同的網站都設定了相同或是不同的密碼，並產生了相應的風險。作者說明了身分自主權 (Sovereign Identity) 的概念，並收錄與信任框架權威的訪談，來說明這個框架的構想。藉由運用區塊鏈的機制，參與身分自主權認證的個人及企業可以在特定情境取得所需的部分客戶資料，從而減少密碼或是敏感資料遭駭客攻擊的風險。

　　第八章－駭客威脅：作者首先提出一個概念，雖然銀行不斷投入資源在資訊安全，但仍需要做好將會被駭客突破的準備，在系統運作機制中嚴格遵守變更管理程序，是應變措施的第一步。作者介紹了幾件著名的駭客攻擊及其手法，並以虛擬的情境，來強調應變計畫的重要性及應如何訂定。

▶ 第四部份：人員

第九章－數位變革與每個人有關：作者先從人力資源的角度來建議如何管理及善用數位專業人才，包括：招聘、訓練及薪酬等方面的調整，其次再說明從硬體、工作環境、著裝守則等方面，如何吸引及留用數位人才，最後則簡介可以運用於軟體開發成本的會計準則。

第十章－誰能突破僵局：作者認為在企業推動數位化常會碰到「僵局」，造成阻礙的原因可能是人員、組織也可能是文化。因此，作者建議設立數位長及數位治理委員會負責統籌全企業的數位策略及數位專案；設立分析長負責資料治理以及從資訊中找到有價值的洞見。

▶ 第五部分：文化

第十一章－文化與創新：作者強調企業文化是企業能否完成數位轉型非常重要的因素。作者探討企業文化如何形成，文化的改變或是衝突將會如何影響企業的未來，以及文化將是企業能否延攬優秀人才的關鍵；同時，也探討形塑創新的文化要素，如容錯、溝通以及協同合作；最後再介紹企業如何運用獎勵及考核機制來鼓勵創新文化於企業中生根。

第十二章－文化與科技：作者舉漢堡王與麥當勞為例，回應客戶對個性化需求所產生的競爭優勢，並說明未來的銀行服務應該運用科技，如串接 API 來滿足客戶的客製化需求，「客製化」將是消費者期望從數位商品和服務中獲得的關鍵特質。

▶ 第六部分：策略

第十三章－企業長遠定位：作者在本章探討銀行與金融科技業者之間

的競合關係，並以五種趨勢來說明銀行所面臨的威脅，分別是：交換壓縮、侵蝕、數位化、行動化、去中間化。作者也以一個虛擬銀行的情境來闡述企業選擇以及管理外部解決方案的建議，並強調銀行需要在策略上決定自己的定位，是「提供金融服務的科技公司」，還是「透過科技提供服務的金融服務公司」，然後採取相應的科技策略。

第十四章－數位治理：作者強調數位治理的重要性，企業應該成立數位治理小組統籌數位產品及專案的各項資源，進行變更控制、審查安全性並訂定相應業務持續性計畫，對資訊系統的建構及採購採取適合的最終決定。作者認為，企業能否將資料轉換為資訊的能力將是關鍵的生存之道，因此建議成立資料治理小組來統合企業的所有資料，負責管理資料安全、資料複製及資料工程。

第十五章－運用資料分析：作者強調資料分析可以幫助金融機構發現客戶行為背後的原因，以監控客戶帳戶交易型態的變化，以信用卡消費行為的變化為例，說明運用資料分析之最終目的是了解客戶的「為什麼」，透過釐清客戶行為後面真正的原因，才能提供更契合客戶需求的服務。

第十六章－大數據與殭屍末日：作者詼諧地以殭屍電影的基本劇本架構，來比喻銀行應該如何盡其所能的「囤積」資料，並建議應該組成具備多項技能的團隊，以更好因應未來多變的經營環境。作者也透過舉例再次說明資料分析的重要性，並將分析的種類歸納為：描述性分析、預測性分析及指示性分析三類，並分別說明其間的差異。

如同之前所述，這是一本工具書，讀者對作者的觀點可能會有不同的看法。但是，讀者若贊同其觀點，「執行」則是最重要的下一步，畢竟唯有真正實作，才能克服「知易行難」的窘狀。

　　最後，特別感謝方慧媛女士參與本書的出版，方女士過去與我在台灣 IBM 公司合作非常愉快，此次願意擔任本書翻譯重任，甚為感謝，更要感謝台灣金融研訓院團隊以及蕭俊傑先生，沒有大家的共同合作，我們沒有辦法翻譯過去的七本書以及這本「數位破發點(Breaking Digital Gridlock)」，希望這本書能夠帶給讀者更多數位金融轉型的實作經驗參考。

台新金融控股股份有限公司 資訊長

孫一仕

導　論

關於邁向數位化的五大迷思

　　在企業打破其數位僵局之前，必須突破阻礙前進的迷思。在過去的20年，我訪問過數百家信用合作社，並與數百名高階主管們和董事會成員進行交談。基於這些經驗，我發現五個最重要的迷思，正使得銀行高管、董事會成員和員工不相信數位化。邁向數位轉型的第一步，就是要認清事實。

▶ 迷思一：我們太小不適合數位化

　　這是我最喜歡，也是最容易打破的迷思。在數位轉型方面，規模小實際上是一個極大的優勢。如果你不相信我，請思考一下：鐵達尼號為什麼沈沒？大多數人認為是因為船撞上了冰山。

　　不，我不這麼認為。鐵達尼號的船員們看到了冰山，也許有足夠的時間來調整他們的航向。[1] 我認為鐵達尼號沈沒的真正原因是，它無法及時轉向，大船很難轉向，大型企業也面臨同樣的困難。當企業擁有越多的人員、分行和資產，對支援數位轉型所需的人員、地點和事物進行重新培訓、改造和重新組裝的時間就越長；規模較小的機構反而具有優勢，因為它們相對靈活。事實上，對規模較小的機構來說，最大的挑戰是不要轉得太快，過度投入而讓人們跟不上。

1　Jasper Copping, "The 30 Seconds that Sank the Titanic—Fatal Delay in Order to

▶ 迷思二：我們的客戶過於年長

另一個經典的迷思是：人太老了不懂科技。我 71 歲的母親稱得上是社交媒體女王，希望有人告訴她，因為她太老了不適合使用科技。我並不是說這個迷思沒有什麼道理，但我們不應該用同樣的畫筆來描繪每個老年人。SeniorNet.org 顯示，自 2012 年以來，年長者一直穩步地湧向臉書，這其實很有道理，年長者有時間，喜歡看兒孫輩們的照片，也很享受與老朋友交往。臉書是進行這類互動的完美工具。

最近在一次班機上我看到一位老人打開她的 iPad 登入飛機上的 Wi-Fi，開始查看她的電子郵件和臉書。同時，坐在我旁邊的 30 多歲女人向我求助，詢問如何將筆記型電腦連接到 Wi-Fi。如果你曾嘗試連接航空公司機上的 Wi-Fi，你知道它並非每次都能方便地連上，但這位長者讓它看起來很容易。簡單的事實證明：並非所有的年長者都有科技恐懼症。

瞧，我發現了數位！

▶ 迷思三：我們的董事會不會同意

我經常和執行長開董事會議，幫助大家了解科技領域的情況。我總是很高興見到董事會成員和行政領導層。對於信用合作社而言，董事會由志願者組成，他們通常代表信用合作社服務的每個員工群體。

從這些會議中，我發現董事會成員對自己的機構充滿熱情，當他們得到有關數位化轉變的事實和數據時，他們很容易就能夠融入其中，當然有時我會看到董事會層面的僵局或遇到阻礙董事會進入數位化的成員。但在大多數情況下，這些人並不反對採用新科技，他們只是希望看到支持採行這個改變的資料，這是許多機構無法提供的，很大程度上是因為他們沒有做過研究。

▶ 迷思四：數位化過於昂貴

這是一個容易打破的迷思。事實上，不進行數位化將比落實數位化更為昂貴。想想大多數中型規模機構在實施資料分析方面都嚴重落後，他們缺乏分析能力因而堆高了成本，但規模較大的金融機構則在尋找更高效率、更有效用的方法來行銷產品、提供服務，並確定在何時何地提供服務。分析對於金融業而言，是一個改變遊戲規則的顛覆工具。金融機構的關鍵區別就是，它們使用資料來了解客戶的能力，那些沒有分析能力的機構，將會越來越落後，分析能力好的，就像發現火光一樣，突然之間，你不必害怕黑暗，火光會照亮你的道路。

▶ 迷思五：數位化導致裁員和關閉分支機構

我不贊成關閉分行，不過我贊成改變分行通路的操作方式。我支持在數位化和實體分行之間按比例分配支出費用，這與每個通路服務客戶的數量及其提供的利潤相匹配，但無論如何，關閉所有分行並不是個好主意，新的分行將提供更多的銷售功能但更少的交易性服務。例如，最近剛剛通過增加個人櫃員機來翻新所有分行的金融合作夥伴信貸聯盟 (Financial Partners Credit Union)。我採訪了執行長，他說他們沒有關閉分行，也沒有減少全職員工，但信用合作社的生產力卻更高了。這是一個重要的概念：領導階層有責任規劃過渡期，但卻常被忽略了。如果提前知道數位趨勢，那麼就可以對人員進行再培訓，為企業提供更多價值。

另一個現實是，如果你不考慮數位化，你可能會因為市場壓力而被迫裁員。在數位轉型的過程中，你至少有足夠的空間進行深思熟慮的轉型，並考慮到與員工相關的問題。

約翰的故事

　　我想先自我介紹一下，然後再進入數位轉型將不可避免地帶我們去的深邃、黑暗之處。我從小就是個軍事小子 (Military Brats)，一個懶惰的孩子。我一生大部分的時間都和父親環遊世界，就像湯姆‧索亞 (Tom Sawyer)(小說《湯姆歷險記》的主人翁) 那樣擺脫工作。當我九歲的時候，我爸爸從軍隊退伍了，我們搬到德國的斯圖加特，這是我成長過程中的大部分時間。我父親是個工程師，在軍事基地用電腦工作，然後，我在基地上唸過美國學校，11 歲時我為學校科學展製作一個 ASCII 模擬器，它是一個帶傾斜開關的面板，代表二進位位置，當你按正確的順序翻轉它們時，你可以在數位螢幕上顯示一個字母，我得到了一個 ASCII 字符 70 (也就是大寫字母 F) 作為這個專案的分數。老師說，我爸爸幫了我太多忙。我猜，她不相信我能焊接電線或理解二進位，其實我感到特別氣餒，因為我爸爸經常外出工作，所以他並不能幫我很多忙。我花了好幾個小時在他的 VIC-20 上輸入一本叫做《計算機 (Compute)》雜誌上所刊登的程式，來安慰我的失落。

　　是的，曾經有一段時間，如果你想玩遊戲，你必須花幾個小時逐行輸入程式碼，然後把你的工作保存到磁帶上。眾所周知，這在今天是行不通的，因為電腦遊戲有億萬行程式碼。我爸爸最終把我們家的電腦升級為康懋達 64 (Commodore-64) 和軟碟 (Floppy Disks)，那時我開始編寫自己設計的遊戲。1980 年代，我在德國時很少出門，因為自己四處遊蕩並不是那麼安全，所以我有很多時間玩電腦和爸爸的電子產品。我會拆除雅達利遊戲機 (Atari)、索尼 (Sony) 個人音響 (顯然，索尼不贊成稱它們為隨身聽 (Walkman))，以及幾乎所有我能使用的電子產品，不過我當時並不知道，

我正在為自己的未來做準備。

快轉到 1996 年：我和了不起的妻子結婚一年，第二個孩子也快出生了。我在佛羅里達州的希爾斯伯勒郡立學校裡，試圖以教師或準教師的身分謀生。一些有遠見的學校決定請科技專家到學校教孩子們，我很幸運得到這樣一份工作，這是我做過最好的工作。我喜歡和孩子們一起出去玩，因為他們對能做或不能做的事，沒有任何先入為主的觀念，這正好符合我自己的哲學，也就是沒有什麼是不可能的。事實上，這是一種家庭哲學。如果你曾對我爸爸說：「那是不可能的」，他會迅速回答：「沒有什麼不可能的」，對這些孩子來說，任何事情都是可能的，因為他們的熱情還沒有被生活現實所破壞，而我每天都會消耗他們的精力。雖然我很喜歡這份工作，但我不能留下來，因為我需要掙更多錢來養第二個孩子。我決定利用電腦技能的天賦，申請一份在太陽海岸聯邦信用合作社附屬學校 (Suncoast Schools Federal Credit Union) 資訊技術部門的工作 (當時大家都知道這間企業)，其實我早在成為太陽海岸 (Suncoast) 的員工之前就是這家公司的客戶，這要歸功於我在學校系統裡的工作，因此，我對信用合作社略知一二。

我成功地得到了科技猴子男孩 (Technology Monkey Boy) 的工作。(說實話，我甚至不記得我的職稱了，但我很高興得到這份工作)，我被凱文・強森 (Kevin Johnson) 聘用，他當時是資訊科技部門的兩名員工之一。如今，他是信用合作社的執行長，我想自豪地說，他仍然是一位好朋友。你可能會發現我們在桌子下面鑽來鑽去重新固定 RS232 電纜，在天花板上鋪設電纜，或者在佛羅里達州的陽光下拖著一台巨型印表機穿越校園。我發現個人電腦在學校裡並不常見，只有少數部門可能擁有一台個人電腦，但大多數人都在連接 Unisys A 系列大型主機的終端機上工作。這是一份很

棒的工作，我很感謝這份工作，喜歡和我一起工作的人，並試著開始了解每個部門的職能。

　　有一天，我在自動櫃員機部門附近區域工作，我常看到一位女士每天清晨就在辦公桌前工作。在正式員工進來之前，我很早就去那裡幫一些辦公桌重新佈線，這樣我們就不會打擾他們的工作。她當時正在該部門裡為數不多的幾台個人電腦上工作，我看著她在點矩陣印表機上印出一份長篇報告，然後坐在桌子旁，開始把報告重新輸入電腦。你應該明白一點，我是超級懶、超級懶的人，總是喜歡找捷徑。當看到她從一份報告中重新輸入資料時，我的超級懶惰天性使然，就忍不住問了她以下問題：「對不起，你知道個人電腦裡已經有這些東西了，對吧？」她回答，「是的，但它是在不同的程式裡，所以我每天都從這個程式列印這份報告，然後再把它輸入到另一個程式中」，正如你可能想像的那樣，我很困惑。很久以前，我就已經掌握了剪切和粘貼的技巧，甚至在我們正在作業系統Windows3.1開發的應用程式就可以如此。我問她，是否可以看一下這個程式。一小時後，我編寫了一個 quick.bat 檔案，把資料自動從一個程式導入另一個程式。這位女士驚呆了，她告訴我，我剛剛節省了她原來需要兩個小時的工作時間。那天我得到了兩個重要的體悟：首先，我瞭解到，不是超級懶惰的人不會使用這兩個小時來玩電子遊戲或四處尋找免費的辦公室零食，取而代之的是，他們會花上兩個小時，做一些他們一直希望有時間做能讓公司受益的事情；其次，我還瞭解到，當你幫助別人時，他們就會滿足你的需求，並感激你，我非常喜歡這兩件領悟。

　　我的善舉很快傳開，其他人也帶著類似的問題來找我。之後我花時間建立了複雜的 .bat 檔案，以便將檔案從薪資導入代收代付業務，我發現自己在 Lotus 1-2-3 中編纂巨集，在 WordPerfect 文字處理器中進行合併。慢

慢地，我順利幫助了許多工作單調的人節省作業時間，轉而從事更重要的工作，然後，每個受到幫助的人都給我食物謝謝我幫助他們，讓我胖了不少，感謝所有的餅乾和款待。

我升職了，但甚至不記得新職位是什麼。我確實加薪了，還開始負責我們的網路和自動櫃員機的工作。某天我午休時發現自動櫃員機前大排長龍。事實上長期以來信用合作社為了容納大量使用自動櫃員機的人，並排地安裝了多台機器。當我走到隊伍的最前面，輪到我使用時，我注意到一筆交易要花多長時間，超過三分鐘。我心想，「如果這個交易可以更快地進行會怎麼樣？」當時，我正與摩托羅拉合作，用架構轉送網路 (Frame Relay Network) 取代我們原來的舊撥號網路，我有個很棒的導師，是湯姆‧本內特 (Tom Bennett)，他很欣賞我的瘋狂想法。我對他說，我想我們可以透過更改系統中的某些參數來大幅加速這些交易。他的回答是：「當然，我們來做吧」。

湯姆熱愛創新並始終給予支持。他以在牆上畫畫而聞名，當時我們正在電梯裡，他迅速拿出鉛筆，在電梯牆上畫了一張圖（我已經習慣了這種行為），我們一致認為設計應該可行，然後，我們做了一些改變並進行了測試，過去需要三分鐘的時間，但現在只用不到一分鐘。我不知道這會有什麼影響，也不知道透過自動櫃員機網路的每筆國外交易，信用合作社都能賺錢。我只知道有長長的隊伍和短暫的午休時間。我也沒想到，如果我加快交易速度，意味著自動櫃員機一天可以做更多的交易，在我們稍作調整後的第一個月，自動櫃員機網路獲得的收入幾乎增長了兩倍。我的超級懶惰和沒耐性又一次得到了回報。

此後，我的任務是將整個自動櫃員機網路從一個供應商轉換到另一個供應商，這是我最初負責的大型專案之一，執行起來非常複雜且困難，我

一開始就只知道這麼多。我沒有意識到這個專案對我的職涯有多危險，我直接在自動櫃員機部門工作，就像往常一樣，我在整個專案過程中努力地問問題，並在過程中學習。

最後，我們終於完成了這個專案，當我在家中和家人共進晚餐時，我稱之為「來自上面的聲音」顯示，我需要與公司聯繫。「來自上面的聲音」是我的 Nextel 手機。你們之中那些年紀足夠大的人就知道，他們的工作方式與老式無線對講機非常相似，而且開始說話之前發出獨特的嗶嗶聲，直到今天如果聽到 Nextel 的嗶嗶聲，我仍然會抽搐顫動。記帳卡網路出了點問題，人們的記帳卡支付正在以驚人的速度下降。

那時已經是 1990 年代後期，如果你在雜貨店付款時被拒絕，會非常尷尬。感覺整個店都停下來了，大家都用手摀著嘴驚訝而遺憾。那時有超過 50% 的新交易被拒絕，最困擾的是這些人的帳戶裡有很多錢。這不好，一點也不好。這是我第一次與逆境擦肩而過。我還不到 30 歲，我剛剛造成為數萬人服務的支付系統的異常。然而，當我進入辦公室時 (那時沒有 VPN)，一切卻神秘地自行修復而恢復正常；然後第二天下午 5 點左右，事情又再度發生。我花了幾天的時間來解決這個問題，直到最後我被要求親自向信用合作社行業的傳奇人物執行長湯姆・多雷蒂 (Tom Dorety) 解釋這個問題。在那之前，我見過他很多次，但我從來沒有和他談過這麼大的問題。在我去執行長辦公室之前，湯姆・本內特 (Tom Bennett) 告訴我：「在你想出解決方案之前，不要進去」，因此，我開始更加瘋狂地工作以解決這個問題。

我發現在當天下午 5 點左右，VISA 會發送所謂的「強制入帳」交易並要求進行處理。這些交易在很短的時間內送達，並淹沒我們的通信線路。然後，我問他們是否能在下午 5 點交易高峰期之後再發送這些交易。

接著，我被告知這是不可能的，我毫無頭緒不知如何解決，深夜坐在停車場的路邊，看著一場驚心動魄的閃電風暴，它給了我一個想法。當我們設計新的網路時，我們已經建立了一條備用線路，以防主線上的連接中斷。這在佛羅里達州很常見，那裡的大規模雷擊經常造成停電，所以我打電話給在 VISA 工作的朋友，我們啟動了備用線路，將交易序號依據奇數及偶數分別以不同線路傳送，順利解決了這個問題。我可以去找執行長，告訴他，我沒有預料到強制入帳導致線路問題，但至少我已經解決了。那天我學到了兩件事。首先，我瞭解到，每天玩火的人比很少玩火的人更容易引火自焚；其次，我還瞭解到，面對緊急情況，保持冷靜遠勝於驚慌失措。在那之後，有更多重要的專案經常落在我頭上。

在接下來幾年中，我們將整個企業從一個電腦系統轉換到另一個電腦系統，為全體員工購買個人電腦，實施企業的第一個電子郵件系統，將信用合作社連上網際網路，設置防火牆，並創建最早在網際網路上執行的網路銀行系統之一。我記得用網際網路的系統取代了我們的撥號網路銀行系統，一些高層管理人員告訴我，網際網路是一股熱潮，但這個專案不值得。顯然，事情日後確實發生變化。

總而言之，這份工作是個絕佳的機會，同事們花時間教我事情是如何運作的。為了他們的付出，我會用我的知識和電腦技能來回報他們，讓做事更輕鬆。我擁有自由和信任，可以探索一個備受尊敬的金融機構的每一個角落，並學習金融體系的所有面向。

在那之後，我去了另一家信用合作社當副總裁。我很興奮，因為這個信用合作社甚至想進行我最瘋狂的想法，我就是從那裡採用最終稱為敏捷開發的方法。我和團隊的任務是建立一個與美國汽車協會 (AAA) 連結的貸款介面，它允許我們的信用合作社向 AAA 的客戶提供汽車貸款。我

們把自己鎖在一個房間裡，在零食和飲料的加持下，花了將近三個月的時間完成貸款專案，我們操作兩台投影機，如果團隊成員需要幫助或想查看一些程式碼，他們會插入筆記型電腦，並在牆上顯示內容供大家查看。一天三、四次，貸款小組的一位代表將出席，我們會將收到的一切都放在牆上以供審查，我們在工作時，就能得到即時回饋。我們剛開啟系統時令人激動興奮，貸款從 AAA 開始源源而入，初步結果非常好。當我加入 GTEFCU 時，還是一個 7.5 億美元的信用合作社，就在短短兩年內，我們的資產規模幾乎翻倍，達到 14 億美元。我感到非常自豪，恍如在天堂般，但我還是躍躍欲試想嘗試更多的事情。

　　我接受了一份工作邀請，擔任新信用合作社服務組織 WRG 的科技長。在 GTEFCU，我和我的團隊花了相當長的時間編寫我們自己的網路銀行產品，在這個過程中，我開始認為我們從供應商那裡購買的某些系統，若是由內部開發將會更便宜，而且功能更好。一般情況下，這些提議都會被否決。然而，WRG 的羅伯・吉爾福德 (Rob Guilford) 長期以來一直對這種方法感興趣，我發現有人像我一樣相信內部產品將具有未來性，於是，我們在 WRG 建立了一個團隊建置一系列數位產品，現在這些產品已為全美兩百多家信用合作社服務。一路走來，我們趕上了行動浪潮，很早就將自行開發的系統上架到蘋果應用商店，而且我們是第一個在安卓平台上擁有應用程式的信用合作社。

　　如今，我和團隊們在最佳創新集團 (Best Innovation Group) 共度時光，構思新的解決方案，並使用最新技術建置新產品，我的團隊與我共處了三十多年，我們一起經歷了建立系統、開發產品和支援金融機構的各種起伏。我們汲取了這些經驗，與合作夥伴分享了我們的所知，並幫助許多信用合作社在新數位世界的黑暗水域中航行。我們創新、創造、教育和分

享，最重要的是，我們關心我們所做的工作以及為誰服務。

如果你不太害怕，請繼續閱讀並找到更多類似上面的故事和更多解決方案，並希望能開始形成你的想法和解決方案，來面對你的挑戰，把握所有來自企業面對的機會。今天的世界比以往任何時候都更加緊密聯繫在一起，有越來越多的互動，並為金融機構提供了與眾不同的機會。我們生活在一個花生醬和巧克力的世界裡，最棒的是，你不必製作花生醬或巧克力，你只需要有遠見能將它們融合在一起即可。

PART
1
流程
Processes

第 *1* 章

如何改善內部作業流程

　　企業最大的威脅，往往來自內部流程持續的改進。最常見的情況就是當企業決定更換一個電腦系統。一旦選定新系統，將會帶來作業流程優化的需求。你可能納悶在一本討論數位轉型的書中，為什麼會有一個章節討論作業流程。理由其實很簡單，終究，企業中的每個作業流程都將會數位化。但通常的結果是，數位化後的作業流程只是延續既有的人工流程。舉例來說，假設在現行的貸款申請作業流程中有 71 個步驟，數位化作業流程很可能同樣有 71 個步驟。然而，一個理想的數位化流程應該做到減少操作步驟，提高作業速度，並增進效率。例如：規劃良好的數位化流程應該能夠將 71 個步驟的貸款申請流程，轉型優化成 3 或 4 個步驟。遺憾的是，人類不願接受改變的本能開始發揮作用了。我們的本能就是想逃避未知，抗拒迫使我們做出改變的事情。結果就是，即使經驗豐富的高階主管，要將流程簡化為幾個數位化步驟，也會是一場艱苦的挑戰。

監管僵局

每個人對未知感到恐懼，是正常的。現有的 71 個步驟的作業流程如是可行的，那麼我們為何需要變更呢？即使這個作業流程甚至有明顯改進的可能，而且或許連工作人員在一開始就明白這點。終究，他們仍會開始擔心，改變這個作業流程的結果，可能會降低他們的工作效率，甚至是危及他們的工作。這是我們遭遇的另一種僵局，我稱它為「監管僵局」。監管僵局，指受限於某作業流程中的特定領域專家們 (Subject Matter Experts, SMEs) 的抉擇，他們不喜歡任何改變現有作業流程的建議。正因為他們是此作業流程的專家，他們援引一項法規或某些其他規則，迫使企業繼續遵守他們的作業流程。

讓我舉一個非商業性的例子來說明，就能瞭解這是多麼不合理而且沒有任何效益。我有位朋友的妻子是非常虔誠的教徒。每當他倆發生爭吵或爭論某件事情，她總是說上帝已經告訴她，她才是正確的。你可以想像，上帝的旨意難以違背。同樣的，我們也很難反駁特定領域專家對某一法規的主觀解釋。遺憾的是，我看過類似的手段多次奏效，因為在企業中特定領域專家通常受到相當的重視，或是多年來一直管理著這個作業流程。

特定領域專家通常自認他知道自己正在做什麼，因而我稱此為 1% 的規則。以下說明它是如何運作：某位特定領域專家是一名資深員工，因此經歷過作業流程裡的每次變更。這個作業流程在過去執行中曾經出現過某一個差錯，因此添加了一個步驟來解決這個問題。這個差錯確實發生過，但從整體來看，再次發生的可能性極小。所以，現行的作業流程中有一個步驟，是用來涵蓋某些極少或永遠不會再發生的事。

平心而論，當問題發生時，對特定領域專家來說是一種挑戰。然而，是否有必要強迫每個人透過額外的一個步驟，來避免這十年內從未發生的某些事情嗎？就特定領域專家而言，這個問題感覺卻像是昨天剛發生。我用創傷和發誓來比喻，特定領域專家及其幕僚曾因某個創傷的影響而受到傷害，因此他們發誓絕不能再讓歷史重演。現在你有一個可以重新變更作業流程的機會，但他們卻努力地妨礙這項工作。沒有人願意因為挑戰特定領域專家而受到報復，或者更糟的是擔心違反法規而受到懲罰。為了解決這個問題，可以分析再次發生類似問題的可能性。

▶ 監管僵局的作用

有個關於僵局的例子：某家企業，曾經為了在密碼之外再加上輸入個人辨識碼 (Personal Identification Number, PIN) 而發生問題。當登錄系統時，你必須擁有帳號或用戶名、密碼和個人辨識碼。正如你所知的，目前業界的登錄標準程序，已經變成了只需用戶名和密碼，該企業的客戶認為多加的步驟似乎有些奇怪。當該企業推出行動服務時，它就真的成為一個問題。在現有的商品內增加 PIN 會花費相當昂貴的成本，因為此作法並非標準化作業—行動系統被設定僅輸入用戶名和密碼。【編註：企業購買的行動服務應用系統，是依據行動設備的通用原則設計，僅需輸入用戶名和密碼】

這家企業最終以高昂的成本在行動應用程式中增加輸入個人辨識碼的功能。許多年後，該公司想要從作業流程中移除輸入個人辨識碼的步驟，卻遭遇許多質疑。當管理階層表示考慮移除個人辨識碼時，引發了恐慌。該企業中的一些人還記得早期只使用密碼所產生的問題，他們擔心可能又要經歷同樣的傷害—儘管幾乎所有其他金融機構都實施了一個更簡便、更

安全的程序，只使用用戶名和密碼登錄。同時現在他們也遇到了一個相反的問題：如果他們移除個人辨識碼，對於那些已經習慣輸入個人辨識碼和密碼流程的現有會員們，勢必又得重新再培訓。你可以想像，對以某種方式登入多年的數十萬使用者進行再培訓，將是多麼困難。再者，有些人還會將此變化視為安全方面的退步，並進而投訴。

▶ 風險光譜 (The Risk Spectrum)

由於企業內既存的慣性思維，無力去減少或重新改造作業流程，是金融機構常見的議題。主要原因是金融機構出現失敗 (Failure) 的代價很高，因此作業流程往往是為了 1% 而設計，在員工的經驗中，失敗是決不容許的。在這方面，重要的是企業內的高階主管要正確看待失敗。當失敗發生時，不應該成為一個禁忌話題；它應該被談論和分享。若按行業別的角度來看待失敗，可能有助於我們能夠正確面對失敗。

透過對這兩個極端的情況進行評估，我們可以深入了解競爭環境。在光譜的一個方向的極端是「皮克斯娛樂公司」，鼓勵員工可以快速地失敗。在皮克斯失敗的代價不過是誤了一部電影上映的日期，或僅是因失敗而賠錢。而光譜另一個方向的極端是「波音航空公司」，這個行業失敗的後果可能造成生命的損失 (圖 1.1)。

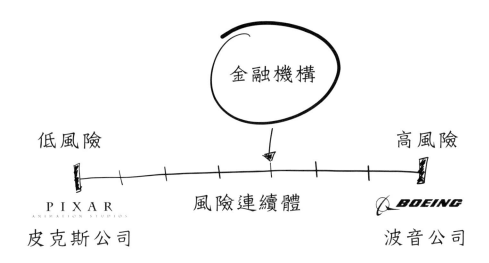

圖 1.1　風險光譜

　　在這個風險的光譜中，金融業適當的位置在那裡呢？藉由以失敗的結果當做試金石，我們嘗試對於金融業在風險光譜所在的位置，提供一些觀點。首先我們可以說，沒有人會死於金融機構的失敗，所以我們不處於光譜中波音公司的那一端。我們也可以排除光譜的另一端，因為有潛在的財務損失和嚴重的企業商譽損失風險，特別是數位風險 (Digital Risk) 可能導致資訊安全漏洞。因此，在這個光譜上，我們位處於中間，人們不會死，但企業和該企業的客戶面臨著很大的風險。

　　首先要做的是找到你在風險光譜中的位置，並設計一個作業流程來評估新流程的風險以及重新評估現行流程的風險。以下是作為部分流程風險審核作業應該包括的內容：

■　這個流程執行的頻率如何？假如很少執行該流程 (例如：反向抵押貸款)，也許不值得為此一商品特別設計專屬流程。或者相反的，如果整個企業頻繁使用該流程，則需要將其放在關鍵流程清單中，不斷評估

以持續進行改進。

■ 企業中受到這個流程影響的程度有多大？多少單位受到該流程的影響？該流程是否只影響某個特定的部門？跨部門流程 (例如：貸款申請) 和只需要在部門內部處理的流程 (如催收)，需要以不同的方式來評估。

　在網站上，你能找到模板 (Template) 可用於評估在作業流程、商品和新功能中的風險。風險評估應進行評分，並與資深管理階層以及企業內的任何作業流程治理小組共同分享。假如需要更改流程，則應再次執行風險評估。針對流程，風險評估應涵蓋該流程的每個步驟。該流程審核應提供流程中每一個步驟的資料定義和執行此一步驟的理由。

銀行作業流程的瑕疵

　沒有必要針對一般銀行內的每一個作業流程進行評估，來發現流程中的主要缺陷。反之，我們藉由檢視一個非常常見的流程，指出可以改進的地方並應用於其他類似的流程。「地址變更」即是一個簡單的流程，卻具有潛在複雜性的例子。這個場景如下：一位客戶為了變更地址可能採取以下的方式，打電話到客服中心，親自前往分行，寄發電子郵件或上網站。看似簡單不過，對吧？它不是應該只要連上某個路徑就可以更改地址嗎？簡單的流程往往是最容易受到蒙騙的 (魔鬼往往藏在細節裡)。地址變更的作業流程中，必須考慮幾件錯綜複雜的事：

■ 在大多數大型企業中，客戶地址可能儲存於多個系統中。例如：如果企業將信用卡處理或抵押貸款服務的業務外包，就必須在每個相關系統中同步更改客戶地址。

■ 客戶可能擁有多個地址。許多企業允許其客戶擁有主要地址和次要地址，例如：企業帳戶的地址。如果錯改了任何一個，將會造成災難性的傷害。某個曾經與我合作的企業，並沒有對主要地址和次要地址進行區分，當進行地址變更作業時，意外地將帳戶的主要地址覆蓋了次要地址。雖然這可能看起來不是什麼大問題，但是對於不希望在主要地址的某人知道他的其他帳戶資訊的客戶，就不這麼認為了，尤其是如果此帳戶它任意地命名為離婚帳戶時【編註：因為地址更改錯誤，原寄至次要地址的帳戶資訊將會寄到主要地址】。可以想像這家企業會因為這樣的疏忽，造成許多客戶的不滿。這種疏忽也導致企業擔負對保護客戶隱私權的相關責任。

■ 該地址可能與多個帳戶持有人相關聯。舉例來說：此地址可能有聯名帳戶的持有人或其他受益人，但客戶可能忘記告訴你。你要如何更新它們？你會將它們全部一起更新嗎？

■ 地址變更也可能是詐欺的行為。因此當帳戶的電話號碼或地址等發生變動時，必須要通知客戶以確保更改行為是真正由客戶發起。你會怎麼通知他們？電子郵件？郵局寄信？以上全部？所有情況下，你都會這樣做嗎？若是客戶親自前往分行並驗證其身分時，該如何處理？

■ 現在可以使用線上數位服務(如更改國家地址庫)進行地址驗證(Digital Address Validation)。但是我發現，在許多企業中，驗證地址的作業程序並不一致。意味著如果客戶聯絡客服中心，地址會在未經驗證的情況下更改，但如果客戶使用網路銀行平台，則會進行驗證。

■ 還有許多類型的地址需要考慮。這些包括國外或軍事地址，需要使用不同的欄位和不同的驗證方式。

■ 地址還必須通過美國財政部海外資產控制辦公室 (Office of Foreign

Assets Control, OFAC) 流程檢驗。這是必要的作業以確保地址與恐怖主義無關。

如你所見，這個流程遠比表面看起來複雜得多。那麼，如何利用簡單的程序來改善這個作業流程呢？首先，檢視網站的流程，對相關的每個步驟，不論是刪除、改進或增添，基於該步驟的風險，評估其得分。其次，由於檢視這個流程後，了解該作業流程是跨部門，也是由客戶自助服務，因此可以從作業集中化中受益。這類經驗歸納的結論，只要流程可以設計成為自助服務，或已經是現有的自助服務流程，都很有機會可以將作業流程集中處理，讓員工清楚地看到和客戶相同的自助服務平台。

感到困惑嗎？別擔心，容我說明一下。在 2013 年，當我和我的團隊們正在內部開發一個網路銀行系統的解決方案時，我們不得不經常進出員工入口網站 (Staff Portal) 來驗證網路銀行系統的產品是否正常運作。在網路銀行系統的應用程式和員工入口網站之間不斷來回切換的過程中，我突然想到一件事：為什麼員工不能就直接使用我們已開發的網路銀行系統的介面呢？我的理由是，我們正在為數百萬客戶創建一個金融入口網站，而且我們希望他們能夠在幾乎沒有培訓的情況下使用這個平台。這意味著介面必須非常直覺化，並且不能仰賴於客戶記得代碼或流程的步驟。

舉例來說：如果工作人員需要告訴客戶他們的抵押貸款餘額是多少，工作人員必須打開一個新程式，登錄到另一個不同的系統，並鍵入幾個代碼以查看當時的餘額。時至今日，在網路銀行系統平台，我們替消費者以數位化的方法收集這些資料，並在螢幕上顯示該客戶在銀行其他系統的所有餘額。我意識到如果員工可以用同樣的方式存取這個螢幕所顯示的資料，他們就可以為客戶在獲得貸款餘額的流程中，減少某些步驟。於是，

我立即著手開展工作，以便允許員工直接存取網路銀行系統的平台，並展示此種新功能給管理階層了解。

現在，讓我們思考地址變更流程的情境：如果你的企業已經為客戶將這個流程數位化了，那麼應該讓員工也能使用，把重點放在客戶版本的流程上，將能使作業更有效率。上述我所提到的情況，我們已經建立一個地址變更流程，解決了剛剛所提到的複雜問題。再者，數位化版本在工作人員使用時，無論透過哪個通路提出更改地址的要求，將確保遵循該流程的每個步驟。由於該流程已經是集中的，因此大大減少了整合其他系統的工作量，如信用卡或抵押貸款。與其匯聚成三或四個不同的流程，不如整合成一個，從而減少積欠技術債【Technical Debt，編註：係指在系統設計初期，未能妥善設計，日後需要耗費資源進行補救】。最終，這流程的相關統計資料都可以被準確地記錄。

這個訣竅是理解使用某項功能，客戶與工作人員之間的不同，並在開發和建置的階段都考慮這一點。例如：由工作人員完成地址變更，必須包含適當的審核機制，而由客戶自行更改，則有另一套不同的規則。透過向員工公開你為客戶創建的數位化流程，能改進多少流程呢？

持續的改善

現在讓我們以地址變更流程為例，並應用持續改善的做法來優化這個流程。持續改善是在定期執行的基礎上，持續小幅度地改善產品、流程或功能。「缺乏持續改善」是我在銀行業所看到的一項挑戰。一旦某個專案或流程完成後，企業的重心就會轉往下一個專案，並且只有當危機出現時，才會重返該專案，例如：法規要求進行更新，或者由於不可預見的風

險而導致損失。在這些情況下，作業流程會被重新檢視，但通常所更新流程只單單用於處理手頭上的問題。在一個持續改善的環境中，流程都應定期檢視，並且由一個與最初執行該流程的不同團隊來執行，其目的就是為了持續改善流程作業。

分析和創新將在改善的過程中扮演重要角色。如果針對地址變更的分析顯示出地址與郵遞區號不匹配的情形增加，或許持續改進小組就應該在收集郵遞區號的欄位，增加郵遞區號的驗證流程，你的團隊會找出一個創新的機會點，使客戶進行地址變更能夠更容易些，增加讓客戶透過智慧型手機，對有紀錄地址的駕照或是其他文件進行拍照，並使用日益成熟的光學文字辨識 (Optical Character Recognition, OCR) 來取代輸入地址。這個團隊負責流程改善，定期發布新的更新，並不斷積極向流程相關人員徵求坦誠的回饋。該團隊還將不斷檢視企業其他可以尋求改善的流程。

專案管理

專案管理是企業內的一個作業流程。這是一個非常重要的作業流程，但在大多數金融機構中，卻不是如此，由於金融業過去的發展方式，特別是與金融科技相比，已經需要進行改善。

▶ 瀑布式開發 (Waterfall)

在許多金融企業中，他們第一次的專案管理工作都與建立分行有關。我有幸參與創建分行、總部、互動式多媒體資訊站的過程，幾乎涵蓋了所有金融機構可能設置的各種架構。就建構實體建築來說，其專案管理方法稱為「瀑布式 (Waterfall)」。瀑布式開發流程是一種管理專案進行的方法，

規劃非常嚴格的計畫，並對任務進行排序。每項資源都是根據前一個資源的結果進行規劃。將專案所有的工作項目 (Task) 進行分群，設定為數個里程碑，在專案進行的期間，沒有必要經常諮詢特定領域專家。就分行而言，分行經理不太可能參與建設地基或購買土地。

瀑布式方法是依序進行，因為許多工作項目仰賴於其他作業流程的完成。例如：在築牆完成前不需要油漆工到場，正因為如此，他們排序在水泥工後面。這種形式的專案管理非常適合用於建構具有明確需求的實體建設。然而，隨著銀行的作業流程、功能和產品的數位化程度越來越高時，以瀑布式方法進行專案管理，反而阻礙了企業準時交付數位化專案成果的能力。這是因為瀑布式開發流程，會在最終使戶者們與他們正在使用的功能或服務之間產生隔閡。

想像一下，當你新設分行時，每天邀請數百名未來使用該分行的客戶們來檢視作業流程的每個步驟。他們可能檢查地基並就化妝室的位置、顏色發表意見。這會導致分行的設計出現嚴重的混亂，因為建築物是一個固定的物體，若沒有再花費大量費用，是無法進行改變的 (就像地基已經打好後又嘗試將它挖開)。但是，如同前述地址變更流程的例子，數位資產就可以很容易地更改。若將瀑布式方法應用於軟體開發，會導致最終使用者不滿意。這是因為軟體開發，不同於建築物的建造，可以預先進行量化，當公司或軟體開發團隊等到最後才公布其工作成果時，往往會遭到責難。有兩個理由造成這樣的結果：開發人員無法理解他所要嘗試自動化的作業流程；而最終使用者無法精確的說明他的需求，讓開發者了解。

▶ 敏捷式開發 (Agile)

能夠解決這個問題的是一項名為「敏捷式 (Agile)」開發的專案管理流

13

程，它可以應用於任何專案(甚至用於設立一個新的分行，儘管這不是它最好的用途)。敏捷式開發是以漸進式的步驟建構專案的方法。定期徵求最終使用者的意見回饋。蒐集每項任務需求或變更，然後將其安排到工作序列 (Queues) 中，此稱為衝刺階段 (Sprint)。在每個衝刺階段結束時，正在進行的工作，會在所謂的站立會議 (Stand-up Meeting) 中，呈現給最終用戶者，以獲取他們的意見(由於每個人都站著，會議簡短快速)。然後，再將最終使用者的回饋，合併到下一個衝刺階段中。由於最終使用者或與專案利益相關者不會超過一週不參與會議，或不去理解產品的情況，也因為他們密切地參與設計，所以能夠幫助開發人員在繼續開發前及時改變作法。假如開發人員無法理解這些需求，或者這些需求無法被滿足而開發出來，最終使用者們透過站立會議，都能清楚理解這些問題。

坦白地說，敏捷式開發當然不是一個完美的作業流程。其中一個缺點是必須有適當的控制措施，以防止最終使用者不斷地追求完美，也要避免讓程式設計師發生同樣的情形【編註：追求完美而忽略推出市場的時機】。在軟體開發領域，使用敏捷式開發來建構的產品或專案的結果，是以一種更快的方式來開發程式碼、完成新功能，甚至如果在產品完成後，持續進行衝刺階段的作法，將可以持續改善產品及功能。這個流程也在開發人員和最終使用者之間建立了更緊密的聯繫。最終使用者慢慢地發現供應商或開發部門的能力，開發人員更了解使用單位同仁的需求。公司的首席執行官約翰·賈克拉斯 (John Janclaes) 最近開始以敏捷式開發的路線帶領他的企業。以下摘錄他對公司同仁和董事會溝通的對話。

敏捷式開發！許多領導者都在談論這個主題，很多關於敏捷式開發是什麼和不是什麼的觀點。這與我們的專案管理辦公室 (PMO) 或開發運營一體化 (DevOps) 團隊【編註：Development 和 Operations 的

組合詞，是軟體開發人員與運營技術人員密切溝通互動的文化及方法】的精實 (Lean) 或敏捷 (Agile) 培訓沒有多大關係，而是與企業的敏捷性有關。

我認為我們需要從更廣泛的角度來理解整個企業、整個營運的生態系統，需要以更高的敏捷性來營運，且不費力氣。當思考生態系統時，我不禁要從生物學或生理學中尋找線索。在這些科學中，敏捷需要全身肌肉補充快縮肌 (Fast twitch muscles)(敏捷式) 和慢縮肌 (Slow twitch muscles)(瀑布式) 以達到最佳表現。我們該如何協調快與慢的作業流程，快與慢的經濟發展以及團隊該如何實現我們企業的全部潛力呢？

約翰正向他的聽眾澄清 (在本例中是員工和董事會)，他設想企業中有兩種類型的作業流程；快流程和慢流程。它們都有各自的職責，訣竅在於知道使用哪一個，以及何時使用。

使用敏捷式開發或瀑布式開發的時機

圖 1.2 描述了一個快速流程圖，可以幫助你決定何時使用敏捷式開發，以及何時使用瀑布式開發：

1. 需求是否已完全理解並記錄成檔案？

2. 利益相關者是否可以全程參與？

3. 利益相關者是否熟悉敏捷式開發的作業流程？

4. 如果需要進行變更，應該付出多少代價？

5. 該專案可以分階段進行嗎？

6. 專案是否由內部資源開發完成，或是得委外完成？

約翰還正確地指出，必須向整個企業傳授敏捷式開發法。企業往往傾向於僅對資訊技術員工和專案管理團隊，進行敏捷式開發法的培訓。但，這是行不通的。這有點像把法拉利引擎裝在福斯汽車上－很棒的引擎新穎又快速，但是福斯汽車的車架、輪胎和汽車的其他部件無法配合，車子可能很快就解體。我有一位首席執行官把它比作一艘划艇，槳手的一邊手臂肌肉比另一邊強壯得多，結果就會造成這艘船持續兜圈子。敏捷式開發法對整個企業都很重要，如果員工沒有接受過培訓，不認同敏捷式開發專案管理的概念，貿然進行將會造成災難性的結果。其他未經培訓的部門會認為所有的站立會議和員工的持續參與都是不必要的浪費時間，因為他們沒有經歷過有收獲的最終成果，他們很可能就不會充分參加，這將使團隊從一開始就對敏捷式開發法產生反感。半途而廢，會使我們一無所獲。

內部員工和委外供應商

我可以聽見你說，「但是約翰，我不能控制我的產品開發；因為我們沒有開發部門。」這反而是好消息！大多的數位系統開發廠商可能已經採用了敏捷式開發法來開發軟體，並且通常樂於讓最終使用者參與其中。這可以預防他們開發出不能滿足客戶需求的軟體。通常，這些開發廠商有諮詢小組或用戶小組專門配合用於收集、記錄和評估流程【通常稱為使用者故事 (User Story) 【編註：User Story 是敏捷式開發的需求文件，通常是以使用者的語言來描述，用來輔助需求規格和驗收測試】】，以便持續改進作業流程，應該鼓勵主要工作人員代表你的企業參加開發廠商的這些社群，這會幫助你影響軟體套裝程式的開發，並學習與分享其他企業最佳實務 (Best Practice)，透過強迫他們成為敏捷式開發流程的一部分，然後參加軟體開發

站立會議，以了解至關重要的軟體系統開發關鍵流程，甚至建置廠商的軟體系統也可以使用敏捷式專案計畫來執行。這有一個重要的區別—假使在企業無法控制系統開發的情況下，你可以使用敏捷式開發流程模型中的建置作業替代開發作業。

瀑布式vs.敏捷式

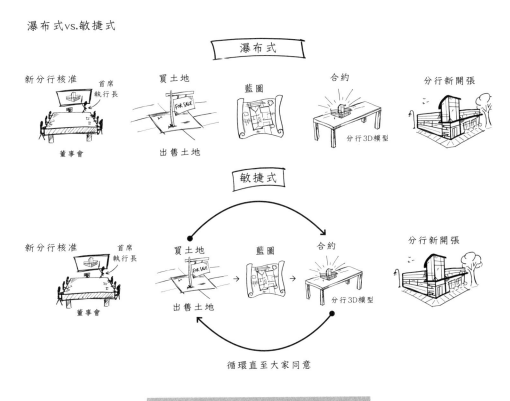

圖 1.2　瀑布式對敏捷式 >> 分行問題

當使用顧問團隊進行軟體開發時，也可以應用這個相同的流程。事實上，此流程可能是與國外顧問服務公司合作時邁向成功的唯一方法，因為敏捷式開發流程可以讓企業克服與國外開發團隊合作時經常存在的文化挑戰。學習與顧問團隊合作，將是未來每個金融機構數位化的重要部分。對

金融機構來說，資源的挑戰是確實存在的，尤其是在新專案的推動和維持企業穩定運作間所產生的資源排擠。解決此問題的方法之一是發展培養內部專家，使其能與外部顧問團隊合作，運用外部資源。

在企業內部培養領導者將會帶來巨大的回報，尤其是如果這些領導者能夠將他們的影響力擴展到整個企業機構。一位專案負責人或技術專案負責人可以同時與多家外部廠商合作，同時在企業內部創建一個單一的平台、功能或流程。領導者重要的任務就是決定哪些工作應該委外，哪些工作應該留在公司內部自行開發。舉例來說，如果有大量的業務邏輯沒有正式記錄在專案中，則可能有必要讓內部資源建構業務邏輯服務，因為他們對業務流程有較好的理解，並且更容易請教特定領域專家，因為他們同時都在企業內。讓我們來看另一種情況，如果有一個前端作業包括建構呈現於螢幕的使用者介面來收集資料，然後將其傳送到後台業務流程，客戶體驗已經完整規劃，那麼這將是最好使用外部開發團隊開發的情境，因為他們不需要瞭解複雜過程中所涉及的業務邏輯。如果外部開發團隊擁有領先內部開發團隊的技術專業知識（例如：設計行動應用程式），那麼領導者就可能會決定將整個專案委託外部廠商，依賴敏捷式開發的流程來保持在規劃的範圍內執行專案。

讓我們使用建構行動貸款程式作為一個範例專案。我添加了一些主要工作項目在流程中（表1.1）。注意每件工作項目在工作群組的位置。在你的企業中，你會做出一樣的選擇嗎？

這個想法是充分利用具有專業知識的內部資源，透過較廉價的外部資源處理不太複雜的任務，創造對企業更大的價值。這種方法的價值，在於除了提高速度和敏捷性，同時也降低了成本。

在金融機構內部，還有一項挑戰是內部跨部門的流程。例如：線上貸

款申請，可能從數位金融部門開始，連結到分行，然後透過客服中心，最後來到撥款部門。當流程經歷多個部門時，你如何能與客戶和員工同時保持連續性和順暢溝通呢？

作業流程管理 (Process Management)

第一件事是採用單一工具用於作業流程管理，使整個企業流程標準化。大多數情況下，企業會規劃將現有的流程數位化，結果強化現有流程通常是建立網站或是導入電子表單。無論如何，如果會計單位的應付帳款流程，建構在專屬的軟體系統內，那麼它們就很難延伸這項作業到其他系統，因為並非在同一系統內開發。這就是數位治理小組 (Digital Governance Group) 發揮功能的地方，因為它們負責確保引入企業的所有系統都是開放的，並且能兼容其他平台。數位化流程平台通常稱為工作流程平台 (Workflow Platform)。在這個領域，金融機構有許多可使用的工具。

表 1.1 行動式貸款申請任務和工作群組

工作項目	工作群組
貸款決策流程的制訂	內部資源開發
使用者體驗	委外
根據使用者體驗文件和網站線框 (wireframes) 在 iOS 上設計螢幕和工作流程	委外
根據使用者體驗文件和線框稿為 安卓 (Android) 設計螢幕和工作流程	委外
記錄系統文件	委外

工作項目	工作群組
編寫測試腳本	內部資源
根據測試腳本進行測試	委外
資訊安全審查	委外
程式碼審查 (code review)	委外

　　微軟工作流程 (Microsoft Workflow) 是一種與微軟公司 (Microsoft Office) 辦公軟體套裝整合的產品，自動執行作業流程和工作項目。如果你的企業使用許多微軟的產品，那麼這是一個很棒的工具，可以用來執行作業流程數位化並提高效率，而且還有許多以雲端為基礎的工具 (cloud-based tools) 正持續發展中。Process Street (www.process.st) 是一家將工作流程完全託管在雲端的範例，該平台旨在自動執行工作項目和流程，並追蹤其作業進度。另一個非常受歡迎的工具是 Kissflow (KiSSFLOW.com)。Kissflow 是一個瓦片圖塊 (Tile-based) 的系統，向客戶顯示可在系統上完成的瓦片圖塊列表 (稱為系統中的應用程式)(例如開始一項新貸款、請求支票複印等)。當進入系統時，此應用程式會透過直覺的螢幕引導他們完成任務 (圖 1.3)。

圖 1.3　Kissflow 瓦片圖塊

團隊企業：卓越中心

下一步是把圍繞主要業務功能，組成團隊建立卓越中心 (Center of Excellence, CoE)。簡單的分類可能如下所示：

1. 貸款

2. 企業客戶

3. 會員聯繫 (分行客服中心)

4. 數位化服務

一旦將團隊編組完後，在設計作業流程時，分配工作項目就會顯得容易許多。例如：貸款流程可能會跨越每個小組 (如上例中所述)。在舊模式下，客服中心的客戶服務專員可能被迫了解貸款業務，或者貸款專家只能處理貸款申請表單。這兩種方法都未能有效利用資源時間。在新模式中，客服中心的代表將以申請貸款作業為基礎，與貸款專家直接聯繫，讓他們成為整合作業的一部分。藉由將資源整合到共享的工作流程結構中，可以降低客服中心和貸款部門之間功能互動不良的風險。

當所有作業流程混合在一起而不加考慮其業務功能時，隨著這些作業流程的發展，專業領域知識會難以累積。這種情況發生是因為沒人覺得對此流程負有明確的職責。在跨功能化的流程中尤為常見，是由於缺乏擁有權 (Ownership) 或責任義務 (Accountability)。這恰恰是因為這個流程是跨部門的，結果卻造成沒有人願意擁有所有權，因為他們覺得自己沒有擁有全部的控制權。藉由卓越中心建立工作團流程 (Workstreams) 或是作業流程是非常有價值。當作業流程與特定功能的領域密切合作時，該領域的擁有權者 (Owner) 會自在地管理負責的部分，而無需處理其部門無法掌握的領

域。每個作業流程都有設定好的擁有權者，因此，該作業流程將更符合業務規則，而不是提供服務的通路。

文化考量

當我回頭檢視企業時，我經常聽到中階管理者說，人手不足。當我訪談經理時，我通常發現他們並沒有採取任何措施來更聰明地工作。作為流程的一部分，團隊總是非常願意和熱衷地努力完成每一項工作項目，但他們缺乏能力或授權，透過檢視工作項目或流程，並試圖找到一個工具、產品或服務，可以讓他們減少工作量。這是一個文化問題；員工們覺得自己沒有權力提出改進工作流程的想法。正如你想像的那樣，每天展現熱情在工作的作業流程中，但是當流程變更的時候，卻不被諮詢，這是多麼令人士氣低落。這是一個致命的企業錯誤，因為那些最貼近流程的人們的聲音，最需要被聽到。對於流程如何改進，他們可能是有很好想法的一群人，或者他們也可能破壞流程的改變以保護自己的勢力範圍。

定期檢視你的作業流程，並透過實行數位化資產、降低複雜性或集中作業流程來尋求漸進式的改進，這些都是達到數位化轉型所必須的動作。一個糟糕的作業流程數位化後，想見仍是一個糟糕的作業流程。

章節回顧

★ 技術應能簡化工作流程。如果技術基礎的工作流程與舊有的工作流程擁有相同的步驟，那麼你肯定做錯了什麼。

★ 監管僵局是指某一流程中的專家，不喜歡別人提出流程更改建議，並試圖阻止它。

★ 數位治理 (Digital Governance) 有責任確保引入企業的所有系統都是開放的，並相容於其他平台。這點在開發作業流程時至關重要。

★ 建立卓越中心 (CoE) 圍繞著你的企業主要部門。這簡化了任務分配和組織調整。

★ 有必要定期檢視流程，以找到任何可改進的方法。

PART
2

科技
Technology

第2章

技術進化與科技革命

　　我覺得有必要先定義科技的類別，在我的職業生涯中，發現科技似乎總有兩種風格，「進化 (Evolution)」或「革命 (Revolution)」。

　　進化是漸進的變化，它需要時間。在科技領域，這通常意味著有人接納了一個想法，並調整它使之更好地工作，或者採納了一個想法，並想出了如何擴展它。當技術從根本上改變一個行業的經營方式時，產業革命就會發生，革命性的科技是新的典型，或是徹底全新的商業經營方式。

　　成功的科技平台真正圍繞著兩個方面，即「功能 (Utility)」和「規模 (Scale)」，功能是關鍵，因為它是使用者進入系統的原因。規模很重要，因為它對使用者來說意味著系統能夠正常運作 (否則，為什麼會有這麼多人使用它？)，規模也意味著資金，資金意味著平台將不斷改進。

　　讓我們先來談談進化。

技術的進化

　　我認為世界上最成功持續進化的公司之一是蘋果公司，現在，很多人

認為蘋果公司是顛覆者，偉大的革命性公司，但是如果你仔細想想，當蘋果公司推出 iPhone 時，手機已經存在很長時間，蘋果公司將它進化了。Nextel、BlackBerry 和各種手機在市場上已經存在了很長時間，他們甚至可以接收電子郵件－這正是最初讓黑莓機在市場上與眾不同的原因。當時這是一個新的想法，你可以用掛在皮帶上的裝置接收電子郵件 (如果你像我一樣酷)。黑莓機可以播放音樂和拍照，黑莓機甚至還有一些小遊戲可以玩，我還記得在黑莓珍珠機上，玩過寶石方塊 (Bejeweled) 和某種撲克類型的遊戲。那麼蘋果公司做了什麼不同的事呢？如果所有這些功能都已是黑莓機平台的一部分，蘋果公司為何要顛覆這些功能？

蘋果公司等待著機會，觀察發生了什麼事情，注意到消費者不喜歡的事情。下載應用程式是黑莓機的一個挑戰，大多數時候，為了在手機上安裝一個應用程式，你必須將它連接到你的筆記型電腦上，正如任何黑莓機使用者都知道的那樣，把黑莓機連接到筆記型電腦上，往往是一個「死亡之吻」。我曾經把我的黑莓機連接到筆記型電腦上，在旅行前對它進行更新，然後它加載了一個新的作業系統。如果我事先知道它將會刪除我的所有設定，那可就好了，在旅程中的空餘時間，我都得花時間設定設備。蘋果公司注意到下載應用程式並不容易，語音郵件功能既難用又笨拙，黑莓機的母公司 Research in Motion (RIM) 需要不斷更新設備，緣於它們選擇的外形規格。蘋果用創新解決了上述每個問題。

視覺化的語音，是能從一種視覺界面使用語音訊息，不同於撥號電話的功能，這是史蒂芬・賈伯斯 (Steve Jobs) 當初預想 iPhone 時，必需擁有的功能。他與每家供應商合作，直到找到一個能夠支持他對視覺化語音願景的電信商，現在這項功能已成為行動裝置的基本功能。

　　為了解決外形規格的問題，蘋果公司設計了觸控式螢幕，所以裝置上只有一個按鍵。在蘋果公司發佈 iPhone 之前，這是前所未聞的。最後，真正改變手機產業遊戲規則的是推出了 App 應用程式商店 (App Store)，它不僅是下載 App 應用程式的地方；同時這個平台設計也吸引開發人員，為裝置設計應用程式，並將 iPhone 手機可以應用的功能提升到超過蘋果工程師所能想像的領域。現在，人們可以爭辯說，App Store 是革命性的設計，我同意這一點，但總體而言，iPhone 平台是一個進化過程的商品。

　　蘋果公司顛覆了手機行業，就像在此之前對個人音樂行業所做的那樣。在 iPod 問世之前，已有 MP3 播放器。但蘋果公司又採取新的策略；他們創設一項音樂服務，與他們的 MP3 播放器搭配，解決一直困擾音樂產業的盜版問題。早在 iTunes 出現之前，Napster 就是一種音樂共享服務，它允許使用者分享他們所獲得的音樂，無論他們是否合法擁有它。可以說，蘋果公司在說服音樂產業銷售單曲具有革命性的創新，並以進化的方式來改變 Napster 此類音樂分享機制所引發的非法狀況，賈伯斯看到將音樂產業推向新方向的機會。

銀行業的進化

　　如果銀行業要掌握這個契機，可以先從那些我們認為可能具有革命性進化機會的領域開始，我認為，個人理財就是一個很好的例子。在 2000 年中期，個人財務管理，或個人預算軟體在當時是將成為下一個金融聖杯 (Holy Grail) 的商品，每個軟體廠商或是財務顧問都在討論以數位化的方式，在一個螢幕上可以讓客戶看到整體財務狀況的綜合視圖，其中也包括在不同金融機構的資料。目標是將所有客戶的不同帳戶進行整合 (無論資

料位於哪家銀行），並提供一個綜合視圖，讓客戶可以一目了然清楚其所有的金融資產。Mint、Yodlee 和 Mvelopes 就是此類技術的典範。這些平台也稱為聚合系統 (Aggregators)，因為它們替消費者彙集其個人的財務資訊。

每個平台都允許客戶透過清單，選擇為其提供金融服務的機構，並提供這些金融機構網路銀行的用戶名及密碼。然後，這些聚合系統使用螢幕擷取技術 (Screen-scrapping) 從金融機構的網站獲得帳戶餘額、歷史記錄和其他資料，並以彙總方式顯示在螢幕上。對銀行來說真正令人擔憂的是，如果你的客戶突然開始湧向這些第三方網站，你將失去行銷商品和提供服務的機會，因為聚合系統不會在其網站內顯示銀行的行銷活動。事實上，多數聚合系統會利用這些資料來進行跨市場行銷，行銷其他信用卡和金融工具與金融機構競爭，而這些資料都是金融機構在不知不覺的情況下所提供。

許多金融機構花時間將這種聚合功能融入他們自己的數位商品的新版本中，以便在媒體上表現出與此一趨勢同步。隨著時間的推移，具備此功能的金融機構意識到，其實它並未被使用者廣泛採用，原因不盡相同。在有些情況下，螢幕擷取技術取得的餘額不完全正確，或是金融機構沒有花足夠的資源將該功能完全整合到其整個平台中，再加上它不在首頁和或是中心位置，許多客戶要不就是找不到該項功能，要不就是認為設定該功能的程序過於繁瑣，因此我們發現個人財務管理並不具有革命性。

個人財務管理從未獲得其應有的榮景，時至今日，在我看到提供該系統的大多數企業中，大約三分之一的會員使用個人財務軟體。Billpay【編註：指金融機構提供帳單支付功能】是另一個遭遇類似命運的商品。Billpay 本該是偉大的遊戲規則改變者 (Game Changer)。這通常被稱為具備粘性的商品 (Sticky Product)，意味著如果客戶使用此商品並煞費苦心地

設定受款人的所有資訊，他們不太可能想花時間在其它地方設定相同的資訊，因此，他們會從金融機構的活期存款帳戶 (Demand Deposit Accounts, DDA) 支付帳單，從而使此它成為該位客戶的主要金融服務機構。這種思路相當合理；然而，我還沒有看到很多企業願意進化他們的帳單支付功能，使其客戶使用此功能的普及率超過三分之一。

在個人財務管理 (PFM) 和帳單支付 (Billpay) 這兩個案例中，在金融機構要擁有龐大的客戶群需要很長的時間累積。事實上，帳單支付是一個不斷發展平台的典範，產品供應商增加了隔夜支付、當日支付以及直接扣款支付給收款人的能力。儘管這些平台已經新增很多功能，但基本模式仍然相同—你輸入收款人地址，你設定想從你的帳戶在何時取出多少錢，提供此項服務的企業或金融機構會依據指示執行，然後就完成帳單支付。

這項服務未能普及的很大原因是，收款商家 (Billers) 希望消費者到自己的網站來支付帳單，以便他們可以交叉銷售新功能給客戶，或增加購買更多的服務。因此收款商家經常鼓勵使用者從他們的網站支付帳單，而不是從金融機構的網路銀行網站，進行代收代付 (ACH)。這種利益上的對立經常導致使用者對於何者是支付帳單的最佳方式感到困惑。

真正的革命

現在讓我們來研究一些革命性科技的例子。革命來自拉丁語的 revolutio，意思是「扭轉乾坤」。如果某件事是革命性的，它會從根本上改變你對這件事的看法，你如何應用它以及如何處理相關的事務。革命性科技通常被用作顛覆性科技的同義詞。當我想到顛覆性的革命性技術時，首先想到的名字是 Netflix，在百視達 (Blockbuster) 董事會審查 Netflix 威脅，

會議中有人負責報告這個新競爭對手的情況時，我如果可以變成一隻蒼蠅停在會議室的牆上，我敢肯定對話一定是，主席看著房間裡的其他人說：「好吧！我們對這些 Netflix 傢伙了解多少？」一位資深副總裁說：「嗯！他們的商業模式與我們略有不同。」主席回答說：「那是什麼？」，感覺有點傻的資深副總裁說：「他們將 DVD 寄給客戶。」

　　當他這麼說時，會議室裡到處都能聽到竊笑聲。開懷大笑後，主席問資深副總裁說：「他們如何保證客戶會歸還 DVD，如果晚歸還，會收取多少滯納金？」，緊張的資深副總裁回答說：「他們好像不太在乎，先生，他們只送出 DVD 給客戶，客戶在任何時候都可以歸還。」，這時引起比第一輪更大的笑聲反應。他們錯過了這家看起來有點於愚蠢的企業，認為 Netflix 只是網際網路上湧現眾多新奇點子的新創企業中的一家，然後試圖挑戰他們的商業模式。

　　我們現在知道故事的結局：在 2000 年，百視達的首席執行官有機會以 5,000 萬美元收購 Netflix，但百視達放棄了這筆交易，Netflix 最終消滅了百視達。百視達沒有看出來，其實 Netflix 並不滿足於僅僅發送 DVD。Nexflix 認識到網際網路的未來將是每個家庭擁有越來越大的頻寬，而隨著這種發展，他們設想一種串流媒體服務，可對任何家庭立即提供電影和其他數位內容服務。他們還意識到，人們希望隨時隨地觀看影片—在機場、圖書館、午餐時間。他們持續與所有主要設備供應商合作，無論客戶擁有的是何種設備，都能使用他們的應用程式。

　　如今，Netflix 已經載入在 25 個不同平台上，包括數位機上盒 (Set-top box)、電視、遊戲機、行動裝置和主要作業系統。它下注於所發現到的未來趨勢。今天，有許多服務，如 iTunes，Xbox，Playstation 和 Roku，你可以在舒適的沙發上，在自己的家中，購買最近在電影院上映的電影，用 4K、全數位 3D 觀看 (如果你有一台能處理它的電視)。你還可以將其儲存在本機或雲端，永久保存該電影，而不佔用家中的任何實體空間。Netflix 能夠成為一家革命性公司的真正關鍵是，永不停止創新。

　　在 2013 年，Netflix 開始提供自己製作的內容，這也具有顛覆性。直到 Netflix 開始推出《怪奇物語 (Stranger Things)》和《勁爆女子監獄 (Orange

Is the New Black)》等優質節目之前，網際網路內容網站只是以播放來自主要網路和電影製片廠的內容而聞名。這對網路、電影業和其他數位媒體業者也具有令人難以置信的革命性和顛覆性，想想 Netflix 現在已獲得艾美獎和金球獎的重要獎項。蘋果公司尚未透過 iTunes 和蘋果電視等自己的平台提供自製的節目內容，但根據其歷史，我相信蘋果公司很快就會這樣做，並採取不同的策略─也許是觀眾參與到故事中的互動式電視節目。

當 Netflix 開始把 DVD 送到人們家裡時，它甚至不確定能否把 DVD 拿回來。但 Netflix 轉向致力於創造世界級的技術平台，提供引人入勝的內容，獲得艾美獎肯定，並將網際網路運用到極致。Netflix 也有其他鮮為人知的革命性作為，例如，它透過 Amazon Web services【編註：AWS 為亞馬遜公司的雲端服務】運營整個平台。因此，如果你回顧過去，了解 Netflix 成長的過程，從它的成功經驗中，你的企業能得到什麼啟發，並採取行動？當 Netflix 在付款服務方面的規模還很小的時候，身為銀行，你會聯繫它嗎？允許它直接從客戶的帳戶中扣款嗎？也許你可以推展一項廣告活動，鼓勵你的客戶將信用卡或記帳卡設定為 Netflix 首選的付款方式，或者與 Netflix 達成協議，向客戶宣傳其商品並提供 Netflix 的優惠方案作為回饋。

時光旅行挑戰 (Time Travel Challenge)：如果你能回到從前，檢視你自己的企業，依據你現在所知道的資訊，你會在當時沒有關注的科技上投資嗎？你將如何組織你的公司為今天做好準備？不是把注意力放在目前已顯而易見的事情上，譬如網路銀行和行動銀行，因為這些事情很容易。而是將關注重點放在付款上，以及你還沒有做的事。你會提前招聘哪些職位？你要更換什麼系統？你會停止哪些商品？完成後，將這些與你現在的企業結構及業務內容進行比對。

金融革命

那麼，什麼是革命性的科技，或者它會對金融業產生什麼影響？我能想到的最具革命性的是，能從根本上改變我們做生意的方式，像是遠端支票存款 (Remote Deposit Capture)。很多人都知道，遠端支票存款是用智慧型手機拍一張支票照片，翻轉支票再拍一張背面照片，然後把這些照片發送給金融機構，以標準的支票 21 格式進行處理【編註：Check 21 Format 是由美國聯準會訂定的規格，主要目的是加快支票電子化處理的格式】。然後金融機構會立即將款項存入你的帳戶。這項功能最早由聯合服務汽車協會 (USAA) 推出，然後很快地複製於整個行業中。讓我更吃驚的是，我當時 65 歲的母親，不是一個精通科技的人，但當看到這項科技，她說：「哇，我再也不用在下雪天去銀行辦事了。」她憑著意志力努力學會如何使用這項功能。

她學會了如何使用 Check 21 功能，處理社會福利和 VA 支票。更重要的是，對許多消費者而言，行動存款功能成了消費者評估使用金融機構的一個必要條件。他們會等待一段時間，等其金融機構推出該功能，但當該金融機構一直無法提供時，他們便開始轉向能提供這項功能的金融機構。

除了大型金融機構外的其他金融機構，要推出這項功能服務，都面臨著挑戰。因為此項服務頗為成功，提供此技術的服務供應商，特別是行動銀行供應商，被要求實施此功能的眾多需求包圍，造成實施專案數量的積壓，許多金融機構不得不等待一段時間才能安裝此解決方案。因為他們沒有預期這種情況的發生，行動程式設計師的需求量很高，而且其他專案已經處於執行階段，許多金融機構必須等待很長時間才能為客戶提供這項服務。在這段等待的期間，有多少消費者離開了？有多少客戶雖仍在銀行擁

有帳戶，但也已經開始在其他銀行處理大部分業務？這場革命並沒有迅速地被發現，結果，實施較慢的金融機構失去了業務。

你如何看待革命性的科技？你如何處理進化中的技術？首先，當你看到革命性科技或是我稱之為創新科技時，如果它沒有取代你的世界中的某些東西，而是添加新的東西，你至少能說它具有創新性，如果它迅速擴展，那麼它很可能具有革命性。如果你要更換網路銀行業務，或轉到另一個支付帳單的平台，那不算是革命性的變化。目前正在進行革命性變化一個很好的例子，是亞馬遜 Echo 和亞馬遜 Alexa 平台的成功，亞馬遜 Alexa 平台是亞馬遜成功推向世界的語音平台。

在人們的家裡，使用亞馬遜 Alexa 平台已經是一件平常的事情了，它的規模迅速擴大，它很容易放在房間的某個地方，它不是我家裡已有的東西，我並不是要談論一個黑色塑膠設備【編註：第一代 Echo 為黑色的圓柱體】，可以詢問天氣或電影什麼時候上映，或是開關我家的燈，我以前並沒有那樣的東西。這是革命性科技一個很好的例子，它並沒有取代我家裡任何東西，它不是一種新款式的電視，也不是新外形的電腦─它與我互動的方式截然不同。

相比之下，進化是擴展或建立在當時的想法。電子帳單支付從簡單及時付款演化成為妥善運用資金，個人財務管理的進化來自為消費者設定目標並據此規劃安全消費 (Safe-to-Spend) 模式。智慧型手機是將 MP3 播放器加入手機功能進化而來，然後包括加入相機功能的再進化，智慧型手機不斷吸收我們每天攜帶的東西，直到把它變成更小、更精巧的產品，讓我們可以放在口袋裡。這種進化仍持續進行中。如果你仔細想想，要擴展其實是很難的，有許多要素要配合，我們得等待手機基地台建置完成。得等待他們支持第四代行動通訊技術 (4G)。事實上，在美國曾有一段時間，如果

兩個人各自使用威瑞森通訊公司 (Verizon) 或 T-Mobile 這兩家行動通訊服務供應商，他們就無法互相發送簡訊。現在回想起來可能很瘋狂，我相信我們也會以同樣的方式回顧我們目前的付款方式。對於我們的孫子輩來說，我們曾經帶著一張塑膠卡，它可能會丟失或損壞，我們竟然以它來進行支付，對他們來說似乎有些瘋狂。運用科技的訣竅是如何發現事物並在開始形成趨勢時掌握它們。為了幫助你學習如何識別革命性技術，在下一段落，我將與你分享一些我認為革命性技術的事例。

第一個是人工智慧或個人助理。我之前提到過 Alexa，除此之外還有許多類似的商品，如蘋果公司的 Siri 就是另一個人工智慧個人助理。我想在未來，你不會說你使用什麼手機，你將談論你使用哪種個人助理系統，以及它與你的世界有多麼緊密的連結。我們將看到這些個人助理在人工智慧上的成長，它們在與你的世界建立聯繫的能力上也會持續成長，它們將連接到你的電子郵件，連接到你的工作平台，連接到你的手機，它們會讀取你的語音郵件，將能夠讀取你的電子郵件並回覆，然後自動連接到你進行財務規劃的銀行網站，依據你的語音指示進行帳務交易。下一個顛覆性科技是分散式帳本技術，也稱為區塊鏈，它是一個分散的網路，允許參與單位能夠在沒有一個中心單位擔任轉發的情況下直接交互進行，對於世界金融機構來說，瞭解這一技術將特別重要。分散式帳本解決了金融機構在與其他組織進行業務合作、轉移資金、進行付款以及銷售和追蹤金融資產時所面臨的許多問題。區塊鏈技術是為支援比特幣平台而發明的一種精煉的基礎技術，最終將在金融領域成為一個改變遊戲規則的變革者—稍後將專章說明，請先記住這個觀念。

最後，另一個不斷發展的技術是身分自主權 (Sovereign Identity)。今天，我們面臨密碼危機 (Password Crisis)。我們有太多的密碼、太多的用戶

名，而且因此產生了各種欺詐犯罪，為全球各企業的客服中心創造了額外的工作，這種現象令人沮喪。現在我們會看到身分 (Identity) 將變成類似貨幣一樣，這項新技術的影響將讓全世界感受到，稍後也會以專章論述身分自主權。

當你識別到其中一種革命性科技時，你應該怎麼做？簡單的回答是「嘗試」—這有助於你的企業在應用各種技術時能獲得經驗。我的抽屜裡裝滿了再也不用的東西，但我認為這些裝置沒有任何一種是浪費錢的，因為我從每一種裝置中都學到一些東西。

蘋果支付 (Apple Pay)、谷歌錢包 (Google Wallet) 和三星支付 (Samsung Pay) 相繼都進入了市場，但它們都不如大家所預測的那樣，對支付產業造成革命的變化。相反的，這些平台被認為只是不斷演化的支付生態系統中的另一層，這些系統都是建立在現今世界已存在的舊支付機制之上，因為它們之中沒有一個願意冒險去建立新的支付網路。

想想看，以三星收購的公司 Loop 為例，Loop 擁有我稱之為革命性的技術，它允許人們將手機內的信用卡資訊轉換為磁條卡的通訊信號，可在任何有接受磁條刷卡銷售點終端機 (POS) 的商店使用 (如果 POS 不需要將實體卡放入其中操作)【編註：Loop 以手機直接發送信用卡上磁條的資訊給 POS 機，就如同以磁條卡在 POS 機刷卡一樣，這樣商家就不必為了增加 NFC 功能，而更換刷卡機】。由於我的好奇心，在這項技術成為主流之前就已識別出來，我在三星購買 Loop 技術之前很久就進行實驗。瞭解這項技術是如何運作的，有助於我瞭解它在支付領域的地位，也幫助我的客戶瞭解如何在眾多專案計畫中優先處理這項功能。

應對這些創新科技，有些時候你必須全力以赴，有時候你可以稍加嘗試。「嘗試」算是一個安全的賭注，因為評估新興消費者技術 (Consumer

Technology) 通常並不昂貴，企業藉此掌握對於新技術的瞭解是有價值的。如果你負責金融機構的創新發展，那麼在你的視野中就需要關注人工智慧、虛擬實境和無人機等。很多時候，我們傾向於忽視那些我們以為不會對我們產生任何直接影響的事情，這確實是我們應該努力避免的慣性思維。

你可能會忽視自動駕駛汽車，因為在金融機構並沒有使用案例。但是，你必須考慮新技術對你的業務可能產生的社會影響，自動駕駛汽車將如何改變金融機構的汽車貸款業務？你如何評估它對經濟的影響？像 AirBnB 這樣的平台對你的抵押貸款業務會有何影響？有沒有可能說因為 AirBnB 貸款申請戶由於有新的收入來源，變得較少人拖欠貸款？新購屋者是否在購買計畫中考慮 AirBnB？【編註：購屋前即已規劃將部分房間透過 AirBnB 出租】你的車貸客戶有多少每天透過 Uber 提供服務？你的企業可以做些什麼來擁抱這些趨勢？這些趨勢會是威脅嗎？這些都需要與董事會和高階管理層不斷地進行推演。僅僅掌握識別技術是革命性的還是進化性的技術是不夠的，企業也必須運用這些見解踏出嘗試的第一步。

當我們說明本書中的技術部分，會指出哪些是進化的事物，哪些是革命的事物，更重要的是，嘗試幫助每個人製定一個計劃來辨識其中的區別。

在評估新技術與科技時，需要考慮以下事項：

1. 如果你沒有它，客戶是否會離開你的企業嗎？
2. 它能快速、輕易地擴展嗎？
3. 設立它會有多難？
4. 它提供了何種功能，客戶需要這項功能的頻率為何？
5. 它需要花多少錢？
6. 它能替代什麼嗎？(如果沒有，那麼它是添加在現有事務上的功能。)

章節回顧

★ 進化性技術會改變或擴展現存作業流程或做事方法。

★ 革命性科技從根本改變了做某些事的基本方式。

★ 銀行業的關鍵革命將來自雲端服務、人工智慧、區塊鏈和身分自主權。

第3章

雲端服務

快跑！雲端 (Cloud) 已經有自我感知能力！

　　除非你一直生活在石頭洞穴中，要不然你應該會在某個地方聽到有人提到雲端。在「那怪異的雲端」的上下文中，指的是試圖不斷刪除檔案，卻神秘地重新出現檔案，或者「雲端是有史以來最偉大的事物」，通常是由一位資料中心內的工程師聲稱他現在可以在幾分鐘內建置整個系統，而不是幾週或幾個月。無論哪一種討論場合，我敢肯定，你已認識到這是一項已經到來的技術，記錄下相關的資訊，並找機會問些問題來更加瞭解它。以此為開端，你將會需要根據多年的服務經驗，對這些已經在你企業外部運行多年的雲端服務，做出一些相應決策。

　　雲端服務概念並不是什麼新鮮事，在金融業中，它已經存在了一段時間。我認識許多將自動櫃員機或信用卡處理外包給今天可被視為雲端服務的廠商。我也看到很多企業因為服務廠商的問題，或者認為缺乏對服務廠商的控管，而將這些服務遷回企業內部運維。我認為，總體來說，這些經歷塑造了整體金融業對雲端服務的恐懼。不幸的是，事情是會改變的，因此當我們要根據過去的經驗做出決定之前，我們要先重新審視環境是否已經改變，我們需要用新的視角來看雲端服務適合的類別。讓我們先從它的現況來定義，雲端服務到底是什麼？也許你聽說過蘋果公司的 iCloud，或者你看過有關個人雲 (Personal Cloud) 的廣告。在金融業務產業，什麼是雲端服務？

金融業的雲端服務

　　雲端服務最簡單的定義是，你執行的軟體和存取的檔案不再受限於你的電腦或工作站；相反的，它們存在於一個非常容易透過網際網路取得服務的地方。從企業的觀點來看，雲端通常是指將基礎架構和服務，從

企業建立的資料中心轉移至網際網路資料中心 (Internet Data Center)，如 Microsoft Azure、Google Compute 或 Amazon Web Services。例如，想想在你桌上電腦裡的電子郵件，在很長一段時間裡 (甚至在某些企業中仍是如此)，電子郵件都存放在公司擁有的資料中心裡。電子郵件透過網際網路傳入，然後儲存在公司內的某個伺服器上，資訊服務部門中的某個人要負責對此伺服器進行備份作業，或確保該伺服器具有針對電子郵件病毒的適當保護。他們也須負責設置新用戶，規劃系統升級和電子郵件伺服器的定期維護。最後，金融機構須確保伺服器符合遵守沙賓法案【編註：Sarbanes-Oxley 主要是對於簽證會計師與公司行為的監管，以及提高對高階主管及白領犯罪的罰則，其中對於文件的保存有相應的規定，以防範企業銷毀文件，如安隆案 (Enron)】以及金融業需要遵守的其他法規。

個人用戶使用之電子郵件軟體安裝在其個人電腦，並連結至位於資料中心的電子郵件伺服器，以取得個人的電子郵件、發送新撰寫的電子郵件或回覆郵件。這種運作方式與之前描述的雲端服務正好相反，一切服務都是在企業內部完成。

以下是雲端服務版本的電子郵件：電子郵件儲存在某個地方的某些硬體上，但公司員工不需要知道電子郵件儲存在哪裡，也不需要關心郵件是如何存取的。事實上，他們的電子郵件可以週一儲存在西雅圖資料中心的伺服器上，但週二則可能就儲存在肯塔基州的資料中心。無論資料儲存在哪裡，用戶都無需擔心。他們只需要能夠確認，他們的電子郵件服務是可以正常運作的，受雇提供雲端服務的公司需負責知道電子郵件儲存的確切位置，並確保它到達正確的使用者桌上電腦。這家公司還須負責維護收送和儲存電子郵件的系統，遵守管理法規、將資料進行備份以及其他維護電子郵件服務正常運作必須執行的任何操作。員工不只可以透過儲存在本地

桌上電腦內的軟體來使用電子郵件系統，更可以透過網際網路執行軟體來
存取電子郵件。

　　為什麼公司要這樣做？為什麼要將其電子郵件外包給其他公司服務？
畢竟，電子郵件已成為所有業務的重要組成部分。（不相信我？拔掉你的電
子郵件伺服器，看看會發生什麼事情。）如果由你不認識的人提供服務，並
且失去對它的控制，似乎有些瘋狂。這個令人生畏問題的答案在於規模、
聚合 (Aggregation) 和效率。

天啊！我沒想到有人還正在使用 E-mail...

　　提供電子郵件雲端服務的供應商可以很容易地擴展系統規模，電子郵件服務建構在一個非常靈活彈性的基礎架構，使他們能夠即時增加儲存容量或是頻寬。它們還可以在業務繁忙時間輕鬆擴增支援企業的伺服器數量，然後在業務淡季期間移除多餘的伺服器，如果伺服器都建置在企業內部，該企業將被迫設計出滿足最大需求的電子郵件服務，儘管這種需求只有短期需要。由於雲端服務的費用是基於伺服器使用情況計費，因此你只需支付你實際所使用的資源費用。

　　雲端服務也是以聚合概念為基礎，就電子郵件而言，公司可能與數百家其他企業共享伺服器、頻寬和支援人員。中型企業在其伺服器上可能有 2,000 個電子郵件帳戶，雖然看起來數量似乎很多，但實際情況是，支援 2,000 或 200,000 個郵件帳戶，對於電子郵件管理員的工作量方面沒有太大的差異。因此，透過與其他企業共享人力，公司將可以減少其全職員工人數，從而降低其支援電子郵件的總體運營成本。

　　我猜一個正在讀這篇文章的 IT 人員會想，「看吧。最好的辦法是除掉 <請在這裡放入你認為高價值員工們的名字>，用一些我無法控制的白痴來取代他們。【編註：作者是指 IT 人員覺得企業使用雲端服務是想將曾經是「高價值員工」的 IT 人員資遣】」。請再想想，實際上，我認為對於高價值員工最好的職涯規劃是重新培訓他們，讓他們可以管理你的雲端服務—而隨著時間的推移，他們將可以運用一些新的技術於銀行業務領域的最前線，如聊天伺服器 (Chat Servers) 或使用 Skype 通訊。他們的經驗對於這些新通路非常有價值，運用電子郵件雲端服務來減輕他們的工作負擔，他們將可以自由地利用所知來幫助新通路取得成功。

　　效率也是推動雲端服務發展的一個重要因素，假設一個企業將在週末升級其整個電子郵件平台。如果他們以前沒有經歷過這個過程，那將會非

常有成就。通常要購買新硬體,並需要將電子郵件從一台伺服器遷移到另一台伺服器,這可能耗費數小時。當所有工作都完成並且新平台就位後,就需要測試平台並確保所有工作都正常,包括確保所有電子郵件均未丟失、電子郵件的安全性、病毒防護功能啟動、工作流程以及員工每天依賴電子郵件系統的其他關鍵功能。然而,在雲端平台中,可以輕鬆預先配置新硬體,操作必要的更新和轉換,然後可以等待雲端服務的操作員處理其餘的工作項目。假設需要新的電子郵件伺服器,讓新部門使用 Salesforce【編註:Salesforce 為客戶關係管理系統的軟體公司名稱】測試入站銷售電子郵件 (in bound sales emails)。在非使用雲端服務的情況下,企業 IT 人員需要負責構建和設置此系統,但採用雲端服務,雲端供應商可以提供一套新系統、進行測試,然後簡單地在團隊完成測試後將其關閉。執行新專案導致進度緩慢最大的一個原因,往往是在新環境中購置和設定新伺服器。雲端服務藉由提供可以隨需要擴充服務的基礎架構解決了這個問題。

在我任職於 WRG 和 BIG 期間,同時與兩類企業合作,一類企業全部都由內部負責資料處理作業,另一類企業則是全面採用雲端服務,後者一般會比前者提前近兩個月完成一個專案。這是因為內部資訊部門必須採買伺服器,然後等候廠商發貨,接著拆箱並將伺服器連上網路。在完成所有這些工作之後,他們必須安裝正確的軟體,最後開放網際網路連線,讓軟體工程師安裝客製化的網路銀行軟體。整個程序可能需要數月的時間。反之,使用雲端服務的企業員工只要在它們的雲端主控台 (Cloud Console) 按一些按鈕,回答一些問題,配置資訊安全參數,然後在不到一小時的時間,就可以準備好三到五台伺服器,讓我們的工程師可以開始安裝軟體。任何時候,你可以把需要幾個月完成的工作變成在幾小時內完成,然後你只需要注意它的執行情況,話雖如此,我第一次經歷這種雲端服務的運作

經驗後，立即聯繫企業的技術長提出了一些問題。

你擔心什麼呢？

像所有人一樣，我害怕雲端服務。以下是我所擔心的原因，依據重要性排列。

▶ 雲端服務難以控制

許多企業擔心，他們將無法控制雲端服務的流程和系統，更糟的是，他們擔心，作為龐大的雲端服務生態系統的一部分，他們需要解決的問題對於雲端服務業者中能夠決定進行改變的人來說並不重要。從資料中心的角度，「控制」真正意味著什麼？對我來說，控制意味著，如果我想實際地關閉電腦，我可以直接按電源按鈕，或者如果我只想允許從本地端登入系統，我只要從通信埠 (Port) 拔掉乙太網路線就可以。控制還意味著我可以指派人員負責管理這些伺服器—如果有必要，我可以在出錯的情況下斥責他。這些「控制」的議題如何在現代雲端軟體中得到解決呢？事實證明，現代雲端服務對於這些問題都有解答。首先，你實際上是可以「關閉系統」或「從集線器中拔掉系統」，其次，你還可以與服務供應商合作，他們將有效地管理這些系統，並承擔相應的責任。

▶ 雲端服務是不安全的

資訊安全是金融業非常重要的考慮因素，許多人擔心雲端服務可能使敏感性資料面臨風險。畢竟，公司對雲端服務供應商的服務可能知之甚少，而且他們看不到保護雲端服務的防火牆系統。這使他們懷疑這種安全

措施是否存在。

連我也遇過這種情況,資訊安全一直是個重大議題,我曾為一個大型金融網路運營其資料處理系統。改變我想法的是 Amazon Web Services 和 Microsoft Azure 都獲得了 C2 認證【編註:C2 認證為資訊安全中已達到控制存取保護資料能力的標準】,並開始提供服務給政府機構。從我負責管理資訊安全時期累積的經驗,讓我理解企業必須建置哪些資訊安全保護措施才能達到這樣的資安水準。企業即便建置所有必要保護機制和進行滲透測試 (Penetration Test),也未必能確保其資訊安全系統正常運作。如果公司正在編寫的應用程式本身就具有安全漏洞,在這種情況下,無論多少防火牆或其他保護措施,都還是會有嚴重的後果。

我還發現企業可以在這些雲端服務中建置自己的防火牆系統,這是有價值的資訊。最後,與我自己企業的資訊安全預算相比,亞馬遜或微軟能夠投資在資訊安全的費用,是我們自己的組織無法比擬投入的。

▶ 儲存在雲端服務的資料將可能與他人分享

這不是我真正擔心的問題,但我確實在相當長一段時間對這個議題有些疑慮。雲端服務的一個概念是,企業無需配置和擁有整個伺服器。它可以與其他用戶共享計算機資源,以降低成本。許多人得出的結論是,如果你與其他企業共享伺服器,並且該伺服器上的一個應用程式被駭客攻擊(即使不是你的),那麼駭客將能存取該伺服器上的所有內容。亞馬遜、微軟、VMware 和其他提供此類技術的公司都考慮到了這一點,即使不同企業共用計算機資源,彼此均建立了相互隔離的系統。資料本身從不混雜,因為所有資料處理都在自己的環境中執行,資料也儲存在各自受到保護的儲存空間。我可以理解人們為什麼會這樣想,因為在真正的虛擬化技術存

在之前，許多網路託管服務供應商會讓不同應用程式共享伺服器或資源，如果有人可以存取伺服器上的應用程式，確實是有可能暴露其他的應用程式。然而，這項有風險的技術在主要服務供應商中並未使用。

▶ 雲端服務是不可靠的

人們建立自己的資料中心，其首要原因是，他們曾經在使用共享資料中心或其他服務時遭遇過停機的狀況，並因此導致服務中斷造成損失。因此，他們得出結論：確保服務可用性的唯一方法就是自己擁有資料中心。微軟、亞馬遜和谷歌等大公司也考慮到這一點。使用雲端服務的公司可以立即將其全部服務或伺服器從西維吉尼亞州的資料中心轉移到西海岸的資料中心。更好的是，企業也可以同時使用這兩個地方的服務。這對一個公司來說，單靠自己去做，成本會非常高。但由於這些服務，使得雲端服務變得非常可靠。

▶ 雲端服務超級昂貴

實際上，我在某種程度上同意這個論點。但是，如果相較於構建一個資料中心並持續維護其運作、提供電力、以及空調功能和運行金融資料中心所需的所有其他關鍵系統，這並不是非常昂貴。然而，我發現，當一個企業首次發現雲端服務，並意識使用雲端服務來建立網路和系統是多麼容易時，人們會開始有點瘋狂─爆發出我稱之為 SharePoint 效應的現象。【編註：SharePoint 是一個微軟 Window Server 內建的軟體，提供企業員工辦公室協作的功能】

認識我的人都知道我不喜歡 SharePoint，但這不是 SharePoint 的錯；是我自己的錯。有一天，我的團隊發現了微軟 SharePoint，我們決定應用它。

接下來我知道在每次會議上，都有人說，「我把它放在 SharePoint 上。」這裡指的是檔案或試算表，然後其他人會問：「放在哪個 SharePoint？」。

之所以發生這種情況，是因為我體會到一個像 SharePoint 一樣易於建置的應用程式也需要管理 (Governance)。我只是把它看成一個簡單的網站，可以幫助增加工作效率。我沒想到的是，建立這個系統太容易了，以至於任何人，是的，是「任何人」都會申請一個，而且都會神奇地獲得一個 SharePoint。情況實在太糟了，我不得不讓他們給 SharePoint 服務標註顏色。對單一使用者來說，他們只使用了一個 SharePoint 網站，不算是什麼大事，但對於像跨部門的團隊來說，如會計部門或高階管理團隊等，搞清楚你正在使用那個 SharePoint 網站都是場噩夢。有一次，我發現我對自己說：「嗯，我們需要一個 SharePoint 網站來追蹤所有的 SharePoint 網站。」。

這就像試圖以火來滅火一樣，雲端服務也會發生同樣的情況—新伺服器不需要多長時間就準備妥當，也不用花幾個小時來建立網路或獲得批准來設置新伺服器。所以，是的，如果你不對它進行一些管理，雲端服務的成本可能會很高。你必須像購買伺服器或任何其他服務一樣管理它，並確保你的團隊瞭解如何使用它。這包括設定在非工作時間的關閉功能，或在業務繁忙的時候，妥善的擴增其處理能力。我相信，歸根究柢，雲端服務可以更便宜，但前提是治理得當。

▶ 使用雲端服務將有可能裁員

我有個關於在 IT 領域裁員的理論，理論是：別這樣做。如果你的目標是達到節省成本，裁員並不是最佳方案。資訊技術不像客服中心，也不是一個櫃員工作，或者說，這些人專注於一項工作。資訊技術團隊往

往精通其他部門的流程，因此，他們在應用新的和即將推出的技術會非常有價值，我建議對他們進行再培訓，學習分散式帳本技術 (Distributed Ledgers)，應用雲端的程式設計 (開啟和關閉伺服器以節省開銷)，或在人工智慧系統中對其進行培訓。 這些員工內在的知識是很有價值的，很多時候，他們在你的企業中擁有多年的經驗，因此你必須非常謹慎地避免放棄這種經驗，透過培訓他們使用新技術會比訓練懂新技術的專家了解你的組織要更容易，他們還可以轉型為運營外包廠商，利用他們在企業內的經驗和關係來提供新服務。

▶ 網際網路可能癱瘓而無法取得雲端服務

這點有些道理，使用雲端服務的企業依賴網際網路。 但是，讓我們面對現實吧，這是事實，即使你不使用雲端服務也是如此。 如果你不相信我，請立即拔掉網際網路，看看會發生什麼情況。 現實狀況是，雖然雲端服務的確增加了對網際網路的依賴，但我認為你不會比現在增加更多的風險。 我還認為，由於之前提到的備援機制，如果發生重大故障，雲端服務供應商比你自己有更好的機會在這類的事件中倖存，所以，你的客戶至少還可以使用你的數位服務。

▶ 雲端服務是直接費用 (Direct Expense)

將你的儲存設備或服務保留在內部，可能會誤導一般的財務長 (CFO)，他們習慣在三到五年內攤提折舊與專案相關的硬體、軟體、儲存設備和網路服務，從帳面上看，這似乎比每月付款的雲端服務費對於財務面更為有利。

最大的差別是維護基礎架構所需的費用。它通常不被納入「移向雲端服務」的考量因素。我發現，企業在規劃災害復原或業務連續性計畫時，考慮雲端服務的情況並不常見。但在雲端服務的環境，面對這類情況將會處理得更加有效。若考慮到整體成本，將顯示移向雲端服務應該會是成本相當或是更便宜。

引用位在於長島 BethPage 信貸聯盟前首席執行官 Kirk Kordeleski 的一段話：

營運總成本確實很難評估，但如果你嘗試進行這項工作，你會發現，就像許多領先的公司所了解的，採用雲端服務的營運成本要低得多。因為雲端服務是架構在規模經濟的運營模式。規模經濟在商品化的業務模式 (Commoditized Business Model) 中始終占據主導地位【伺服器及儲存設備已是商品化產品，編註：商品化係指此類設備同質性極高，極少差異化，可以因大量生產而降低成本】。

▶ 那我們的資料中心要如何處理？

壞消息是：如果金融機構是在大型主機系統 (Mainframe) 上作業，它可能仍需要自有的資料中心來運行核心系統或總帳系統。但是，我在某些行業看到的是一個我稱之為 AirDC 的概念，它有點像 AirBnB，但是以資料中心為共享的標的。具有資料中心的企業可以與使用相同處理系統或其他平台的企業共享資料中心的資源，這可以降低成本，最終，該企業可能仍然需要其資料中心，但可以透過雲端服務降低其能源消耗和軟體授權使用成本。

▶ 雲端服務無法符合監管的需求？

我曾聽到過這樣的擔憂：雲端服務無法對資料儲存的位置進行控制，

因此，資料儲存在某一個地理區域，可能使金融服務公司於業務開展的所在地，擔受當地司法管轄的法律責任【編註：關於金融機構提供業務，某些國家對於資料實體儲存地點有嚴格的規定，如必須儲存於本地】。

雖然這曾經是事實，但現在雲端服務使用者可以選擇資料的儲存位置。企業可以控管資料儲存和處理的具體位置。同樣需要注意的是，資料的保管會與資料解碼 (Decrypted) 的位置直接相關。

▶ 雲端殺死小海豹？

好吧，這不是真的，但有些人認為雲端計算 (Cloud Computing) 的碳足跡會加速全球暖化，並殺死小海豹。透過我的研究，我發現主要參與者都非常努力地為資料中心使用可再生能源：谷歌資料中心的屋頂上安裝有太陽能面板，微軟和亞馬遜都有使用可再生能源計畫。而實際的情況是，非雲端資料中心更有可能是殺害小海豹的兇手，大型雲端業者反而就像是清潔工。

雲端服務的類別

現在我們已經討論了主要的議題，我想對雲端服務多做一些定義，以幫助你了解如何使用它。雲端服務（目前）有三種主要定義。

▶ 基礎架構即服務 (Infrastructure as a Service, IaaS)

基礎架構即服務 (IaaS) 被定義為透過網際網路提供計算能力和網路連接服務型態。舉個例子：假如有個金融機構想要和一個提供借貸服務的金融科技公司合作，你需要設置一個沙盒 (Sandbox) 供他們使用。沙盒是一

個整合伺服器的網路系統環境，可以使用你內部各平台的開發版本，新創公司的系統如同你的借貸平台，以便金融科技公司的人員可以執行相關測試。

如果公司使用自建的本地資料中心，他們可能擁有來自 VMWARE 的虛擬化伺服器，並且會調配這些伺服器，建立一個網路供金融科技公司人員使用，但可能需要使用 VPN 讓金融科技供應商登錄到本地資料中心。【編註：VPN 係 Virtual Private Network，為保護網際網路資料傳輸的加密機制】。這需要得到內部資訊安全單位的核准，然後建立一個專用網路，讓它和所有的系統隔離。使用雲端服務的模式，你可以更方便地建立伺服器、網路、防火牆和 VPN，然後通過網際網路讓金融科技業者來使用這個沙盒。

內部系統設定可能需要幾週時間，但雲端服務環境設定可能只需要幾天或幾小時。這裡的另一個重要概念是，金融科技供應商可能位於印度或英國，因此，他們的時區非常不同。他們與你的支援人員並不在同一時間工作，考慮到這一點，你的 IT 團隊可以對 IaaS 環境進行設定，讓沙盒不使用時就關閉，從而節省資金並減少安全問題 (每關閉一小時伺服器，就是伺服器無法被駭客入侵的一小時)，使用 IaaS 很快地成為金融科技行業的常態。

▶ 軟體即服務 (Software as a Service, SaaS)

Salesforce.com 是軟體即服務 (SaaS) 的最佳案例，Salesforce 為你的銷售團隊提供雲端服務資料庫。如果某個企業想要建立客戶關係管理 (CRM) 平台，又不想購買或取得使用該軟體授權，就得購買伺服器並由其 IT 團隊建置該平台。若是使用 Salesforce.com，就可以使用其雲端服務設置專屬你

企業的客戶關係管理平台。然後，你的銷售團隊將使用個人電腦或智慧型手機上的網頁瀏覽器連結到 Salesforce 系統並執行工作，這麼做的好處是，你的資訊技術團隊不用負責升級或維護 Salesforce 系統，他們只負責確保銷售團隊可以連結使用 Salesfore.com 網站系統，並確認 Salesforce 符合在雙方協議中規範的服務標準。這意味著銷售團隊無法繼續使用 Windows 95 和 Internet Explore 5，他們需要使用最新的作業系統和最新的瀏覽器技術，才能充分利用 Salesforce 產品的所有效益。

▶ 平台即服務 (Platform as a Service, PaaS)

平台即服務 (PaaS) 是第三類雲端服務提供的方式，也是最後一類雲端服務。以下是我舉的平台即服務的例子：假設一家擁有許多技術團隊的企業，決定在內部自行開發其貸款申請流程。該團隊選擇使用 Microsoft .Net 軟體作為其程式設計系統，因此，他們設計的軟體需要在 Microsoft 環境中執行。這意味著開發人員需要開發軟體。在 Microsoft 中，它稱為 Visual Studio。他們還需要一個儲存程式碼的地方，這可以使用 Team Services 【編註：Visual Studio Team Services，現已改為 Azure DevOps，它用來管理程式碼、追蹤工作項目，以及專案的管理、建置與測試】來完成。

最後，軟體完成後，團隊需要一個安裝軟體的地方，並需要獲得相關軟體授權許可，以支援使用新貸款申請系統的使用者人數。這將是一個名為 Microsoft Server 的應用程式，它也花費成本。所以在整個系統開發完成前，為了支援你的團隊進行 Microsoft 程式開發，可能需要數十萬美元。這還不包括執行應用程式的硬體和網路防火牆。它也不包括支援當前新應用程式所需建置的系統環境。我指的是生產、測試和開發等環境，它們都是不同的複本，目的各不相同。

上述這些議題的解決方式是什麼呢？Microsoft 將上述所有軟體作為平台服務銷售。這意味著公司的開發人員可以使用該平台進行開發，並且該平台自動連接到開發管理環境就如同使用公司內部環境。這讓團隊可以輕鬆地專注於開發應用程式。我可以使用亞馬遜網路服務 (AWS)、Linux 和 Java 講述同樣案例。為什麼這很重要？原因之一是，在未來美麗新世界中開發和創新的專案，有時候是無法產生預期的結果，然後，當需要結束專案時，若是企業自行建構相關的系統，將不得不在帳務上繼續承受原有投資的折舊費用。第二個原因是市場化時效性 (Time to Market)，當你的行銷、分析或銷售團隊確定商機，開發團隊需要設計解決方案以掌握商機時，必須能夠快速行動、建立、拆解 (若是需求調整) 並實現它。為了等待購買伺服器和授權許可，專案可能得增加數個月的時間。最後一個原因是，這讓你的團隊可以有效地運用委外資源，這在即將到來的金融新數位世界中將會非常重要。

雲端服務的主要參與者

雲端服務的市場中有許多持續發展的參與者—由於參與者太多，因此很難在本書中涵蓋所有—但我想談談幾個主要的參與者。

▶ 亞馬遜網路服務 (Amazon Web Services, AWS)

好吧，你心裡可能正在想「亞馬遜 (Amazon)」？是送給我狗糧的亞馬遜？沒錯，就是那個亞馬遜。亞馬遜曾經要解決某個問題。它的內部專案本應在四個月內完成，實際卻花了原來的兩倍時間。亞馬遜意識到，它的網路工程師花了太多時間與應用程式工程師一起，努力協調基礎架構和其

他細節。所以,亞馬遜決定建立一個可用於所有專案的架構。在架構設計完成之後,亞馬遜意識到其他公司也可以使用它。於是,在 2006 年啟動了亞馬遜網路服務。截至本文撰寫之時,亞馬遜網路服務為全球 190 個國家的數十萬家企業提供一個平台。亞馬遜在美國、歐洲、巴西、新加坡、日本和澳洲均設有資料中心。

▶ 微軟的雲端運算平台與服務 (Azure)

微軟的雲端運算平台與服務於 2008 年發布,並於 2010 年發行,主要是回應亞馬遜網路服務的上市。它最初稱為 Windows Azure,最後成為 Microsoft Azure。Azure 提供一個控制台應用程式,允許管理員能夠輕鬆設定環境,變更網路設定,並使用 Microsoft 服務,如商業智慧平台或人工智慧平台。

▶ 谷歌計算引擎 (Google Compute Engine, GCE)

谷歌計算引擎服務於 2012 年在全球推出,被視為 IaaS 型態的解決方案。與競爭對手類似,它提供了虛擬化伺服器和可執行各類作業系統,如 Linux、Microsoft 和其他開源軟體等服務。GCE 透過其雲端服務可使用谷歌提供的服務,如搜索引擎、Gmail、YouTube,以及其 AI 等服務。

每項服務都有相似之處,它們都支援多個作業系統,而三者的計費方式都減化到使用電腦資源 (電源、硬體、儲存) 的數量,這些資源稱為單元 (Units)。

每個平台均銷售和支援其獨特的工具,例如:在 AWS 中,儲存空間由其名為 S3 的專屬儲存平台提供服務;谷歌已將其部分產品納入其服務項目中,以便讓開發人員和金融科技公司能更容易使用其平台。

這三家公司都符合多項認證，如 SOC 3 (Service Organization Control)，支付卡標準 (Payment Card Industry, PCI)，資料安全標準 (Data Security Standards, DSS) 和美國國防部 (Department of Defense, DOD) 影響評估第 5 級授權。

▶ 如何選擇雲端服務？

選擇那一個雲端服務的決策，將取決於企業內的架構和內部專業知識。例如，如果你的企業使用 Microsoft 產品用於開發系統和為前線員工提供服務，那麼顯而易見的選擇是 Azure。反之，如果你的企業執行在開放原始碼軟體 Linux 軟體上，而你的內部專業知識在 Linux 平台領域，那麼 Google Compute Engine 或 AWS 可能是你雲端服務的更好選擇。你也可以同時使用兩個平台【編註：我們通常將同時使用兩個以上的外部公有雲稱為 Multi cloud 多雲架構，Hybrid cloud 混合雲架構一般指的是同時使用企業內部的私有雲和外部的公有雲】，但不要指望它們能夠輕易地互相溝通。當前的雲端服務市場非常競爭，因此，Amazon 沒有太大誘因，讓你可以輕鬆地將 AWS 雲端連接到 Microsoft Azure 雲端。

美國第一資本銀行(Capital One)在雲端

那麼，有沒有哪家大型銀行轉向使用雲端服務，並公開談論過？

有的，美國第一資本銀行 (Capital One) 公開在 2015 年指出，它打算將其大部分資料處理服務移至亞馬遜網路服務。

「科技將在銀行業的未來發揮核心作用，因為我們將邁向即時、數位優先、預測客戶需求的體驗邁進。AWS 雲端服務能夠支援快

速、高效開發和配置軟體，並使我們的團隊能夠專注於我們最擅長的領域：建構優秀的軟體並為客戶提供創新的體驗。」Capital One 資訊長 Rob Alexander 說。「我們採用雲端優先 (Cloud First) 的開發方法，將 AWS 作為我們主要的雲端基礎設施供應商。」[1]

Capital One 已經明確表示，這不是一項實驗而是一項明確的戰略，堅信銀行業的贏家將是擁有最強大的科技實力的企業。

【編註：Capital One 於 2019 年爆發上億筆信用卡申請資料遭駭，據新聞報導是由熟悉 Capital One 內部作業流程的工程人員所為。嫌犯利用了 Capital One 雲端伺服器上一個設定錯誤的防火牆進入系統竊取了 1.47 億多名消費者的敏感訊息。從這個例子得知，雲端的人員管理和資訊安全的防護仍是必須持續加強的】

移向雲端的策略

我發現雲端服務在金融機構中是一項「非黑即白」的話題。金融機構要不就是認為完全無法接受雲端服務，要不就是擁抱接受它。但我相信應有中立客觀的觀點，有些作業可以立即安全地移向雲端，這將提高安全性和執行能力。我將雲端移轉方法 (Cloud Migration Approach) 稱為混合雲方法，混合雲方法只將非營運平台移向雲端，一個例子是開發或測試環境。它還包括將雲端服務連接到本地自有的系統基礎架構。

---

1 Casey Coombs, "Big Amazon Web Services Deal Ups the Stakes in Cloud Battle with Microsoft," https://www.bizjournals.com/seattle/ news/2016/11/30/big-amazon-web-services-deal-ups-the-stakes-in.html.

　　無論你是在內部自行開發軟體還是從供應商處購買軟體，你的企業都將需要為這些軟體提供一個測試新版本或進行初始安裝的系統環境。多年以來，我一直站在這個過程的另一方，我知道，要與金融機構的測試或開發環境連接起來，都是一個極其艱難的過程。有些企業要求使用 VPN，因此所有使用者都必須在的設備上安裝 VPN 軟體。事實上，當你業主不在時，供應商就會談論這件事。

　　他們會說：「天哪，夥計，你必須賣命才能和這樣、那樣的系統連結起來嗎？」並且，「我們花了六個月才建立起測試環境。」一些企業堅持要求所有開發工作都要在虛擬環境上完成，而且這些環境都必須建立在企業內部。另一個問題是，如果環境不存在，例如，在開發新的應用程式專案，金融機構通常會訂購新設備，這會讓專案多耗費幾個月的時間。雲端服務是建置這種環境的理想場所，測試系統不應該包含任何真實的客戶資料，這樣應該能夠減少任何對於資訊安全的顧慮，而且由於雲端與企業的骨幹網路不相連，因此能夠有效地將供應商侷限於有圍牆的花園內 (Walled Garden)。這樣的運作環境可以降低對資訊安全的要求。因為它沒有連接到任何營運系統，IT 人員可以更容易在雲端服務系統中配置伺服器和其他服務 (如郵件服務或電話服務)。最後，非營運系統不需要全天候工作，可以安排在下班時間關閉，這也會降低成本。此方法可以提高安全性，降低成本，並縮短商品上市時間。一般來說，每個營運系統都在你的基礎架構中的某處，建置映像測試系統 (Mirror-image Test System) 和開發系統。識別每個系統的特性及要求，並依此決定是否將它們移向雲端中，是考慮使用雲端服務的企業完美的第一步。

　　此外，還有一個不斷發展的新選項，允許你在自己資料中心內建置雲端服務。微軟已宣布提供可在任何資料中心內執行的 Azure 服務。企業將

可以進行即時資源調配、調度資源、共享資源和在不同的資料中心之間進行即時遷移。但這種方法有一些限制；你能夠選擇這類服務仍取決於你的資料中心屬性【編註：某些企業的資料中心並非全部使用微軟的系統，因此並不能完全獲得上述的優點】。此方法還可以與 Microsoft Azure 雲端同步，從而允許你的資料中心與微軟雲端整合。我可以想像，對那些抗拒雲端服務的企業將避免使用此功能。然而，對於那些接受該技術並已在資料中心有重大投資者而言，這可以延長該投資的壽命。

以下是金融機構考慮移向雲端的主要原因：

■ 利用雲端服務將當前 IT 基礎架構的重置成本降至最低。

■ 重新調整技術團隊重點領域，專注於支持前線和後台員工，以及以業務為重點的專案上。

■ 將網路和伺服器設備的日常運營和管理交給第三方服務供應商。

■ 實施備援、容錯、高可用性資料中心，並消除網路、伺服器農場 (Server Farm)、通訊系統、核心平台和企業儲存器的單點故障【編註：單點故障指的是系統中僅有唯一的一套必要的設備或模組，當該設備或模組故障時，整套系統便無法運作】。

■ 使我們的 IT 基礎架構具有更快，更靈活的處理能力。

■ 以最佳實務的方法來建置外圍和內部資訊安全系統，以保護資訊資產的機密性、完整性和準確性。

■ 有效支援企業所有設施和遠端分公司的業務持續運營。

章節回顧

★ 最簡單的雲端服務定義是，所執行的軟體和使用的檔案不再與企業內電腦或工作站綁定。反之，它們存在於可以透過網際網路使用的某個地方。

★ 雲端服務的三種主要類別是「基礎架構即服務 (IaaS)」、「軟體即服務 (SaaS)」和「平台即服務 (PaaS)」。

★ 混合式方法是僅將非營運平台移向雲端服務。

第4章

人工智慧

　　讓我們先釐清這件事：這一章將不涉及科幻的人工智慧 (AI) 系統對人類發起叛變，這裡也沒有天網 (SkyNet)【編註：SkyNet 為電影魔鬼終結者 (Terminator) 中具備自我意識後，毀滅人類的人工智慧】，我們將會討論什麼技術如何在很短的時間內改變金融機構和金融服務。過去有關人工智慧將改變一切的論點已多次出現，如今的發展也的確非常接近。人工智慧應用最近蓬勃發展的原因之一是有足夠可用的資料量，這種想法有點違背直覺，對吧？多數人認為，人工智慧是受摩爾定律所驅動，【編註：Moore's Law 摩爾定律，是由英特爾公司 (Intel) 創辦人之一高登·摩爾 (Gordon Earle Moore) 所提出】摩爾定律說的是電腦處理能力每年都會翻倍，截至 2015 年，處理器的領先製造商英特爾表示，電腦處理能力的成長已逐漸趨緩，接近二年半成長一倍。然而，真正推動人工智慧革命的因素，是目前已有足夠可用的資料量。要理解為何革命性的資料量會推動人工智慧的熱潮，我們有必要清楚人工智慧是如何運作的。

電腦可以被訓練

我當時在機場買了一本《連線》(Wired) 雜誌在飛機上閱讀。其中一篇文章的標題為「很快我們不用為電腦編寫程式，我們會像訓練狗一樣訓練電腦。」[1]，當我讀到這篇文章時，我開始從金融機構的角度，思考這到底真正意味著什麼。

如果你正在對人工智慧的發展進行研究，會發現反覆出現的主題是訓練的概念。《連線》雜誌的文章使用這個概念，訓練電腦來識別一隻貓。詹森‧坦茲 (Jason Tanz) 指出，運用邏輯方式是教電腦如何尋找鬍鬚、耳朵和毛皮。然而，多虧人工智慧平台和分析圖片能力的演化，目前最好的方法就是提供貓的圖片給電腦。事實上，你給電腦越多貓的圖片，它就越聰明，也越可能從一堆照片中識別出一隻貓。

這種方法也有其侷限，例如，它可能剛開始會錯誤地將狐狸歸類為貓，因為它們很相似。解決這個問題的辦法，還是提供狐狸的圖片給人工智慧引擎。Google 的 TenserFlow 就是這項技術很好的例子，它是 Google Photos 的基礎。Google Photos 是人工智慧非常好的實際應用例子，可以根據照片中的人物、拍攝地點、拍攝時間，甚至照片中的內容來分類照片，例如，當你搜索大象這個詞的時候，若你拍過一張大象的照片或者是很多大象的照片，就會列出這些照片的清單，甚至能在電視上找到一張大象的照片。Google Photos 常被使用的一項功能是，它能夠從你的假期照片中自動製作一個有配樂的影片，然後和家人共享。後來，Google 新增製作寵物影片的能力，可以識別你的寵物 (是的，它可以從其它狗的照片中識別出

1　Jason Tanz, "Soon We Won't Program Computers. We'll Train Them Like Dogs," Wired (May 17, 2016), https://www.wired.com/2016/05/ the-end-of-code/.

你的狗），並製作一段關於你的狗一天生活的影片，或者你和狗一起旅行的影片。承認吧，你會想要一段由你寵物狗照片組成的即時影片，這怎麼抗拒？

機器學習：熟悉名稱

　　為了瞭解更多的情境，讓我們看看 Siri 之類的例子。Siri 是蘋果公司的個人助理軟體，自 2010 年發布以來即安裝在所有 iPhone 上。Siri 會幫你做筆記、給你指路、發簡訊、打電話、拍照和查詢資訊。最近，我和一位朋友共進晚餐，他分享了一個故事，他和他朋友想確認卻爾登・希斯頓（Charlton Heston）在拍攝《十誡》時的年齡。我的朋友開玩笑地拿起手機問 Siri，「卻爾登・希斯頓在拍《十誡》時是多大年紀了？」他認為 Siri 無法回答這個問題。Siri 卻毫不猶豫地回答道：「卻爾登・希斯頓拍攝《十誡》時年僅 33 歲。」他很驚訝 Siri 能夠回答這個問題。但是，如果考慮上述訓練概念，那就一點也不奇怪。根據 Siri 自己的說法，Siri 每週回答超過 10 億個問題。它的工作原理是：有人問 Siri，「羅馬幾點了？」Siri 回答，「在義大利的羅馬，時間是早上 7:30。」然而，提出問題的人想問的時間是喬治亞州的羅馬。這裡的挑戰是模糊性的請求。使用者可能意識到錯誤，然後再問，「Siri，在喬治亞州的羅馬幾點了？」Siri 就能做出正確回應。

　　這裡有趣的部分是，這些資料都將交由蘋果公司進行分析，系統會注意到一種傾向，即人們必須明確說明他們的需求，才能獲得他們真正想要的資訊。那麼，它們將如何釐清這些資料的不同含意？Siri 可以詢問使用者想要知道哪個羅馬的時間，然而世界上有許多城市都叫羅馬。Siri 還可以

查看過去提出的問題來確定情境。如果使用者最近問 Siri 「給我看飛往義大利羅馬的航班」，那麼 Siri 可以根據前面問題，推斷假設所詢問的時間也是關於義大利的。這是一個更複雜的例子，有個簡單一點的例子，我們以詢問卻爾登・希斯頓問題為例。由於 Siri 每週處理超過 10 億個請求，因此極可能有人在某個時刻提出類似的問題。當被問到這個問題時，Siri 可能不知道如何回答，因此使用者就繼續以更簡化的問題來詢問 Siri，然而，這個沒有得到解答的問題會被記錄下來，在蘋果公司 Siri 部門深處，有個團隊負責審查失敗的問題，如果這類的問題夠多，他們就會訓練 Siri 回答這個問題，下次有人問類似的問題時，Siri 就能回答。這種學習機制不需要升級蘋果裝置的軟體，也不需要升級硬體，Siri 只是像狗一樣學會了一個新技巧。

理解人工智慧需要學習，然後就會得到一個符合邏輯的結論，即人工智慧應用程式的品質，取決於培訓資料的數量和品質。如果是這樣，要在人工智慧領域取得成功，你的機構內的資訊必須是有條理的。

它還取決於使用者的數量以及所提出的各種不同類型的問題，這令金融機構感到擔憂，因為即使是最強大的金融人工智慧應用程式，也不可能每週收到 10 億個不同的問題來學習，對於中小型機構更是如此。這意味著，除非你是美國銀行或其他大型金融機構，否則就需要進行合作或協同合作，這項技術才會對金融機構有價值。假如每家機構單獨進行培訓，顯然沒有足夠的問題和相應資料量，來強化應用程式的智慧，以跟上其他人工智慧應用程式。如果客戶詢問金融機構的人工智慧應用程式：「我的支票帳戶可用餘額是多少？」由於某種原因，人工智慧未能理解這個問題，但好消息是金融機構可以「教」人工智慧，什麼是客戶想要的。然而，這只適用於那家金融機構。如果另一家金融機構使用相同的引擎，但在學習

方面沒有連接，則第二家金融機構將不會從其他金融機構的訓練中獲益。這意味著每家金融機構將以不同的速度學習，再者每家金融機構將花兩倍的時間來達到相同的智慧狀態，除非他們能將問題組合在一起彼此分享，這樣每家金融機構就可以從彼此的問題庫中學習，進而增強人工智慧應用程式的「智慧」。

人工智慧 (Artificial Intelligence) 與智慧擴增 (Intelligent Augmentation)

到目前為止，我們一直在討論人工智慧科技的主要表現形式。然而，許多電腦科學家認為，人工智慧真正的未來與創造是藉由與人類互動來進一步學習，增加智慧。以我前一段描述的過程為例，在人們審視電腦不理解的事情並進行調教時，就是以人類智慧強化人工智慧的例子，電腦處理它所能理解的一切，而它無法處理的，就會發送給其人類操作員進行審查。

我相信這種方法將成為最常見的人工智慧融入金融服務平台的方式。儘管出現很多預測，認為將會有某種人工智慧的系統取代人類所從事的工作。但我相信，人類仍是不可或缺的，這些科技將提高人類在工作領域的能力，而不是取代人類，不過這將會讓現有的勞動人力能夠處理比以前更多的工作，因此仍會造成就業機會增長緩慢。直覺式服務 (Intuitive Services) 能預測員工或系統所正在服務客戶的需求，使業務交易更快速、更有效率，並促成新的業務契機。

機器學習是最常用的術語，用來描述最流行的人工智慧引擎背後的科學。機器學習也與統計計算密切相關，如前所述，很大程度上仰賴資料分析。

最受歡迎的新興人工智慧平台之一是 Amazon 的 ECHO，於 2015 年推出，短短不到兩年時間就售出逾 1,100 萬套。ECHO 平台及其底層自然語言處理器 (Natural Language Processor, NLP) Alexa 已向軟體開發人員開放，以建立 Amazon 所稱的技能 (Skills)。技能類似於蘋果公司應用程式商店 (Apple App Store) 中的應用程式，但這些技能擴展了 Alexa 平台的能力。許多銀行和信用合作社已經發布了 Alexa 的技能，讓客戶使用 Alexa 平台擔任自己的個人櫃員來執行部分金融交易。

聯合服務汽車協會 (United Services Automobile Association, USAA) 最近發布了它的 Alexa 技能；這是第一個使用除了 Alexa NLP 以外技術的技能 (Skill)。USAA 與一家名為 Clinc 的公司合作。Clinc 平台可以進行對話式商務 (Conversational Commerce)，毋須使用經過訓練的規則集 (Rule Set)。「Clinc 大腦 (Clinc Brain)」處理所有對 USAA 平台提出的要求並提供回應。它還能夠理解複雜的問題，譬如「我最近的假期花了多少錢？」或「你能比較一下，今年和去年我在星巴克花了多少錢嗎？」。這種貼近情境的對話，代表著人工智慧領域在金融相關服務的重大進展。

臉書 (Facebook) 宣布，將開放其 Messenger System【編註：Facebook Messenger 是臉書提供文字和語音服務的即時通訊軟體】，讓企業能夠利用這個流行的通信平台與其客戶進行溝通。在 2016 年的臉書 F8 開發者大會上，美國銀行 (Bank of America) 宣布，計畫將與臉書合作開發聊天機器人，同年 10 月，該行發表了聊天機器人 Erica，它會更新你的 FICO 分數，向你發送警示，並協助你支付帳單。【編註：FICO 是一家位於美國加州的數據分析公司，專注於信用評分服務。FICO 評分是美國消費者信用風險的衡量標準。】

摩根大通 (JPMorgan Chase) 推出了一種名為 COIN 的人工智慧產品，

COIN 是「合約智慧 (COntract INtelligence)」的縮寫，其目的是審查複雜的合約，減少人們審查商業貸款合約的工作，摩根大通報告指出，該項服務曾經每年處理超過 36 萬工時的工作。

這些成功案例對於大型金融服務公司而言，是一個重大的優勢，並拉開大型金融服務公司與其規模較小的競爭對手之間的差距。[2]

假如人工智慧系統演化成為自己能夠編寫程式碼會怎麼樣呢？

Siri 聯合創始人達格‧基特勞斯 (Dag Kittlaus) 於 2016 年在紐約舉辦的 New York Disrupt 活動中首次亮相了他的新人工智慧助理 VIV.AI，就能夠自己編寫程式碼。此外，他還介紹了對話式商務 (Conversational Commerce) 這個專有名詞。以下是他演講和精彩展示的摘錄：

我將再邁出更大的一步，來回答一個你實際上可能不會問的問題，讓我向你稍微展示 VIV 更強大的能力。後天下午五點之後，金門大橋附近的溫度會比華式七十度更溫暖嗎？這是一個相當複雜的問題。世界上很少有人工智慧助理能做這樣的事情，但 VIV 可以由開發人員進行訓練…

所以，這樣的應用看起來似乎很簡單明瞭，但實際上在這應用的背後，還執行了一些不太尋常的工作。首先，我們會場有來自 Nuance 的朋友，我們可以用它來進行語音識別，把所說的內容轉變為文字字句。然後你可以看到我們有非常複雜的自然語言理解能力並且產生了「意圖 (Intent)」，而這就是真正的核心。我們還有一項正在申請專利的新技術，這是一項電腦科學的突破，我們稱為動態程式生成 (Dynamic Program Generation)。所以，當它理解使用者的「意圖」時，就產生了相應的程式。所以，這是一個能夠自己編寫程式的軟體…

2　Debra Cassens Weiss, "JPMorgan Chase Uses Tech to Save 360,000 Hours of Annual Work by Lawyers and Loan Officers," ABA Journal (March 2, 2017), http://www.abajournal.com/news/article/ jpmorgan_chase_uses_tech_to_save_360000_hours_of_annual_work_ by_lawyers_and.

當以程式固定編寫完成特定功能，我們稱為 Hard Coded，它是不能擴展的。這個動態程式在 10 毫秒內自行編寫完成，並建立一組執行碼，可以執行你要的服務。[3]

在展示新平台的驚人成就後，他繼續展示「對話式商務」，透過展示 VIV 與廣受歡迎的個人對個人支付平台 Venmo 的整合。他簡單地說，「轉 20 美元給亞當，支付昨晚買飲料的錢」，然後 VIV 自動找到收款人，並完成付款。這種整合能力應該特別讓金融機構大開眼界，因為它將傳統上在金融機構數位平台上完成金融交易的體驗，轉變為不由金融機構控制的新體驗，對於那些沒有探索人工智慧解決方案的金融機構來說，無疑是一記警鐘。

VIV 將繼續學習，但不僅僅從你的對話、你的同仁或客戶的對話中學習，而是從世界上所有人的對話中學習。隨著它的發展，還將即時建立客製化程式以滿足傳入的各種請求。現在想像一下，這個解決方案如果可以完全取得你所有的交易記錄，他將能夠回答類似「我去年向住戶管理委員會付了多少錢？」此類的問題。它可以透過運用你的帳單支付歷史資料，來編寫什麼樣的程式？它能根據對股市現況的監控，來重新分配你的資金，以獲得最大的利潤嗎？它的可能性是無止境的。

然而，人工智慧並不止於語音辨識或文字處理的應用。例如，在金融領域，影像辨識的技術能做什麼？如何使用影像辨識技術，透過訓練一個人工智慧系統來監控自動提款機攝影機，辨識安裝盜刷器的行為，當有人在自動櫃員機安裝盜刷器時，可以即時辨識並通知銀行？類似的技術也可用於監控現金室 (Cash Room) 員工的欺詐行為。

---

3 TechCrunch, "The Team Behind Siri Debuts Its Next-Gen AI 'VIV,'" at Disrupt NY 2016 (May 9, 2016), https://www.youtube.com/watch？v=MI07aeZqeco&t=322slater.

人工智慧在金融業的使用案例正在積累中。在接下來的兩年裡，我相信銀行業最具創新性的解決方案，人工智慧都將參與其中。

與布雷特•金恩 (Brett King) 的對話

最近有幸在我的播客 (Podcast) 節目上採訪了世界著名演講家和紐約時報最暢銷的《Bank 3.0 》和《Augmented》作者 Brett King【編註：此兩本書中譯本，《銀行轉型未來式── BANK 3.0》及《擴增時代》均由台灣金融研訓院出版】。這是在我們播客剛開始談人工智慧解決方案後沒多久的對話，以下是當時的摘錄。

布雷特：這項人工智慧技術對個人的影響才是真正讓我感興趣的。比如在手腕上或衣服上戴上感測器，就能夠預測可能會心臟病發作。也許現在你就有腕錶或智慧型手錶，在你身上穿的襯衫上嵌入了感測器，它可以偵測你的心率 (Heart Rate)。經過一段時間，我們將可以建立全世界人們心率的樣本資料，可以預測人們何時可能患上心臟病，並導致心臟健康開始出現問題…等。我們現在可以開始使用人工智慧來追蹤。因此，大約一年後，我們將開始看到這種基於演算法的人工智慧技術，能夠預測未來幾天或幾週你可能會心臟病發作，這樣就可以避免 9 萬美元緊急處理心臟病發作的醫療費用，因為你可以在心臟病發作之前，就到醫療專業人員那裡尋求預防治療。在技術更成熟的幾年內，我們就能分辨出兩年內你的心臟可能會有問題。現在可以不急著送你去醫院，我們應該讓你參加營養計畫，找個營養師，或是找個健身教練，應該就能以不同管道解決心臟病的問題。

現在，當人工智慧應用到銀行業時，你開始思考自動化財務建議，就像你做剷雪機、卡車駕駛、心臟分析、醫學一樣【編註：目前已有汽車具備自行驗測分析零件狀態的功能】。但有趣的是，銀行宣稱銷售的是我們需要的財務建議，實際上卻發現我們可能並不需要這些建議。我告訴你為什麼，今天如果你想買房子，那你會從銀行得到什麼建議？你得不到關於是否應該買房的建議，你得到的建議都是你（能否）可以使用這個抵押貸款或那個抵押貸款，你得到的只是銀行商品的建議，當你去銀行尋求投資建議時，你並沒有真正得到有關如何能省更多錢的投資建議，以及你應該如何規劃退休，你需要去找財務規劃師或理財教練 (Money Coach) 才能得到財務建議。

當你去銀行，銀行會建議需要這個資產類別 (Asset Class) 或那個資產類別，這也是基於商品的建議。所以，我們期望從人工智慧中得到的是更加個人化的金融建議，並且能夠讓你的財務更加健全的建議。一個簡單的例子是：「嗨，Siri，我負擔得起今晚出去吃晚餐嗎？」，這種形式的建議，將融入你周圍的生態系統中，讓銀行服務以一種更加個人化的方式呈現。未來所有這些具備人工智慧的設備都會代表你執行交易，這與我們現在的線上訂購系統進行交易並沒有太大區別。是的，現在是由你進行交易，但未來你的代理人 (Agent)【編註：Agent 係指智慧程式能夠代替人類進行特定事物】將替你執行此交易，但真正不同的是，金融商品的設計必須改變。在未來，像餐廳提供的商品，或類似餐廳的服務相對非常簡單因此並沒有太大的改變。但是在銀行服務就不同了，如果你想付款，例如，用一張有 16 位卡號的信用卡，

它附加飛航里程累積優惠，你藉由增加使用這張信用卡的頻率來累積飛航里程數，這樣的模式將不再適合未來的世界。對吧！這沒有任何好處，你不會在透過 Alexa 預訂餐廳時突然停下來說：「等等，Alexa 讓我給你其他的信用卡號碼，因為我想獲得更多的飛航里程數累積。」，你會有兩三種不同的付款機制，你可能只要說：「嘿，Alexa，用我的公司帳戶付款。」

約　翰：對，你有可能會讓 Alexa 使用這兩個不同帳戶，然後 Alexa 會說：「是！現在如果我在這個網站購買這個商品的話，你可以從公司折扣中得到更多的價值。而且，這樣我就可以替你得到一次免費的 Uber 搭乘優惠。」這就是未來的超級智慧 (Super Intelligence)。你剛才提出的「代理人 (Agent)」概念，我對這個概念和這些代理人將會是什麼樣子有很多的想像。隨著這樣的功能日益普及，我們如何預防這些代理人的功能出現錯誤而造成損失，我認為這是無法避免的，它將會成為破壞性力量…。不過，讓我向你提出一些我一直在研究的應用…。我們將研發金融互動語音體驗的 FIVE 平台 (Financial Interactive Voice Experience, FIVE) 建置在 Alexa 內。它現在也可以在 Google Home、Cortana 和 Facebook 上進行聊天…。如果我對你說，「布雷特，幾週後讓我們在紐約一起晚餐。」你會怎麼說？

布雷特：我會說，「我得去查一下我的行事曆。」

約　翰：我們同意等你查過行事曆後再來安排，所以，這是我們正在 Alexa 中建立的。如果你正在執行一件事，但是仍需要進一步的資訊才

能執行，你只要說，「嘿！記住這件事，或者記住這件事，別忘記。」，然後它就會在適當的時間提醒你。而這正是更人性化的概念⋯與代理人的理念相結合後，就會產生像你所描述那樣令人驚歎的情境。像你剛才所說的情境，我覺得它不再是那麼遙遠。我的意思是，你覺得還需要多久時間，你就能透過 Alexa 訂購中國港式點心？

布雷特：嗯！是的！一點都沒錯。我們離能夠實現這個情境已經不遠了⋯⋯這個想法是把它【編註：Alexa 這類的人工智慧代理人】融入我們的生活中，盡可能多提供你日常生活中的需求。因為這就是讓平台具有黏著性的核心，將來不再是選擇手機上的 app 應用程式，而是你會使用哪個語音助理。

約　翰：對，我們設計了 FIVE 平台的概念。你已經擁有了一個很棒的平台【編註：布雷特‧金恩建立了 MOVEN 金融平台】，假設我建了一個稱為 Movin 的平台，然後我對它說：「約翰想知道他的帳戶餘額。」Alexa 不太明白這句話的意思。我需要進入系統看看 Alexa 不理解的原因，然後可以訓練它。所以訓練人工智慧的概念非常重要。這是一種需要時間的機制。因此，我一直告訴許多在銀行業工作的人，若你不訓練人工智慧，隨著流逝的每一天，就等同於損失一個月的時間【編註：訓練人工智慧是一個累積的過程，越晚開始在起點就落後】。

　　　　所以我們用 FIVE 平台所要完成的事就是將功能整合在一起，假設 Movin 平台上，也有另一家機構使用同一平台。一旦我教這個機構的人工智慧助理，Movin 也能同時學會。所以，我想

請你對人工智慧的訓練過程發表評論，人工智慧要花多長時間才能理解布雷特的行為？需要什麼樣的訓練呢？今天我們是否有這些機制，擁有訓練資料的基本要素是什麼？

布雷特：這些人工智慧學習我們行為的速度是驚人的，它們能夠學習的內容和學習的速度將會遠遠超過我們的預期，我認為它的發生速度會比大家預期快得多。關於這方面的工作，麻省理工學院實際上做了一些非常有趣的研究，它把人工智慧所創造的工作區分為三大類，即學習者 (Learners)、解釋者 (Explainers) 和輔助者 (Sustainers)。所以，非常直覺地你可以與人工智慧一起工作，擔任訓練員或學習者的角色…。

　　一群有創造思維的「人」從心理學的角度思考如何讓人工智慧被接受，人工智慧何時適合出現？你該如何與人工智慧建立關係並與之溝通？在持續互動的基礎上，你如何繼續與之保持關聯？所以，探討這個領域會發現很多非常有趣的發展潛力。關鍵在於人工智慧將要做的是，它將消除與現行系統運作中所碰到的障礙 (Friction)。今天人類被視為有附加價值的行為，就是除掉這些障礙…。通常你會去銀行分行…是因為你遇到了一個自己無法解決的問題，你需要找個人徵求意見，甚至有些情況是銀行造成你所遭遇到的問題，這是人為製造的狀況。例如，你必須走進分行並提交身分證，然後才能進行電匯交易，或者你必須簽署文件，這是銀行迫使你進入那樣的情境。然而，今天迫使你必須找人完成服務的那些因素，你知道它們終將會消失，因為它們對於你今天的體驗沒有什麼價值，如果有的話，也只是造成挫折和更

多的障礙。

　　所以，我們首先要解決運用人工智慧所遇到的障礙，對我們帶來的契機是「嗯！人工智慧能從我身上學到什麼，我們可以如何運用它？」，如何做到銀行現在無法提供的服務呢？例如，今天我不能問銀行：「我負擔得起出去吃飯嗎？」，這是一項非常簡單的問題，對於與熟悉你各種銀行帳戶關聯的人工智慧來說，是一件相當簡單的事情。另一個實際的例子是購屋，對你來說，能夠知道適合在哪裡購買房屋，應該比知道獲得哪種類型的抵押貸款更有價值。因為歸根究底，這種日常生活的財務決策，如果你得到了相關幫助和建議，將對你的儲蓄以及良好管理財務狀況的能力產生更大影響。

約　翰：那麼，人工智慧將是你的「輔助者」，對吧？所以你的「學習者」是你的分類器【編註：分類器指的是能判斷事件或資料屬於哪一種類別的機制】，它代表人工智慧的學習部分。「解釋者」就像它的相關情境應用一樣，例如將它融入流程中的哪個步驟，它可以帶來什麼價值？然後，輔助者正從這些交易中獲取知識，並使人工智慧變得更聰明，然後再將所學到的知識，反饋給其他領域並繼續增長其知識。這就是這三種功能組合在一起的方式嗎？

布雷特：是的！絕對的。

約　翰：非常有意思的觀點，因為我最近都在看這個很酷的網站，網站的觀點是，有人注意到我們都在進行這些培訓，但我們都是分開進

行的，對吧？…那些分類器或程序，都具有它們的價值，所面臨的挑戰是它們不能移轉到其他系統…。今年我開始為自己開發一些東西，我稱它為 winston.net…，我把它連結在行事曆上，連結到我的代辦事項清單，連結到我的銀行帳戶，連結到我的電子郵件。只要能滿足這四件功能，就足以讓它變得非常強大。

對我而言，這種想法的概念來自於現在銀行業的運作方式，希望能夠替消費者或是客戶掌握所有的事情。我們試著成為他們的電子郵件，成為他們的行事曆，成為所有這些事情的整合者，它是一種掌握型商業模式 (Captured Business Model)【編註：銀行傾向希望客戶所有的金融服務及資訊都由其掌控】。人工智慧將要求我們開放資訊，對吧？人工智慧將要求你將帳單收款人的資訊轉移給它，但問題是除非受到壓力，否則我不認為銀行會主動放棄它們的掌握型商業模式，這勢必要由消費者主動要求這種革命性的發展。消費者會說，「是！我不再這麼做了。」我這樣的想法有脫離現實嗎？

布雷特：嗯！這就是為什麼我們有金融科技。因為金融科技沒有與舊有的商業模式和想法互相串通，並且正在迅速嘗試運用科技的力量創造價值。我的新書《Bank 4.0》，就談到了金融服務的未來將會是怎樣的樣貌。

在 20 到 30 年之後，銀行服務將是什麼樣子？如果你想透過一個好的模式來瞭解銀行業的發展方向，那麼…最好的例子實際上來自於開發中國家…你可以關注創辦 SpaceX 和特斯拉 (Tesla) 的伊隆・馬斯克 (Elon Musk)。超級充電網路是依據第一原理設計

的一個例子，專注考慮車輛的能量來源，他的車輛設計很多是依據第一原理來思考。【編註：第一原理的思維模式，係將問題的核心回溯至構成要件，回到設計的原理，先探討某項設計原來想達到什麼目的。】

　　我們已經從百萬個零件減少到幾百個零件，這是一個相當大的轉變。但在將第一原理運用於 SpaceX 設計的過程中，馬斯克已經將運送到太空軌道的成本降低到每公斤約 300 美元，在運用太空梭來運送的年代，每公斤的成本是 6,000 美元【編註：美國太空梭計畫已於 2012 年中止進行】。能夠減少 95% 的成本是因為重新思考設計方法。如果你今天要從頭開始設計，你會像德國人在二戰中製造 V2 火箭一樣製造火箭嗎？答案是否定的，你可能使用 3D 列印，使用不同的製造技術，不同的材料，不同的燃料—你在電腦上建立模型來檢測。整個過程都不一樣，對吧？

　　現在，如果你將同樣的原理應用於銀行業，假設你提出一個簡單的問題：如果我今天要重新開始設計銀行業務，為人們提供更好的生活服務，那麼它會像今天的銀行業這樣嗎？你會強烈呼喊讓所有人知道「不會的」。坦白講你不會說：「我要建造一座銀行，希望你們一起來我們的銀行，並在很多文件上簽名。然後我會給你一個紙本的小冊子，你可以撕掉其中的一頁，再把它寄給某人當作金錢來使用【編註：指支票簿】，或者我將這張塑膠卡片給你【編註：指信用卡或是金融卡】。」你一定不會這麼做，如果你今天從頭開始，就不會用那樣的方式設計銀行業務。

　　因此，如果你想找運用第一原理來設計銀行服務的例子，你會看到在中國的支付寶 (Alipay)，也會看到嵌入銀行服務的騰訊

微信 (Tencent WeChat)、肯亞的 M-Pesa、印度的 Paytm。你在這些國家看到的普惠金融，是有史以來最快的轉變。這不是因為銀行分行、銀行商品、或是銀行特許條例或執照所催生的結果，而是因為「手機」，這是科技演進所帶來的結果。

你會看到一種商品，在八個月內獲得 900 億美元的基準存款，由於這項新的行動科技，讓傳統銀行面臨流失 40% 存款的風險。一夜之間，它就證明了手機是一種比分行好用得多的存款載具，我可以舉出上百個這樣的例子。因此，當你研究了第一原理的設計哲學後，你知道銀行業必須改變。如今，現有銀行著實面臨了挑戰！Venmo 發行自己的記帳卡 (Debit Card)，以及現在已經有自己錢包 (Apple Wallet) 的 Apple Pay，它們的本質就像是銀行帳戶。星巴克有它自己的銀行帳戶，Xbox 也有它自己的銀行帳戶連結到你的信用卡，在 Xbox 或是星巴克，你知道他們有多少存款嗎？他們有 600 億美元的存款。

約　翰：哦！是啊！實際上我已經為我們的 SetitCredit 產品做了大量的研究，要成為 app 應用程式的佼佼者，才有未來…

布雷特：現在如果你看看對銀行的要求是什麼？或者我們已經建立的現有銀行架構。作為一個個體，你需要什麼？這很簡單。你需要一個安全的地方來存錢，你需要能儲值，如果儲值又能增值更好，對吧？所以你需要能儲值，然後能轉帳、付款、寄錢、給朋友錢或付款給服務供應商，或支付商品和服務的費用，這是支付能力，對嗎？

然後，你需要的最後一件事是在不同的場合，可以不時地獲

得貸款。無論是買雜貨的緊急現金，還是買今天沒有足夠現金支付的 iPhone，或者其他什麼東西，對吧？所以你需要獲得貸款，這些是我們需要的銀行金融功能的核心部分。那麼，銀行業中可重複利用的是什麼呢？那就是體驗式的金融功能，簡單來說就是情境式貸款 (Contextual Credit)。

能夠轉帳和存款而不必實際去分行開一個儲蓄帳戶。或者所有那些事情可以無縫地完成，客戶要的是取得所需要的銀行功能 (Utility)。他不用進入銀行，也不需使用銀行商品，甚至不曾和銀行往來，我們所談論的情境正在肯亞發生，M-Pesa 之前，只有 25% 的肯亞人口有過銀行帳戶。時至今日，100% 的成年人都可以透過手機的 SIM 卡，進行準銀行帳戶 (Quasi-bank) 儲值。現在，對於那些在過去十年才進入金融體系的 75% 的成年人來說，他們不一定認為 M-Pesa 是一家銀行，但是他們確實知道他們的錢在手機裡，而且很安全，它能夠提供銀行功能。

M-Pesa 不需要銀行執照也可以提供銀行服務。然後如果你開始考慮其他的銀行功能，你可能也不需要銀行就可以完成。我們不再需要銀行商品、儲蓄帳戶、支票帳戶、信用卡、汽車貸款，而是將這些銀行功能嵌入到使用情境中，要完成這些銀行功能，我的手機裡有錢，我可以買單，我可以寄錢給你，我可以買這個，我可以走進商店，得到信用貸款購買 iPhone，或是其他的東西。由於這些銀行功能通過人工智慧和代理人等方式嵌入，你現在可以取得銀行功能，但不用像過去得透過銀行商品和通路才能取得，你再也不需要那些了，不需要一張塑膠信用卡片，也不再需簽署一份實體申請表才可開立一個儲蓄帳戶。這是實際運用

「第一原理」來重新設計銀行服務，即考慮如何將銀行功能融入人們的日常生活中。

人工智慧的威脅

不是每個人都對即將推出的科技感到興奮。身為世界上最具創新精神的兩家公司 SpaceX 和 Tesla 背後的創業家和推手的伊隆・馬斯克 (Elon Musk) 非常擔心人工智慧科技，並多次在公開場合提出他的觀點。伊隆・馬斯克非常明確地表示，他相信人工智慧，用他的話說是：「人類生存的最大威脅」。事實上，他非常擔心自己投資於許多人工智慧科技來協助人類決策，反而會助長這種威脅，那麼在金融界這種擔憂會是什麼呢？我相信，由於我們的後代缺乏金融教育，他們將依賴各種金融人工智慧，以至於人工智慧會完全控制他們的資金，並阻止他們購買，或強迫他們儲蓄。在這種情況下，客戶可能會告訴人工智慧「即使我命令你，也不能允許我購買任何東西」，或者他們會授予他們信任的人來關閉購買功能，以防止自己過度消費。這種人工智慧將為儲蓄這個目的增加許多約束，我可以看到這種約束會給這項技術的使用者帶來一些有趣的情況，我稱之為粉紅豹效應 (Pink Panther)，在粉紅豹電影中，彼得・塞勒斯飾演倒楣的探長克勞索 (Clouseau) 指示他的副手卡托 (Cato) 不斷攻擊他，以使他在警察工作中保持警惕，他還指示卡托不要停止，即使克勞索要求，甚至乞求，結果就是電影中的許多有趣情節，克勞索對卡托感到驚訝，卡托能躲在不同的地方，並試圖殺死他。但可悲的是，克勞索探長並沒有考慮到他有不願意被襲擊的時候，而且因為他告訴卡托不要聽他的，所以沒有辦法阻止卡托的攻擊。一個智慧財務應用程式被告知幫助你節省開支，它可能不會釋放你

的資金，讓你用於急診室，或搭計程車、Uber 回家。

如果人工智慧應用程式被指示能代表你行事，可能很難讓它停止（這只是一個例子，因為可以通過設定一些預先考慮的要素來解決）。最普遍的恐懼集中在當人工智慧達到被稱為奇異點 (Singularity) 的智慧水準。奇異點是指具備人工智慧的超級電腦變得非常聰明，甚至超越了人類創造者的時代，人類並因此面臨呈現幾何級數增長的科技能力，這可能會或可能不會危害人們（取決於我們新的人工智慧霸主如何看待我們）。

最近，伊隆•馬斯克 (Elon Musk)、Alphabet（前 Google) 的 Mustafa Suleyman 和來自 26 個國家的 116 名其他專家們，呼籲聯合國禁止自主武器 (Autonomous Weapons) 的發展。

「一旦發展起來，致命的自主武器將使武裝戰爭的規模，比以往任何時候都大，而且發展所需的時間，將比人類所能理解的要快。」

專家們擔心，儘管人工智慧武器會讓戰爭對士兵們更安全，但它也會以幾何級數的速度造成人類生命的損失。伊隆•馬斯克曾說，「有時候，科學家會全神貫注於他們的工作，以至於他們沒有真正意識到他們所做事情的後果。」[4]

人工智慧是金融機構面臨的最大威脅。就像一種自主武器能夠在人類尚未理解前就更快地發動戰爭，自主銀行業 (Autonomous Banking) 可能在規模較小的金融機構和大型銀行之間造成巨大差距。這種差距將是革命性的，按照我的定義，它將導致客戶願意離開現有的銀行或信合社以獲得使用這些服務和功能，這種技術也適用於採取協同合作方法來應用。由於大型銀行可以建立規模 (Sacle)（如本章前面所述），中小型銀行需要找到方法

4　Maureen Dowd, "Elon Musk's Billion-Dollar Crusade to Stop the A.I. Apocalypse," Vanity Fair (March 26, 2017), https://www.vanityfair.com/ news/2017/03/elon-musk-billion-dollar-crusade-to-stop-ai-space-x.

實現規模，合乎邏輯的解決方案是協同合作以建立規模。由於分散式帳本和身分自主權等技術，甚至連大型的銀行也將被迫展開協同合作。那些致力與人工智慧等科技採取協同合作的機構，都能挺過技術與科技所帶來的革命。[5]

5 Samuel Gibbs, "Elon Musk Leads 116 Experts Calling for Outright Ban of Killer Robots," The Guardian (August 20, 2017), https://www .theguardian.com/technology/2017/aug/20/elon-musk-killer-robots-experts-outright-ban-lethal-autonomous-weapons-war.

章節回顧

★ 機器學習是最常用的術語，用以描述最流行的人工智慧引擎背後的科學。機器學習與統計運算密切相關，如前所述，它在很大程度上依賴資料分析。

★ 人工智慧最有可能用於金融服務平台，以增強人類智慧。電腦處理它能理解的一切，而無法處理的，則會發送給人類操作員進行審查。

★ 自主銀行業務可能會在較小規模的金融機構和大型銀行之間造成巨大差距。

第5章

應用程式介面

為什麼要建立API？

　　到了 2025 年，數位銀行會是什麼樣子？與擁有應用程式介面 (Application Programming Interface, API) 的銀行相比，真正的數位銀行意味著什麼？銀行如何在這個新世界中避免「去中介化 (Disintermediated)」？畢竟，如果金融機構被迫真的向任何人開放其系統，他們如何與客戶維持關係？他們如何避免成為一個只是處理帳戶資訊的引擎，而將數位體驗 (Digital Experience) 留給金融科技公司和其他新進入市場的業者，並且這些新進入市場的業者，還不受金融監理機關的監管？

　　平心而論，我完全理解對於這種存取銀行系統方式的抗拒。然而重要的是，要知道金融業已經每天都在發生這種情況，Mint、Yodlee 和 Quicken 等商品可能每天登入會員帳戶以獲取資訊，儘管它們與金融機構沒有關係，它們只不過模仿一個銀行客戶透過網路銀行平台登入，然後替該客戶收集資訊，在資訊價值交換的過程，卻讓金融機構吃了大悶虧。這些業者拿到了客戶的寶貴資料，取得客戶的交易記錄，包括他們購買什麼、在哪裡購買，也收集到帳戶餘額和信用卡費率及條款，以便他們可以交叉銷售

另一張信用卡給那家銀行的客戶，同時，金融機構若未支付 Mint、Yodlee 等公司的橫幅廣告費用，就等同於失去向該客戶行銷的機會，金融機構還提供有價值的資訊給競爭對手，讓這些競爭者得以使用信用額度和其他資料來提供優惠給客戶，使客戶將其帳戶轉移至競爭者的金融機構，那麼，如果這些情況已經發生，為什麼還要費力建立 API 呢？答案是，因為如果你不做，其他人會做。

★ 永遠不要免費贈送任何東西，尤其是客戶的資料。

與弗洛里安・莫澤 (Florian Moser) 的對話

我喜歡留意海外發生的事情，因為趨勢和科技會產生跨越全球的影響。某天，我在研究應用程式介面 API 時，發現未曾見過的一家德國銀行，我和團隊正在將亞馬遜的 Alexa 平台連接到金融系統，我想看看是否有可以下載的銀行 API 範例，我希望能找到一款軟體來模擬銀行介面，以節省開發時間。在搜索過程中，我發現 Fidor 是一家總部位於慕尼黑的歐洲銀行，它在網路上開放 API，可連接到測試版本的銀行平台。理論上，每個人都可以連接，我非常意外有這樣的資源，我立即註冊並開始檢視其 API，不到幾天，我們團隊就將亞馬遜的 Alexa 原型連接到 Fidor 銀行系統，並測試過所有功能。這間銀行引起我的好奇心，讓我找到一位朋友，他認識在 Fidor 工作的人，然後介紹我當時的商品和行銷負責人弗洛里安・莫澤 (Florian Moser)，我們在線上進行討論，他邀請我去慕尼黑看看他們的公司，然後我在

那裡。透過我的播客 (Podcast) 採訪弗洛里安，詢問關於 Fidor 向全世界開放銀行平台的策略。以下是我們的對話：

約　　翰：我對 Fidor 的崛起非常著迷，我希望聽眾能了解的是，我們在美國習慣從信用合作的角度去思考，當然我的許多歐洲聽眾也習慣如此，然而在外頭，卻有其他人正在做令人興奮的事，我和堪薩斯城 (Kansas City) 一家大銀行交談時發現 Fidor，有人提起了 Fidor，然後我在別的地方談話，它的名字又出現了，在那之後我開始鑽研 Fidor 並對我所發現的東西非常著迷，所以在解釋吸引我的地方之前，可以提供你自己和 Fidor 的背景資料嗎？

弗洛里安：我個人成為 Fidor 的客戶已經 5 年，差不多在 2014 年加入 Fidor成為員工，我負責產品開發以及所有的業務和合作夥伴關係，我們採取非常開放的策略，我們當然有自己的商品，但我們也將帳戶開放給多家合作夥伴，Fidor 銀行在德國是一家完全受監管的 100% 數位銀行，我們社群目前大約有 30 萬名會員，然後約有 11 萬名銀行客戶，我們在 2008 年成立了一個金融社群，這意味著此時創辦人建立了一個金融社群，人們可以在這裡坦率地討論金融危機帶來的資金問題，並談論銀行未來應如何發展，人們在社群內能夠坦率地談論財務問題。

　　想像一下當你走進一家銀行分行，詢問面前的人：「你是這家銀行的新客戶嗎？你買了什麼商品？你覺得這家分行怎麼樣？你喜歡這家銀行嗎？」

約　　翰：這是不可能發生的！

弗洛里安：這正是我們想做的，建立一間圍繞著客戶的銀行，它 100% 以客戶為中心，意味著配合客戶的生活方式，也表示著 100% 的數位化，所以，我們需要或想要做的每件事都必須能夠 100% 直通處理 (Straight Through Processes)。我們為客戶提供活期帳戶、信用卡、儲蓄帳戶或貸款等任何你需要的金融服務，我們的特點是開放我們的技術以整合第三方服務廠商的商品，自己並不總是擁有最好的產品，但是我們能夠提供給客戶的，還包括：例如能夠進行固定交益商品或全球匯款的合作夥伴，也有能夠提供群眾募籌 (Crowd Finance)、個人對個人貸款 (P2P Lending) 的合作夥伴，我們有自己的個人對個人借貸功能，但我們也與別家公司合作。

這是一個 100% 的數位銀行帳戶，大多數功能都可以在 60 秒內處理完畢，因此，在 60 秒內你可以完成參數設定、選擇想要的商品、並即刻在銀行內處理完畢。

約　翰：這樣的設計很先進，你們現在就已經具備了嗎？

弗洛里安：是的，沒有文書工作，後續也無須做什麼，100% 數位化，我們認為這正是讓我們與眾不同之處，因為有很多直銷銀行 (Direct Bank) 還是有分行，仍有大量的文書工作。通常我們客戶會看到的唯一文件，是他們的信用卡。

約　翰：所以，有幾個非常好的觀點。其一，你之前提到過，你是產品和開發的主管，你們有這個開放的系統。所以，我作為開發者，如果我願意，我可以連接到 Fidor 系統，而不用打電話給

你，你我之前從未透過電話對話，當我出現時，我的 Echo 已經和 Fidor 交談。這在美國簡直不可能發生，為了能夠建立這種連接，我大概得打電話給 62 個人，並為他們流血流汗才能建立這種連結，但是你卻說，嘿！我們希望人們和我們連接，當這樣的連結完成，就變成了一個產品，當我想把類似的構想變成商品，只要透過技術小組就能打開它，它變成有點像個 app 應用程式商店連接到 Fidor 引擎，這是其中一件令人著迷的事情。

對我來說，另一件吸引我的事，你提到有 30 萬的社群會員和 11 萬的銀行客戶，所有這 11 萬人也都是社群成員嗎？

弗洛里安：是的。

約　翰：所以，這個社群持續有新成員加入。

弗洛里安：當然。由於我們是由建立社群開始，肯定有更多的社群使用者，這絕對是我們獲取客戶的策略之一，透過社群會更容易獲得客戶，我們的目標是實現一個從加入到與銀行建立連結 100% 的數位化客戶旅程，客戶可以在社群中接觸到 Fidor 銀行，與其他客戶聊天，對商品提出建議，然後評級，如果你了解銀行的價值，就會成為銀行客戶。

約　翰：對。所以在社群裡面，是一大群 Fidor 的人在那裡解決問題，還是整個社群一起…

弗洛里安：我們稱它是自我管理的，所以它是另一種客戶服務。這理念是真正的個人對個人 (P2P)，當然，我們銀行有自己的 P2P 客戶服

務，我們的 P2P 客服非常活躍。我們有四至五個左右的版主…

約　　翰：嗯！為了確保不發生壞事。

弗洛里安：所以，最後客戶制訂了 P2P 使用規範。假設某人提出一個問題，通常在五至六分鐘內會得到第一個答案，一個問題通常會得到七個答案，因此你可以在社群內真正看到資訊間的互動。所以，社群是持續活躍，並不是死胡同，提出一個問題卻久久沒有答案。

約　　翰：嗯！我把它形容成 Reddit【編註：類似 PTT 】外加一家銀行。

弗洛里安：是的！社群成員與我們有很深的連結。例如，我們會提前與客戶討論降低活期帳戶的利率。我們的首席營運長或者我們當中的某人會在社群說：「由於市場的原因，我們必須調降利率從 0.05% 到 0.03%。」然後人們會提出建議並問：「這樣可以嗎？」、「你對於後續市場趨勢的看法是什麼？」

　　去年底，我們宣布將利率從 0.05% 變為 0.01%。往後一年的時間，我們真的和社群成員進行密集的討論。最後，我們調整為 0.025%。

約　　翰：所以，社群影響你如何經營業務。

弗洛里安：就某個部分而言，是的。

約　　翰：是可以這麼說，而且我相信聽眾們正在弄清楚為什麼會討論這個議題，這很像信用合作社的行為模式，感覺像是合作模式

(co-op)。

弗洛里安：這正是「合作」，合作是 Fidor 銀行的關鍵。我們的創辦人總
　　　　　說，你必須像是共同經理人一般，別把客戶當成孩子一般說
　　　　　教，老是把「我們按規定要這麼做」掛在嘴邊，你得把他們和
　　　　　自己擺在同一個層次對待他們，這是非常重要的部分。

約　　翰：嗯！你們想用這種方式開放你們的 API，對我來說很有意思。
　　　　　此外，你擁有專注於金融知識的社群。這讓我看到另一個實際
　　　　　的議題，事實上，這是引用你一位朋友說的話。我猜你認識斯
　　　　　特凡・魏斯 (Stefan Weiß) 吧？

弗洛里安：你是指我們的 API 主管？

約　　翰：是的！Fidor 科技的 API 主管，Fidor 科技是 Fidor 銀行在園區
　　　　　【編註：指 Fidor Bank 對外開放 API 的運作環境】裡的一部
　　　　　分。我們在一個很酷的園區裡，裡面有個很棒的佈告牌，上面
　　　　　顯示的是 Fidor 所有的統計資料。

弗洛里安：這是我們的儀表板。

約　　翰：無論在哪裡都能看到這個儀表板。
　　　　　　　但是，引用史蒂文的一句話：「另一種方式是我們以白色標
　　　　　籤 (White Label)【編註：指產品或是技術提供方的品牌，並不
　　　　　出現在使用其技術的企業服務中】的形式授權給其他銀行使用
　　　　　我們的技術，以建立他們自己的品牌。有朝一日，這是我們統

治世界的方式。」

所以,即使你們都覺得分享你們的科技是可行的,但我知道你們有計畫到美國開展業務,實際上你們在英國已經開業。

弗洛里安:是的!去年中我們在英國推出記帳卡,開拓客戶情況良好。在英國,我們所投入的資金與最近成立的其他銀行相比,是眾所周知的低。

約　　翰：我曾要求一位研究員去研究 Fidor,在研究結束後,她回來告訴我,她在 Fidor 開戶了,她幾乎是立刻接受你們的理念,所以,我認為你們的價值主張 (Value Proposition) 是存在的。

當我看到你們所做的,與其他嘗試過的數位銀行相比,你知道,我想到的是 ING。它就是我心裡想到的,我不覺得他們把連接社群的概念應用在他們的環境,我不認為他們知道如何在數位世界與客戶互動,所以,我想也許你們有些不為人知的秘訣。

弗洛里安:一方面是你可以將流程數位化,並讓客戶自行處理,另一方面是真正讓客戶參與成為共同管理者,並讓他們加入我們的流程。例如,在產品開發中,我們定期為客戶提供 beta 版測試。

約　　翰：就在社群中?

弗洛里安:是的!例如,當我們推出新的卡片商品時,我們從社群裡挑選那些在卡片組活躍度高,有高 Karma 值 (Fidor 社群活動度量) 的客戶們,我們認為這些是忠誠客戶,他們也對卡片商品相當

有見解，我們與客戶一起發現了甚至連我們都沒想到的。

約　翰：對，因為有些行為和事情只能在集體合作的時候發現，就有點類似群眾募資。

弗洛里安：是！這方法可以將效率最大化，我們發送測試卡片給 150 個客戶，發送到世界各地，讓他們試用這個商品，這種方式立即收到使用者的回饋。

約　翰：哇！是！這對我來說真是太神奇了。從某種意義來說，你們在網路尋找回饋並以此來決定商品的方向，就在你們擁有的社群內運作，然而很多銀行只是盲目在網路上建立社群，然後希望它能夠自己產生效益，你知道嗎？

弗洛里安：是！很大程度上，這是一個文化問題，建立一個社群是一件事，但你真的需要有提升這個社群的方法。社群必須要真正成為我們任何活動的核心，所以任何與社群無關的事情，或是對社群都沒意義的議題，都需要被捨棄。

約　翰：嗯！這是一個很好的觀點，因為我認為如果你沒有正確地對待社群，客戶是會感受到的，客戶馬上就會知道你並不是誠心想了解他們的意見，這是一種文化，但我更稱之為數位文化 (Digital Culture)。

弗洛里安：是的！或者你只是利用社群來推銷商品。

約　翰：沒錯！如果僅此而已，沒人會感興趣。

弗洛里安：確實不會。

約　翰：而且我認為事實上，你讓他們「談論」你們的利率變化，也許
　　　　這不是一個好詞，應該說是讓他們「建議」你們的利率變化。

弗洛里安：是的！我們讓他們參與。

約　翰：你們邀請他們參與。

弗洛里安：而且我們向客戶解釋為什麼要調整利率，我們不會直接改變利
　　　　率，我們解釋這個改變，我們必須因為市場情況不同而改變利
　　　　率。另一方面，例如，我們還降低了透支的利率，因此客戶真
　　　　正了解，好吧，這不僅僅是銀行為了實現收益的最大化，而是
　　　　客戶也從這次的調整中得到了一些回報。

約　翰：這是當然的，可能會有人說：「如果你們降低利率，我會覺得沒
　　　　有太大的影響，但如果你們相對也給了我們一個福利【編註：
　　　　例如透支的利率也同時降低了】，那對我們也不錯。」

弗洛里安：是的！這就是意見回饋，客戶對於我們降低利率當然會不高
　　　　興，但是社群裡很多人都說，「我不是因為價格而成為 Fidor
　　　　的客戶，我成為 Fidor 的客戶，是因為它的整體服務 (Full
　　　　Package)。」

約　翰：重點是「服務」。

弗洛里安：是！這是你未曾從客戶那裡得到的回饋，沒有客戶會打客服專

線稱你是一家好銀行。因為人們已經習慣要對銀行提出回饋意見的時候，多半給予負面的評價。

約　　翰 ：在網路上。

弗洛里安：是的！在網路上。

約　　翰 ：而且，你知道嗎，當我想到這個議題時，我覺得在美國有越來越多的人朝這個方向前進。我並不了解德國，但不幸的是在美國，我們並不專注於普惠金融，結果就是人們總是得尋求幫助。我來到 Fidor，因為我會說一點德語，所以能讀懂在你們在白板中間的位置有個大圓圈，在你擦掉它之前，寫著 “Gemeinsam mehr Geld ”，意味「一起賺更多錢」。起初我想，是讓 Fidor 賺更多錢嗎？然後，我看了相應的角色設計，看起來像是一個巨大的等式，想出如何能為會員或為消費者爭取更多的錢。

弗洛里安：所以，這也是將科技與文化相結合的好例子。因此，在未來我們將更加頻繁與客戶分享我們代表客戶或透過客戶所收集到的資料，藉由分享這些資料讓客戶得到更多的錢，這樣才能讓他真正了解到正在發生的事情，瞭解其他人的行為，同時我們可以自己使用這些資料，分析和改進我們的產品、我們的工作方式。但另一方面，我們也分享其他資訊給客戶，例如，通常典型客戶有多少數量的黃金，例如，Fidor 客戶在他的投資組合中有 20 克黃金，那你現在有多少？為什麼人們還是要買黃金。

客戶如果不在自動櫃員機上使用信用卡，每月可以獲得 2

歐元獎金，客戶得到獎勵，而我們不收那麼多的費用。我們會告訴客戶，平均起來，你多常去 ATM 領錢、在 ATM 領多少金額，最終的目的是讓客戶到月底能有更多的錢。

約　翰：這個例子很有趣，你使用分析工具真正可以發現誰成功的管理財務。一個例子是，你和我都從同一家商店，買同一種商品，不知為何，同樣的東西你卻能花更少的錢購買。弗洛里安你知道什麼是我不知道的嗎？喔！原來有促銷代碼 (Promo Code)，或者有一些資訊你可以在整個社群裡分享給大家，或者如果可以用這個方式透過這家公司購買，可以用較低成本購入，這就是合作模式的精神。

弗洛里安：我們不僅與客戶們合作，還希望客戶之間能夠進行合作。我們大約有 8,000 名小企業客戶。每當這些公司為其他 Fidor 的客戶們提供獨特優惠時，我們樂意與一般客戶們分享此優惠，在一般客戶和小企業客戶之間建立社群。

約　翰：你知道，我來這裡的原因之一是，這非常符合 BIG (Best Innovation Group) 的理念，也正是我們嘗試在組織內做的事，一些非常酷的東西。對於那些正在收聽的聽眾，我鼓勵你用谷歌搜尋 Fidor，你知道，弗洛里安非常開放，讓我提出很多問題，而我明白大家想要知道的一個主要問題就是，「美國」。我相信，你正期待著來到大洋彼岸拜訪我們【編註：Fidor 進入美國市場】。我知道你不能什麼都說，但是告訴我們你能說什麼…

弗洛里安：我們在美國有一家合作夥伴銀行，正在討論合作細節，我們會

將技術應用在美國，希望很快，我們就可以宣布 Fidor 品牌，另一個品牌，另一種商業模式。所以，我們將在美國出現。

約　翰　：是類似於 SIMPLE 的模式嗎？你知道 SIMPLE 嗎？【編註：SIMPLE 原為行動銀行的業者，西班牙 BBVA 銀行於 2014 年收購】

弗洛里安：我知道 SIMPLE！也許不是 SIMPLE 業務的模式。

約　翰　：但是有些業務模式需要和這個特定的合作夥伴配合⋯

弗洛里安：沒錯！但是 Fidor 將更專注於後台科技部分的應用⋯

約　翰　：明白了！未來資訊會更加透明。

弗洛里安：對的。

約　翰　：好的，我們就用這個來結束今天的對話。你很慷慨地給了我們許多時間，對此我非常感激。什麼樣的事情能夠讓你感到興奮？你知道，我的播客 (Podcast) 讓我最興奮的，就是能和那些理解金融產業變化的專家交談，他們具備金融科技的專業見解，並且能分享給大家，現在金融世界裡出現了什麼令你興奮的事情？你們做好準備了嗎？有什麼令你興奮的？

弗洛里安：在一方面都聚焦關注行動 (Mobile)，所以我知道每個人都已經在談論行動，但是我們真正想要達成什麼以及讓我感到興奮的，是從流程方面的角度來看，要真正建立一個完整的行動銀

行帳戶。行動不僅僅是一個通路，而是以行動為全部 (Mobile Only)，能在行動裝置上顯示的不只有交易清單和信用卡，而是客戶所需要的一切。

約　翰：是的！因為每個人都有這個需要。

弗洛里安：信用、保險、所有的東西。

約　翰：一個在口袋裡的銀行。

弗洛里安：將銀行裝進你的口袋裡。從開戶開始每一件事情都是 100% 的數位化，以我們的技術為基礎，可能與現有的合作夥伴，或是其他合作夥伴一起發揮作用。但這也是我們第一個真正的挑戰，真正做到每件事 100% 的數位行動化，結合能在行動電話執行的所有事情，可以是付款，可以是忠誠度計畫，也可以是人工智慧應用，因此，我們已準備好讓行動帳戶不僅具有行動性，而且更具有智慧。

約　翰：應用影像技術處理文件。

弗洛里安：是的，任何事！

約　翰：全球定位系統 GPS、信標 (Beacon)，所有的技術。

弗洛里安：我們會把所有東西都整合起來，遲早也會和社群結合。

約　翰：社群會指導其中一些工作嗎？他們會引導產品的設計，以及產品該怎麼組合嗎？

弗洛里安：並沒有全部，有部分應用，但另一方面，典型的用戶對這項科技發展的興趣並不大。

約　　翰：所以，說到典型的用戶和技術開發，我發現其中一件有趣的事情，我們將以此當作最後一個議題，那就是你們是極少數與 Ripple 合作開發區塊鏈和比特幣應用的銀行之一。

弗洛里安：我們本身不使用區塊鏈技術，而是讓我們的客戶可以使用。

約　　翰：你們提供區塊鏈應用，對嗎？

弗洛里安：我們提供需要區塊鏈相關應用的客戶能夠使用它，例如像是歐洲最大的比特幣 P2P 交換平台之一的 Bitcoin.de，或者是在活期帳戶中啟用的 Kraken，或者 Ripple…我們總是很樂意成為客戶的金融服務夥伴【編註：亦即是只要客戶需要的金融服務，即便 Fidor 無法提供，也會尋求其他合作夥伴來滿足客戶的需求】。另一方面，從一個科技部門的角度，我們考慮並正朝著將區塊鏈建立一個電話銀行系統 (Call Banking System) 的方向發展。

約　　翰：我們認為，在美國快速支付系統將成為一個議題，這是我們在剛剛的播客中所確認的事實，這個議題我們之前談了很多，我們討論了快速支付系統的影響，以及從分散式帳本技術的角度來看，區塊鏈可能會在某種程度上的成為業界標準。你們似乎也參與其中，所以我有個問題要問你，如果我向 Fidor 申請貸款，我提供的收入證明是比特幣，你們會發瘋還是覺得沒事？

授信部門會怎麼反應？

弗洛里安：目前尚無這類商品，但也許可能是他們價值儲存的一部分。我們對一切都持開放態度，對一切敞開心扉。【編註：Fidor 可以代為保管比特幣，但尚未成為交易貨幣，僅作為一種資產類別 (Asset Class) 進行保管】

約　翰：你們對一切都持開放態度，你知道，這是我們在美國經常談論的話題，我們已經有人說，我是用比特幣付款的……

弗洛里安：是的！有人會說我沒錢，但我有很多比特幣。

約　翰：嗯！有趣的是，每個人都假設若是他們持有比特幣、替代比特幣 (Altcoin)、萊特幣 (LiteCoin) 等等這類的加密化幣，那麼他們立刻就成了某種罪犯。在美國，這就是我們的想法。我不知道為什麼，我猜你知道可能是受電影影響吧，但這就是我們的感覺。因此，如果沒有別的應用，他們至少可以透過 Fidor 介面儲存價值，我認為這是朝著正確的方向邁出一步。

弗洛里安：嗯！你是可以考慮以比特幣為借貸基礎的一家簡單銀行。

約　翰：嗯！絕對可以，為什麼不呢？當你說資產時，我想你的意思是安全保障，安全黃金貸款。你知道，當你說每個人都有這麼多黃金時，這很有意思，你知道嗎？【編註：許多持有黃金的銀行客戶，並不是真正持有黃金實體，而是將所購買的黃金儲存於黃金存摺中。】

> 弗洛里安：是！人們可以購買黃金、貴金屬，他們可以在帳戶中儲存黃
> 　　　　　金、白金、鈀、銀。
>
> 約　　翰　：我是愛看漫畫書的宅男，我想買那個 (Adamantium 亞德曼金屬)
> 　　　　　穿在金鋼狼 (Wolverine) 身體裡的東西，我不知道它是否在這裡
> 　　　　　賣，我稍後再四處看看，就像我說的那樣，我非常感謝你的時
> 　　　　　間，我很希望我們將來能再聽到你們的消息。

　　如你所見，Fidor 對自己的策略非常開放，成為任何人都可以使用的開放 API。我還發現他們相信社群在該機構的策略中扮演著重要角色，這很有意思。這兩件事是相輔相成的，開放意味著不管喜歡與否都會形成一個社群，人們會聚集在你提供給他們的機會周圍，從無到有創造一些東西。我們在開放原始碼平台 (Open Source Platform) 中見過這種行為，志同道合的人們在這裡協同合作，改進軟體或服務，並免費貢獻他們的時間。

　　解決這個問題的第一步是在你的銀行或信用合作社建置你自己的 API。這應該允許第三方合作廠商執行任何你在自己的產品裡可以所做的一切，先不要擔心誰將會存取此服務，更重要的是建立一個完整的介面。此介面將會成為你在可預見的未來所做一切的基礎，我們將此介面稱為金融機構平台 (FI platform)。你可能認為你已經有類似的東西，或許你真的已經具備，但在你跳過這一部分之前，請回答以下問題以確定你是否真的具備全功能、可應付黃金時段的產業級 API ，而其他人可以使用它為你的客戶建立有價值的服務。如果你是首席執行官或金融機構主管，請登入相關網站，下載以下 API 完備度報告 (API Readiness Report)，然後與你的 IT 部門共享：

- API 是否能夠連結你的所有系統？如果是這樣，API 應該能夠為個別的客戶執行 GETALLAC-COUNTS【編註：取得其客戶的所有帳戶資料】之類的命令，並且從每個單獨的系統(例如：抵押貸款服務平台和信用卡平台)中檢索資料，而不需要分別呼叫這些系統以獲得資料。

- 你的 API 相關資料是否完整？你是否願意將此檔案提供給業務合作夥伴？

- 你的 API 是否能支援你數位平台目前所有的功能？它可以建立新的 Billpay 收款人或增加代收代付業務付款嗎？你可以用它重設密碼嗎？

- 你的 API 是否可以透過 VPN 或經由 Web 安全進入，使用最先進的安全性技術，如 oAuth2 或安全宣告標記語言 (Security Assertion Markup Language, SAML)？

- 你的 API 是否提供帳戶層級的安全控管，能限制進入任何服務？

- 有沒有你的 API 應該具有的業務邏輯，但是尚未具備？一個好例子是代收代付業務處理日。如果合作供應商使用 API 設定代收代付業務付款，並嘗試將其設定在 ACH【Automated Clearing House，編註：自動清算所】的假日執行，那麼它是否仍會執行設定作業，而不會通知合作供應商，ACH 在假日期間是無法處理付款作業？

- 你的 API 是否支援日誌記錄 (Logging) 和報告？

如果你對上述問題的回答有任何一個「否」，那麼你還有些工作要做。真正的 API 將具備所有這些和更多的功能。你也許認為這將是一條漫長的道路。別煩惱：你總會找到解答的！

入門步驟

▶ 對於資訊單位 (Technology Organization)

有一些套裝軟體，如 MuleSoft 和 Software A&G，你可以購買這類系統並與開發人員建立 API，這些被認為是企業級商品，將解決上述大多數問題。這些是系統產品，是你的 IT 員工可以用來建立你希望平台的工具，你還可以與業界聯繫，了解是否有人已經開發或正在開發與你規劃的平台類似的系統。有時，某些金融機構很樂意接受非直接競爭金融機構的幫助，透過購買對方應用程式的形式來分擔建立此類平台的成本。

▶ 對於服務組織 (Services Organization)

有些功能齊全的套裝軟體可以佈署，並允許你透過 API 公開各種系統的連結。很多時候，這類型的 API 套裝平台是由你的核心系統供應商所提供，否則，也有第三方平台做同樣的事情，如 Finnovations Concerto 平台。我建議先聯繫你的核心系統解決方案供應商，如果他們沒有，可以與你的同行確認，請查看是否有人對他們使用的第三方平台覺得滿意，並且該平台支援你的核心資料處理供應商。

下一個步驟

當金融機構平台已經啟動並操作，是時候切斷第三方服務廠商 (如

Mint) 代表客戶免費獲取資料的使用權限。這在技術上做起來相對簡單，但在行銷和客戶服務方面卻相當棘手。在技術面，請 IT 部門審查日誌找出正在擷取資料的系統的 IP 位址。在日誌中看到這些模式通常很簡單，因為這些機器人往往以一種人類無法比擬的速度移動，並且通常在清晨這種客戶一般不會連線的奇怪時間進行大量交易 (這對他們提供服務來說固然很好，但它們可能在你的系統使用高峰期操作【編註：如系統正在進行批次作業】，為系統增加額外壓力)。這些 IP 位址也可能與多個客戶帳戶相關聯。讓你的 IT 人員追蹤與這些 IP 相關的所有客戶帳戶，因為你的團隊需要通知客戶，他們正在使用的第三方產品將很快無法提供服務。你還需要在這些 IP 執行 WHOIS【編註：WHOIS 是查詢網頁介面的網域名稱及 IP 位址的工具】，以確定你的行銷部門需要致電哪些供應商進行討論，讓他們使用你的 API，而不是透過網路銀行或行動銀行來獲取客戶的資料。他們應該願意與你建立關係，一個主要原因是他們現在使用的流程非常繁瑣，由於依賴於網路銀行網站上的資料擺放位置，因此極易受到影響 (如前所述，通常可以由客戶自行移動，排列想呈現的順序及位置)。如果遇到多因子詢問 (Multi Factor Question) 或因為路徑外密碼請求 (Out of Band Password Requests)，他們目前使用的方法也將無法執行。客戶通常會定期被第三方服務廠商打擾，以保持這些服務的正常運作。

第三個步驟

這就是事情開始變得有趣的地方，現在是時候改變與這些免費獲得資訊的業者之間的關係，你需要堅定立場，讓你的員工聯繫正在螢幕上擷取

客戶資料的每個企業，讓他們知道你將在某日某時封鎖他們使用你的系統。但是，你也可以同時通知他們，提供一種新方式讓他們使用資料，只要每個客戶付出多少的價格，讓他們能夠以更加高效和安全的方式獲得資料。

同時，你的行銷團隊需要聯繫使用這些服務的每位客戶，由於這些企業以效能極差的方式取得資料，你將停止他們以目前的方法使用你的平台。你可以讓客戶知道有更好的方法來使用資料，假如他們真的想繼續使用此服務，將有助於他們與這些企業聯繫並告知新的流程。甚至你可以為客戶提供一封精美預先寫好的電子郵件，以便他們可以發送給這些企業。

客戶來函

敬啟者，

我與 XX 銀行往來，銀行已通知我，您目前收集資料的方式，對銀行和您來說毫無效率，並希望改善您的服務。我也希望我的服務得到改善。如果貴企業能與 XX 銀行的某位聯繫，就改進您的服務連接方法和安全性進行討論，我將非常高興。

APIinfo@fi.com

或致電 18885551212，詢問 < 輸入行銷名稱 >

我衷心希望貴公司能與 XX 銀行合作，為所有相關人員創造更好的體驗。

感謝您在這些問題上的時間和考慮。

真誠地，

客戶喬

　　這似乎是一個大膽而令人擔心的舉措，但我相信當你查看系統日誌(log)時，依據你的機構規模和客戶的人口統計數據，你會發現大量客戶使用這些服務。首先，這些客戶可能對他們的金融機構強制他們的供應商選擇使用 API 感到不高興，他們可能更沮喪地發現，當供應商使用資料時你向他們收取費用，因為之前都是免費的。現在正是時候，勇敢面對客戶及其資料。金融機構必須停止免費提供資訊，計畫對其資料進行量測和貨幣化(從中獲利)，才能在即將到來的數位化轉型中倖存下來。這樣情況如果繼續下去將對金融機構造成極大的負面影響，其中有許多人是你最富裕和盈利的客戶，由於他們不再到訪你的數位網站，而是選擇到訪從網路銀行獲取資料的網站，他們不再看到你的廣告，也不再讀取你的安全交易警示，因為在某些情況下，獲取資料的企業都會關閉銀行傳送的警示訊息，轉而發送他們的警示訊息，甚至每次這些企業獲取資料時，都會對銀行的基礎設施在頻寬上造成壓力及成本，銀行需要擴大儲存空間，從而使金融機構花費更多成本。最後，它真正做的，只是讓你的企業在與客戶接觸和互動的機會方面處於極大的劣勢。

　　好吧，現在你擁有了這個神奇的 API 或金融機構平台，正是時候該為你的客戶更好地運用它了，是時候利用其他服務讓客戶高效地、安全地使用資料了。以亞馬遜的 Alexa 平台為例。它曾被視為玩具，如今正迅速成為許多消費者獲取資料的首選管道，因為用語音互動要比打字和在視覺介面上點擊更加容易、更為自然。一旦你有此金融機構平台，就可以找到一個合作夥伴協助你連接到亞馬遜的 Alexa 平台，或者自行建構。

章節回顧

★ 在銀行或信用合作社實施 API，應該允許第三方廠商執行在你自己的產品中可以執行的一切功能。這是為你的客戶提供某些服務的最佳方法。

★ 金融機構必須停止免費提供資訊，然後計畫對其資料進行量測和貨幣化，才能在即將到來的數位化轉型中倖存下來。

数位破發點

第6章

區塊鏈和加密貨幣

　　過去兩年半裡，金融新聞一直由區塊鏈承諾的美好願景所主導，對這項技術的各種宣傳，從促進世界和平到治癒癌症，在任何方面都有預測。事實上，區塊鏈不能治癒癌症或促進世界和平，但它確實可能成為改變金融機構遊戲規則的技術，這可以從大型銀行、保險公司和醫療行業的大量投資得到證明。區塊鏈是 2016 年最常討論的金融主題之一，2017 年以來仍然是一個備受關注的概念。為了能真正理解區塊鏈，必須從頭說起，源始來自於比特幣，所以我想花點時間簡述比特幣初略的歷史開端，讓我們一起跳上時光機器，回到 2007 年。

比特幣 (Bitcoin) 簡史

　　在 2007 年，中本聰 (Satoshi Nakamoto) 開始研究所謂的比特幣計畫。(順便提及，此非真名，實際上甚至不確定此化名是否只有一個人。多數人相信它是幾個人，但這對故事並不重要。) 兩年後的 2009 年 1 月 12 日，首筆比特幣交易發生在 Satoshi 和某個名為 Hal 的密碼學家之間。Hal 到底

是誰也不重要，你真正需要知道的是，第一筆交易發生在兩個實體之間，現在事情變得有趣了。2009 年 10 月 5 日，確定比特幣的匯率，1 美元約等於 1,309.3 BTC（比特幣），截至本文撰寫之時，相同數量的 BTC 價值約為 1,700 萬美元，目前的匯率為每比特幣近 13,000 美元。他們採用的方法是基於每小時參與比特幣網路使用的電腦用電量，由於比特幣依賴礦工，這些礦工需要使用越來越多的電力，因此使用標準化的千瓦 / 時成本作為比特幣的價值基礎才有意義，那麼到底發生了什麼事？讓它如此迅速地升值，為什麼大家都在談論加密貨幣？究竟怎麼回事？

為了理解所有炒作的內容，明白為何創造比特幣就非常重要，比特幣的創造，是為了讓銀行或政府等中央機構無法控制比特幣，它被設計成具有透明分類帳本的分散式電腦網路，支援可在任何地方安全使用的貨幣。「透明度」表示任何人都可以查看分類帳本，並驗證交易，同時更進一步做到，沒有人能真正看到任何交易，因此，你知道交易發生了，但並不知道進行交易的雙方是誰，以及買賣了什麼。

去中心化 (Decentralization)

「去中心化」被認為是最具創新性的特徵之一，能夠分散資料表示不再需要擁有一個可能被駭客入侵的大型資料庫，分散式帳本系統將使所有資料在數百萬個系統之間保持同步。由於資料在節點之間被加密和分割，因此在中心位置不再有一個龐大裝有用戶名和密碼的蜜罐 (Honeypot)，可以被駭客攻擊取得全部的資料，它將這些資訊分散到全世界上所有不同的各個電腦裡。因為任何人都可以下載該軟體，所以網路成長得很快，任何有意願的人都可以下載軟體，並將自己設定為礦工，挖礦過程實際上稱為

工作量證明 (Proof of Work)。每個礦工會得到越來越複雜的數學方程式並執行，以獲得解答。如果礦工們解出這個方程式，那麼在複雜的數學問題中有可能挖到比特幣。建立這個系統是為了不斷增加數學方程式的複雜性，從而使得挖到新比特幣變得更加困難以推動市場，在這一點上，一台標準的電腦 (即使是現在我正使用的非常強大的電腦) 也越來越難挖到比特幣，所以礦工們已經開始匯集他們的處理能力並分享獎勵 (當挖到比特幣時)。

為什麼比特幣如此重要？首先，它證明了這項科技可行，並開啟了如今我們正在經歷的加密貨幣革命，比特幣允許小型企業能夠在跨境經營業務，比特幣也證明加密貨幣可以存在，並得到計算能力的支持，這個事實尚未成為定論。比特幣的支持者會告訴你，我們的法定貨幣是以貴金屬和黃金為基礎，考慮到這一點，為什麼不能有一種基於電力等資源的電子貨幣呢？就像所有優秀的革命性科技一樣，它不會輕易消失，這個想法慢慢地開始占上風。現今比特幣已經變得非常標準化，可以用它在許多網上商城購買商品和服務。全世界都有人獲得比特幣作為報酬。

然而，比特幣迅速在暗網 (Dark Web) 成為交易貨幣，由於比特幣從一開始就是為了隱私和安全而發展起來的，它被證明非常適合那些想要從事銷售其數位商品的罪犯所使用的貨幣，駭客們很快就發現它，並在犯罪市場使用，它成為犯罪分子在網路上做生意、可匿名支付任何費用、而不受銀行系統監控的一種交易方式，它成為掩蓋犯罪行為行蹤的手段。我也將在本書的資訊安全章節詳細介紹這種情形，「勒索軟體」正在泛濫，網路罪犯勒索的贖金要求以比特幣支付，更增加了犯罪與加密貨幣的連結。

其中最著名的犯罪活動之一是類似亞馬遜網站，一個提供犯罪服務和商品的網站，名為「絲綢之路 (Silk Road)」的故事，此網站以連接東西方

的古代貿易路線命名。如果你想購買一個巨大的信用卡號碼檔案，你可以去我們稱之為暗網的「絲綢之路」，你還可以在絲綢之路雇用刺客，實際上，為了你的生意，可能還會進行幾次競標，在每種情況下，你都可以用比特幣支付服務費用，結果比特幣變成知名的網路犯罪貨幣。

儘管犯罪活動仍持續中，比特幣作為一種貨幣正取得進展，主要的線上零售商已經開始接受比特幣，這些零售商包括 Overstock.com、Expedia.com、Subway、Microsoft、NewEgg 和 Shopify。

比特幣的優勢常常被支持者和批評者提及，你不是把錢裝在會被偷竊的錢包，所以很顯然地它更安全，因無法追溯所以給予你更多的隱私，可以不分國界使用。最近我在里斯本看到幾家商店接受比特幣買賣，所以它已能在世界各地使用而不必擔心匯率，多年來，零售商們一直抱怨，對 Visa 和萬事達卡等大型網路中所花費的結算時間感到失望，相對地比特幣即刻結算交易。每個人都能使用它，因為它有一個開放標準和一個開放原始碼軟體平台，然後它也是一個去中心化的平台，所以任何一個國家都不能控制它。

▶ 安全性 (Security)

經常聽到批評比特幣，是其存在很多安全問題。雖然比特幣從未遭過駭客入侵，但為支援該平台而湧現的一些周邊服務公司已經出現一些引人注目的資訊安全事件。最廣為人知的事件發生在 Mt. Gox 公司，Mt. Gox 是一家為比特幣用戶提供數位錢包的公司，如果你在比特幣平台上打開一個比特幣錢包，比特幣錢包的鑰匙是一串非常長的數字和字母，稱為私鑰 (Private Key)，在比特幣平台進行交易時，每次都需要使用它。Mt.Gox 提供一項服務來儲存這些錢包號碼，卻將它們未加密地儲存在電腦裡的單個

檔案 (wallet.dat) 中，一旦駭客們拿到這些私鑰，就會使用這些私鑰來掏空他們的比特幣錢包。

現在的情況是比特幣正成為越來越有價值的一種購買標的，或說是成為一個價值系統 (Value System)。截至 2016 年 11 月 1 日，比特幣的價格為 723.98 美元，從那時起，比特幣的價格已上漲到目前的每比特幣近 1.3 萬美元。以太坊是另一種加密貨幣，同時也出現上漲情形，當初以太坊每單位價值 19 美元，如今，它每單位現值是 690.36 美元。

那麼加密貨幣崛起的原因是什麼？關於這點有許多學派的看法，一個比較流行的假設是人們對經濟前景感到擔憂，投資比特幣相當於把錢藏在床底下。另一個流行理論是，投資比特幣與投資黃金類似，這對銀行和金融機構意味著什麼？這表示人們將從主流金融機構提供的傳統儲蓄工具中提取資金，去購買以太坊或比特幣，以獲得更高的收益，加密貨幣脫離了金融機構，有許多好處且正在逐漸成為主流，金融機構應該留意這個趨勢，並繼續對這項科技進行試驗和學習。

▶ 區塊鏈 (Blockchain)

比特幣和以太坊已經說得夠多。讓我們開始討論底層精煉技術的重要性，對金融機構而言，這些技術實際上證明是比特幣中最重要的部分。設計一個能自我管理的、透明的、去中心化的分散式網路所涉及的複雜性不容小覷。比特幣平台的基礎是一種稱為區塊鏈的技術，最終證明了區塊鏈是比特幣平台的「金鵝」，區塊鏈是一項新的創新科技，將改變金融機構在金融服務系統中處理業務的方式。

以下是五個重要關鍵點：

1. 分散式帳本技術不僅僅適用於比特幣，所以當你聽到區塊鏈或分散式帳

本這兩個詞時，不要自動地想到比特幣，除了加密貨幣之外，這種分散式技術還有很多其他使用案例。

2. 一個共享的分散式帳本是一組連接的重複交易記錄，對於正閱讀本篇文章的會計師來說，這就像超多分錄的複式分類帳目，想像一下每筆交易記錄有成千個分類帳分錄和上千名公證人。

3. 分散式帳本上的所有交易記錄均由網路參與者獨立驗證，然後分別地儲存在分類帳中。

4. 區塊鏈對於金融機構的價值在於能夠利用平台的分散性來移除中間參與者。

5. 省去中間人將提高效率和安全性。

　這些特質似乎還不夠，區塊鏈帶來了另一種稱為智能合約 (Smart Contract) 的革命性技術。智能合約是分散式網路的自然產物，傳統的集中式網路方式，當兩個個體進行交易時，中間會有人負責合約處理。但由於沒有中間人提供合約來保護任一方，智能合約允許在無人為干預的情況下，由程式來完成這項工作。智能合約能夠根據合約條款代表網路上的特定個體執行程式，一旦這些節點在執行上達成共識，那麼執行結果就會寫入分散式帳本，且不可變。一個絕佳的例子就是以數位形式出售圖書或音樂等數位資產，你同意以特定價格購買數位資產，而賣方同意提供內容。在這種情況下，為了便於理解，讓我們成為訂戶，每月發送內容。在智能合約中，條款就規定，如果每月首日下午 1 點前沒有交付數位資產的新數位劇集，你將收到退款。某天，訂閱內容延遲到 1:01 才送達，將觸發智能合約，無需人為干預，就能自動退款。

那麼，為什麼我們要關心這些呢？好吧，首先讓我們看看這世界正在發生什麼事情。過去的兩年，我們已經看到大量資金湧入區塊鏈 / 分散式帳本領域，特別是全世界的大型銀行。在 2015 年 9 月，一群大型銀行齊聚一堂嘗試使用區塊鏈概念解決各種常見問題，他們成立 R3 以利用分散式帳本，並創建下一代金融服務平台，為這些常見問題提供解決方案，這個由 80 家全球金融機構組成的群組，透過他們協同合作的努力，開發了一個名為 Corda 的金融服務帳本平台。Corda 設計目的，是讓參與者在透過集中交換或授權的情況下處理業務，Corda 應用系統還允許其他人在其上建構應用程式 (稱為 Cordapps)，假如所有這些大型銀行都看到這個機會，並願意投入大筆資金，那麼肯定會有些東西，對吧？想必我們都同意，有煙的地方，哪裡就常有火。

另一個流行的分散式帳本專案是以 Linux 基金會為中心，發展的「超級帳本計畫 (Hyperledger Project)」。

那麼在這些炒作和所有的事情發生之際代表什麼意義？首先讓我們先談談第一件事。分散式帳本不是比特幣，所以我們不會為每個人設立一種在銀行間來回轉換比特幣的新方式，正如之前所言，正是精煉的底層技術讓比特幣成為可能。假如比特幣是一個應用程式，分散式帳本將是作業系統，它也被稱為共享分類帳、分散式帳本或區塊鏈。

接著我會詳細地為你介紹理論上的交易流程 (請參見圖 6.1)，金融機構 A 想匯款給金融機構 B。先說明這不是分散式帳本的最佳使用案例，但是這樣比較容易讓人理解。我們可以先將它想成我們在分散式帳本平台上首次體驗的假設論點。

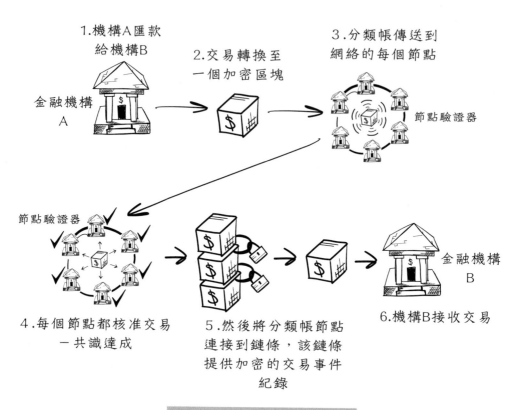

1.機構A匯款
給機構B

2.交易轉換至
一個加密區塊

3.分類帳傳送到
網絡的每個節點

金融機構
A

節點驗證器

節點驗證器

4.每個節點都核准交易
－共識達成

5.然後將分類帳節點
連接到鏈條，該鏈條
提供加密的交易事件
紀錄

6.機構B接收交易

金融機構
B

圖 6.1　使用區塊鏈的金融交易

　　因此，如果金融機構 A 想匯款給金融機構 B，兩者都連接到分散式帳本平台，那麼它們就會連結至該平台，並將其交易置於加密區塊中。現在，這個區塊實際上將使用金融機構 B 的公開金鑰加密，這樣金融機構 B 就是唯一能夠打開它的一方【編註：因為用金融機構 B 的公開金鑰加密，只能用金融機構 B 擁有的私密金鑰來解密】。一旦加密後，該數位區塊 (Digital Box) 將透過其節點 (Node) 發送到分散式帳本網路，分散式帳本有趣之處在於它不像傳話遊戲 (Telephone Game)，並不是你將它發送到一個節點，然後該節點告訴另一個節點，該節點再告訴另一個節點，之後

該節點再告訴另一個節點的流程。你可以將它想像成一個站在體育場中央的人，而其他人安靜的等待，站在中央的人大聲喊出事實，每個人同時聽到同樣的事實，一旦每個人聽到這個事實，他們都可以同時分別完成驗證交易。分散式帳本技術是在帳本上替每筆交易建立一個不可竄改的「單一事實源 (Single Source of Truth)」。讓我們花點時間討論一下驗證和共識，如果你曾經沿著高速公路行駛見過地磅站，那麼你已經看到這項技術起作用的例子。當卡車駛入地磅站時，對卡車進行秤重並記錄重量。再往前開遠一點，卡車再駛進另一個地磅站。如果卡車重量減輕，監理部門就知道情況有所變化，各州利用這些資訊來執行稅務和安全法規。其中的重要觀點是，幫卡車秤重的人不需要知道卡車內裝什麼，也不用知道是誰駕駛卡車，他們不須打開卡車，翻過所有的箱子。他們需要知道的是，它之前的秤重結果和現在的秤重結果，就可以用來強制執行法規，以重量判斷卡車是否符合該州法律。這與交易有類似的概念，交易內容本身實際上是已被雜湊 (Hash)，雜湊實際上只是區塊的數位描述，而不是區塊本身。一旦確認該數位描述，然後將其發送到所有節點，每個節點使用該雜湊進行計算，並將其與該區塊進行比對，以確定交易未被竄改。

需要注意的是，節點不知道交易雙方是誰，也不了解有關交易的任何內容。去中心化網路的重要特性，允許各方在不瞭解彼此的情況下處理業務（如前所述，正因如此，所以廣受罪犯的歡迎）。一旦每個人進行計算並達成共識，就會按照收到的順序將其添加到帳本中。分散式帳本的操作方式與真實帳本類似，這表示交易輸入按順序執行，如果有錯則必須進行沖銷而不是刪除。帳本 (Ledger) 被視為是不可變的交易來源。當交易或區塊被儲存時，目標金融機構將收到該區塊的警示，加上它是用金融機構的公開金鑰加密，它只能由金融機構打開。如果該區塊包含一筆以 200 萬美元

償還抵押貸款的交易，則金融機構就可以非常確定它將獲得這筆資金，因為分散式帳本已儲存了發送方不可辯駁的交易記錄。

如果我們今天要透過傳統方法來做到這一點，比如電匯，將會有某種集中式的服務機構，在這種情況下是美聯儲，將在兩個組織之間提供集中式服務。他們提供的最重要服務之一是對遠程機構進行身分驗證，如果出現問題，他們還會賠償發送機構，因為他們負責交易的認證部分。任何金融交易最重要的部分，都是對交易雙方進行適當的身份驗證。金融機構 A 需要確保金融機構 B 是他匯款的對象，如果沒有身分驗證方法，有人就可以冒充接收的金融機構並帶著數百萬美元離開。在分散式網路中，兩個實體單元使用數位憑證直接進行身份驗證，在這種情況下，雙方是使用公開 / 私密金鑰進行身分驗證，金融機構 A 放心的是資料只有金融機構 B 才能打開該區塊，因為提供金融機構 B 公開金鑰的網路授權是可信的。集中式網路提供的另一項服務是標準化。在許多交易中，金融機構 A 可能與金融機構 B 使用完全不同的技術和平台。為了進行交易，各機構之間必須有共同的語言進行交流。這項服務通常由中央管理機構推動。

集中式服務提供的第三件事是透過保險來保護資金。如果因為某種原因，金融機構 B 未收到應獲得的百萬美元，那麼集中式服務的供應商將負責賠付這筆資金。在分散式網路中，交易實體之間沒有中介，該交易受分散式網路的保護，因為它可以儲存在數百個或數千個不同金融機構節點上，這些節點將為該交易提供傳輸證明。區塊鏈科技在協作方面的特性是遊戲規則改變者。

當交易發送到帳本後，每個節點都會驗證交易並將其存儲在其自己的分類帳本，每個帳本項目透過雜湊與前一個帳本項目綁定。經由這種方式，分散式帳本就像傳統帳本一樣，因為它會基於時間和執行的順序儲存

交易。另一個重要注意事項是一個區塊內不僅限於一個交易，區塊可以包含千筆不同的交易，或者也可以只包含一筆交易，它是由區塊鏈平台的規則決定，交易被包裹進區塊加密後發送至網路【編註：通常是一個節點在固定時間內收集到的交易，或是交易數已達一個區塊所能容納的上限，節點就會將其包裹成一個區塊，加密發送到區塊鏈網路】。

最後這一點很重要，需要獲得交易資訊的實體會透過密碼學進行辨識。正如在第四部分將要討論的，你就要開始關注鄰居中是否有密碼學家。密碼學將成為未來顯學，分散式帳本將是金融機構未來可能需要密碼學家的一個真正原因。

現在為什麼這麼有價值呢？為什麼大家都在關心分散式帳本？首先你是否保證儲存資料的可用性，因為如果你仔細想，資料不僅是放在一個系統上，它是儲存在成千上百個系統中。再者，你還可以在所有這些系統上執行應用程式(智能合約)，由於網路上的高度冗餘性，可以保證極高的可正常執行時間。也能保證在未來很長的時間內繼續維持極高的正常執行時間。網路的穩定性與參與的節點數量直接相關，區塊鏈平台致命弱點在於，如果超過一半的節點被攻破，那麼帳本就不可信任。

我知道你現在正在想：「嘿！約翰，我不能讓那些在地下室操作比特幣的傢伙們，在他們的筆記型電腦上有我公司的機密資料。」，為了克服這種擔憂，我們必須瞭解「非許可制(Permissionless)」開放區塊鏈和「許可制(Permissioned)」私有區塊鏈之間的區別。在核心層面，無論是許可制還是非許可制，區塊鏈都以相同的方式運作，他們的核心都是分散式帳本技術，只是在建置上有不同實作方式。許可制私有分散式帳本或私有區塊鏈是節點的集合，其中所有參與者在被允許參與網路之前都經過審查和認證。自動提款機的網路是對許可制網路的一個很好的類比。如果沒有得到

適當的許可和授權，根本不能隨便裝台自動提款機就連結到跨行網路。此方法類似於如何管理許可制分散式帳本，就像任何其他網路一樣必須有規範，就像 ATM 有規則一樣。然而這些規則可以透過智能合約來強制實施。智能合約在處理節點的私鑰時可以確定它是否受到適當的保護，這與發卡行和提款機確定 ATM 的密鑰是否正確處理的方法大致相同。

▶ 許可制網路 (Permissioned Networks)

現在我們還將看到公開許可制的網路。第一個是索夫林基金會 (Sovrin Foundation)，它已經包含在超級帳本計畫中，其專案名稱為 Indy【編註：目標是利用區塊鏈技術解決身分認證問題】，我們稍後再討論。但舉例來說，R3 正在建立一個名為 Corda 的私有區塊鏈軟體。信用合作社產業則建立一個名為 CULedger 的東西，它是一個私有的許可制帳本，只為信用合作社及其合作夥伴提供服務，我很自豪地說，我是這個組織的創始者之一。在私有許可制網路中，治理將是最重要的概念。如果它被破壞的話，治理將由電腦演算法和代表聲譽風險的真實世界合約來強制執行。

讓我們將許可制帳本的治理方法與非許可制帳本如比特幣或以太坊等的運作方式進行對比。為什麼人們要遵守比特幣和以太坊的規則？答案之一是，分散式無信任網路的優點在於網路可以藉由連接到它的數百萬個節點的共識機制來執行自我驗證，確認每個節點上執行的軟體和儲存的帳本是正確的版本，未被以任何方式竄改。

風險之所以降低是因為要更改一個節點或甚至帳本上的一個分錄，所需的計算能力幾乎不存在。即使某人成功地在一個節點上神奇地改變了交易，此人仍然需要在超過半數的網路上施展同樣的魔法，考慮到比特幣網路包含超過 350 多萬個節點組成，這將是一項艱巨的任務。比特幣抵制

駭客攻擊的另一個原因是，破壞它會對使用它的實體產生不良後果。簡而言之，比特幣受到保護，因為它的用戶不想殺死會生金幣（比特幣）的鵝。

去年出現了一種新的分散式帳本類別，稱為公開許可制網路 (Public Permissioned Network)。在公開許可制網路中，存在演算法和人類治理的混合體，這意味著合約協議也由程式代碼強制執行

多樣性是分散式帳本網路的另一個重要面向，人們普遍認為如果攻擊比特幣網路並成功破壞單個節點，他們將取得所有的資料。但首先，你必須了解資料的實際加密方式，它不是一個大的加密資料塊 (Encrypted Block of Data)(請參見前面段落中 Mt. Gox 的經驗教訓)，這是一大堆加密的小資料區塊。想像一下資料是放在一張紙上，將它撕成碎紙片，接著把每塊碎片放進一個個保險箱裡，然後為它們設定獨特的密碼組合。為了求好，還將這些保險箱分散到網路上的所有節點，然後在那之上又創建了一堆空的保險箱，看起來就像內含資訊碎片的保險箱一樣，然後都具有獨特的密碼組合，並在所有節點之間分配，這種對資料進行加密和儲存的方法，很難找到所有資料並將它們重新組合在一起，侵入單個節點不會破壞整個網路，也不會讓你使用該節點上的所有資訊，分散式網路的主要功能是追蹤資料的所有元素，並確保資料以安全方式分散。

分散式網路的安全性大大得益於其大量節點的多樣性。我的意思是，如果每個節點都使用相同的防火牆和網路，並執行在同一台機器上，那麼駭客攻擊目標的價值會大大的提高，因為駭客如果要侵入一個分散式帳本，就必須滲透進每一個節點，若是節點的防禦機制缺乏多樣性，駭客需要付出的努力就會少很多，因為駭客可以輕易擊敗一個電腦作業系統，使用相同的技術來破壞所有其他節點，然後使用所有內容。但由於這麼多人在不同的環境中以不同的防火牆、負載平衡器、IDS 檢測器和不同的作業

系統操作其節點，因此它創造了一種多樣性，有助於使網路上的節點成為低價值目標，因為駭客需要付出大量的努力才能戰勝如此多且不同的節點配置。

分散式網路使用最新的加密標準對資料進行加密。在這種情況下，大多數資料是採橢圓曲線技術 (Elliptical Curve Technology) 加密，它比安全通訊端層 (Secure Sockets Layer, SSL)(通常用於保護網站的技術) 更安全，正如我所言，橢圓曲線技術將資料分解並分散在許多節點上。實際資料也在所有不同節點之間備份，交易資料由發送方直接為接收方加密，所以你可能會坐在那兒想，「哇，這聽起來像一個巨大的資料庫。聽起來真不錯。我要把所有資料都儲存在裡面。」然而，但這並不是它的真正目的。

如何使用分散式帳本 (Distributed Ledger)

一種了解分散式帳本使用案例的方法，是要知道不該用它來做什麼。首先，它不是一個儲存手機上所有照片的地方，因此，如果你要儲存所有照片並將其透過網路複製，將會迅速影響網路的效能，因為高解析度照片的資料量太巨大了，一個在真實世界比較好的應用，應該是來證明照片沒有被改變。假設你拍了一段犯罪影片，想把它交給主管機關，如果你有這樣的軟體，就可以將證據的數位描述 (也稱為密碼雜湊) 儲存在分散式帳本中，以便在法庭上證明證據沒有被動任何手腳，同樣的技術非常適用於證明智慧財產權的所有權。

另外我也常聽到，「哎呀！我們可以用它來執行內部工作流程專案，比如催收。」這並不是用來當作內部資料庫。實際上，資訊架構師通常把分散式帳本視為一個大型資料庫，然而它不是為此而設計的，若試著以這

種方式使用它，反而會導致不利的結果。較好的一個「催收」使用案例是在電話上驗證付款資訊，如果客服中心的服務代表與正在處理貸款還款的客戶通話，那麼在所有分散式帳本節點上儲存該核准通話的數位描述 (密碼雜湊) 可能是有意義的，在法庭上可以證明該消費者確實同意付款，無論如何，你不希望儲存實際交易或資料，也不會嘗試在你的資料中心內部執行分散式帳本，至少以目前技術演化的階段來看是如此。

銀行和金融機構總是在尋找創新數位通路的方法，特別是網路銀行 (Home Banking) 業務。在一些場合上，有人問我關於網路銀行和行動銀行的分散式帳本使用案例，我可以想到一些網路銀行對支付的影響，它雖然不是專門為網路銀行業務設計的平台，但絕對是一個可以使數位系統之間共享交易資料更容易的系統，不過如果沒有其他節點的參與，它就不會是一個可以執行的系統。由於大多數分散式帳本技術在驗證過程所需時間的延遲，因此大型分散式帳本資料庫在短期間之內是無法支援跨機構的網路銀行數位交易，網路銀行用戶習慣於非常快的速度完成交易，但使用分散式帳本的資料庫需要時間達成共識。

分散式帳本在金融業中有哪些使用案例？我遇到的第一個使用案例，是將貸款和其他可替代資產捆成一包，然後出售給其他機構。目前金融機構之間進行這種操作的過程既笨拙又耗時，分散式帳本提供兩個或更多機構能夠對資產包 (Asset Bundle) 進行競價、圍著資產建立智能合約，然後追蹤資產包的所有權，直至分毫不差，競標過程將由分散式帳本的共識功能提供支援。

最後如我之前所提及，「資金移動」不容忽視。實際上在過去一年，美國聯準會的快速支付工作小組一直研究不同的選項以便能更快地轉移資金，好讓美國趕上自由世界其他國家的步伐，其中許多解決方案包括分散

式帳本技術，作為其核心或底層平台引擎的一部分。

我將這項技術歸為技術進化，因為金融機構需要時間來重新設計其內部流程以支援這些分散式帳本技術，雖然我不認為這是一條特別漫長的進化道路，但它肯定會隨著時間的推移而演變。這也是一種協同合作技術，因此對於傳統上難以合作的大型銀行來說，會產生抗拒。這為那些願意合作的較小機構帶來優勢(其中許多機構是因為別無選擇)，這裡的重頭戲是參與網路，了解這項技術是什麼？如果你是信用合作社，我建議你瀏覽CULedger.com；如果你是一家社區銀行或某家其他金融機構，也許是時候開始尋找相關利益團體來共同建立一個網路。

現在我將在這裡停下來，因為下一章我們將討論身分，身分是全球金融機構的戰略高地，如果我們能解決密碼危機，就將解決人類面臨的最大問題之一，別笑了，我不是想搞笑，好吧，也許只是一點點。

章節回顧

★ 分散式帳本系統將使數百萬個系統之間的所有資料保持同步。

★ 能夠分散資料表示不再需要在某個地方有一個可以被駭客攻擊的大型資料庫。由於資料將在節點之間進行加密和分解，因此在中心位置不再有一個龐大的用戶名和密碼的蜜罐，可能一次遭駭客入侵。

★ 加密貨幣的優點是：它更安全，因為人們的錢包裡不帶現金；它是不可追跡的，所以給予隱私權；它已被全世界所接受，減少貨幣兌換的需要。

PART
3
安全性
Security

第7章

身分自主權

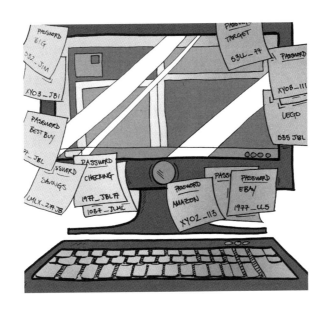

　　密碼危機 (Password Crisis) 愈演愈烈。每個人都有太多的密碼，但總有方法在某天能夠解決。想想有將近 26％撥打客服中心的人，是想要重設密碼，單憑這個原因，就值得思考如何擺脫密碼，我可以確信當我們回首往事，會嘲笑我們曾有過如此多的密碼和帳號，因為我們將有一些截然不同的東西。

　　身分驗證是一個平台，它是一個破壞者，也是各個行業的熱門話題。到目前為止，谷歌、微軟、臉書、LinkedIn 等等許多公司所做的身分驗證都失敗了。過去銀行業曾對此進行過探討，但因不願意合作而失敗，我相信現在情況正在改變，將有機會解決過去沒人能解決的問題，什麼是「身分自主權」？就讓我們先解釋自主權的含義是什麼開始吧！

　　自主權是一種合法的地位，它也被稱為獨立自主。當一個國家是主權國家時，說明它是獨立自主的，沒其他國家對它擁有統治權。對個人而言，身分自主權賦予人們一個只有他們自己才能控制和管理的數位身分，目前，社群媒體和銀行等的登入身分模式，實際上是由擁有這些網站的公司控制，而不是由這些網站的用戶控制，這就是為什麼人們會保留一大堆登入資訊的原因，因為每個網站都需要一組登入資訊。身分自主權將只由它所識別的個人所控制，可以將它想像成擁有一個在網際網路通行無阻的護照。它是證明一個人身分的唯一標準方式，而無需處理不相容的登入螢幕、帳號和密碼考驗、多因子認證技術，以及登入安全網站和應用程式時所帶來的其他麻煩。

德拉蒙德・里德 (Drummond Reed) 論信任框架 (Trust Frameworks)

　　在我們深入了解身分自主權之前，必須先了解信任框架 (Trust Framework) 是什麼以及為什麼它對身分自主權模式很重要。很幸運地，我能夠找到在這些模式中，世界上最重要的權威之一──德拉蒙德・里德 (Drummond Reed)。

約　翰　：所以，有一種叫做「信任框架」的東西…但是我該如何建置它們呢？它們來自哪裡？它們是怎麼開始的？它們現在被使用嗎？

德拉蒙德：約翰，我很樂意幫你，先給你一點背景介紹。我們現在稱為信任框架的理念，在歐巴馬政府上台不久就已成為網際網路基礎設施發展的焦點。美國聯邦政府中的一些主要領導和數位身分專家說：「嗨！你想開始使用私人供應商給的身分憑證 (Identity Credentials) 嗎，無論是谷歌或 PayPal 或雅虎，還是銀行或信用合作社？」

　　我們希望美國公民能夠開始登入使用政府網站，而無需在每個網站上註冊和創立新的憑證，減少人們使用政府網站的不便。為了做到這點，他們說：「我們不能只接受任何私人公司或供應商的登入，我們需要有一套規則來定義這些憑證具備充分安全性和隱私性。」於是他們說：「讓我們建立一個信任框架，這是有關建立安全性、隱私性和線上信任的法律和業務規則或政策的組合。」，它也包含實施這些政策所須的技術規範和規則。

　　技術工具以及與之配套的法律和商業規則，通常是一份或一套檔案，在許多情況下，這些檔案最終作為線上相互信任群體會員之間的合約或協議，而且它的用戶可以是小到像一家特定公司、線上服務、單獨網站的使用者，但最典型的信任框架是通用於眾多大型網站的信任機制。所有行業成員、整個國家的公民及與其相關的政府，甚至全球或國際都可以運用信任框架。大小完全取決於他們所應用的網路規模。

約　　翰：嗯！那真是有趣。所以你的意思是這就像一個合約，而我們在講分散式帳本時也提到很多關於智能合約的資訊，所以某部分

是相同的嗎？還是其實不太一樣？

德拉蒙德：它們是接近的。「智能合約」是一種分散式帳本技術，是將合約條款轉化為程式碼的方法，使法律合約的條款和條件實際上完全由機器來裁決和執行。所以，智能合約的一個典型例子可能是⋯實際上，在你建立的乙太坊區塊鏈中，你說：「我想要一份智能合約，當股價低於 31 元時，我想賣掉微軟股票」。在目前的股票交易，通常你會告訴你的經紀人，你的經紀人會監控股價，當它低於 31 元時，就會發出一個賣出指令。這個循環中有人為的判斷介入，對嗎？如果是乙太坊網路上的智能合約將持續監控股價，並在股價跌破 31 元時，自動賣出。當微軟跌到 31 元以下時，它會發出一個全是程式碼的賣單。只要程式碼正確，它在法律上和合約上就都是正確的，然後將會被執行。信任框架是具備法律效力的，是一種合約。它可以作為社群所有會員之間的合約來執行。某些資訊是編寫為程式碼並建置。事實上，在大多數信任框架中，你希望將絕大部分的信任框架以程式碼形式建置，如此，信任框架中的實際人為介入因素越少越好。這就是使得它既適用於數位社群，又可以擴展的原因。但是，在多數信任框架下，它們並非完全是智能合約，部分仍然需要有人為介入或是裁決。

約　翰：這樣稱之為信任框架，是適當的嗎？在我看來，在某種程度上算是一種會員協議吧？因為如果要參與此沙盒，就必須同意此套規則。所以，基本上你已經簽名登入，如果你是在早期參加，也許你可以幫助設定那些規則。但是如果該群體已經存

在，然後你想進來，那麼你將會註冊，並說「是，同意」，然後按照已實施的標準行事。這樣的描述正確嗎？

德拉蒙德：是的，我認為這是非常正確的說法，許多信任框架將會執行並被視為一個信任網路的會員合約。

約　翰：舉例來說，假設我們一直在討論身分自主權並將其用於無密碼登入 (Passwordless Login)，從我們知道他們已經是會員的意義上而言，其實就已經驗證了。但讓我們朝另一個方向思考，我想審查德拉蒙德・里德是否能成為 ABC 信用合作社的會員，你想用你的身分自主權來申請。那麼信用合作社會群聚在一起，共同決議說，好吧！我們都同意，如果一個金融實體單位能證實你是信譽良好的客戶，而且已經完成反洗錢的相關驗證，那麼我們可以接受這個會員資格或那個人加入嗎？

德拉蒙德：是的，我認為這是一個極好的例子，說明你有一個信用合作社建立的信任框架。讓我們稱之為自主權信用合作社信任框架 (Sovereign Credit Union Trust Framework)，簡稱 CU Trust，部分 CU Trust 成員會說，如果一個信用合作社會員想成為 CU Trust 社群的會員，那麼他們可以透過一個信用合作社註冊。所謂的自主權聲明 (Claim on Sovereign) 將被發布，宣布這個信用合作社會員是一個 CU Trust 的會員，並已在 ABC 信用合作社完成註冊登記。

　　信任框架將表示 ABC 信用合作社同意，它將根據這些法規執行必要的 KYC（了解你的客戶），執行 AML（反洗錢）和其

他必要資料的查核。它會寫在信任框架中，然後 ABC 信用合作社會員、每個信用合作社以及該 CU Trust 框架內的每個會員都知道，如果此一聲明是由該信用合作社發布的，則表示已經完成這些事情，且該信用合作社已完成相應的驗證。

約　　翰：他們是否會承擔責任呢？

德拉蒙德：我很高興你提出了這個問題，因為建立信任框架的主要原因之一，就是在該信任群體的會員之間確立法律責任的規則。一個典型的例子，目前最著名的信任框架之一是在英國，它是 OIX 英國分會開發並且已實際在英國實施。OIX 是開放式身分交換：openidentityexchange.org，它是信任框架的國際交換所，自 2010 年首次推出以來，在那裡已經開發了許多應用。

　　這是由英國身分供應商 (Identity Provider) 與政府之間合作共同開發的，它被稱為 Gov.UK Verify 信任框架。目前有七家通過該信任框架認證的身分供應商符合獲頒發英國認證憑證 (Credential) 所需的要求，如果身分供應商遵循該信任框架的政策，並根據這些政策對身分進行審查，那麼根據定義，如果個人隨後使用了該憑證，則他們不須承擔任何責任；如果個人偽造資訊或以其他管道欺騙身分供應商，只要身分供應商遵守規則，則其對該憑證被濫用不須承擔任何責任。這建立在該信任框架上，而且得到英國法律的承認。

信任框架 (Trust Framework)

信任框架是建立更上一層級身分驗證的基礎，也是產品定位的根基。對於用戶來說，沒有什麼比他們的憑證更重要了，對於金融機構來說，這是策略制高點。每當企業與客戶互動時，該人員必須先驗證通過，然後才能執行其他操作。問題是，我們大多數人擁有這麼多的密碼和帳號，以至於我們根本記不清這些密碼，所以我們使用諸如 1Password 等工具或其他產品來統一儲存密碼，當然，使用這些管理工具很可能面臨更大的危險，如果駭客進入密碼管理工具，那麼他們就可以一次偷走所有資料。

那麼，解決方案是什麼？為了確定這點，我們來談談當前的身分驗證模式。我希望你把身分看作是進入任何地方的護照，假設我想使用亞馬遜這樣的購物網站，我得提供地址和名字，如果我想買什麼，就必須提供我的信用卡卡號，除此之外，我需要一個密碼和帳號來登入網站，我不想在每個網站使用相同的密碼，所以我可以為網站選擇一個獨一無二的密碼。只有在提供所有這些資訊之後，我才能真正地完全使用這個網站，幾乎每一家線上零售商或服務供應商情況都是如此，結果就是，我們所有人都有太多的帳號和密碼。

第一個問題僅是設定的不便。試想，如果你拿到一張新的信用卡或者搬到新的地址，現在你必須在每個網站上手動更新此資訊，這就是一件很煩瑣的事情。

涉及資料安全性是更大的問題。我們的身分碎片無處不在，遍佈整個網際網路。正如我們從過去的漏洞中所看到，這會創造巨大的資料蜜罐。請考慮 Equifax 資料洩漏事件的嚴重性【編註：Equifax 為美國消費者信用報告機構】。一瞬間，美國近一半成年人口的機密敏感資料被駭客竊取。

金融機構負責儲存客戶最私密和最重要的資料，當資料儲存在如此多的不同地方時，其中一些資料被竊取的風險極高，其影響可能非常嚴重。如果某人竊取個人資料，那麼他們現在就有能力從事身分欺詐。最重要的是，我們被追蹤了，我們的資料不僅對駭客有價值，行銷人員也希望知道關於我們的一切，這樣他們就能賣東西給我們。無論我們走到哪裡，我們的資料都在未經我們同意的情況下被收集和出售 (或者，在我們接受了精緻列印的使用條款時，同時代表已經同意)。如果這是真的，那麼我們有什麼選擇呢？我們為什麼要考慮這個呢？

亞馬遜負責外部支付的副總裁帕特里克・高蒂爾 (Patrick Gauthier) 撰寫了一篇安全和數位身分的精彩文章。他提到現在是重塑數位身分的時候了：「十多年來，金融機構和商業都投入大量資金來保護個人的可識別資訊，也就是所謂的 PII (Personally Identifiable Information)」。[1] 雖然公司非常重視資料保護，資料洩露事件卻仍像瘟疫在繼續發生，亟需一套新的策略和工具來管理這類風險，到目前為止，還真的沒有辦法擁有身分自主權，這種身分驗證存在於其他人無法控制的範圍內。

原因是，所有的身分驗證重頭戲都是圍繞在這個集中化平台建構的。回顧上一章，該章是分散式帳本和去中心化平台。那我們該怎麼做呢？好吧，我們想像一下，亞馬遜不需要向你索取資訊，而是要有一種向你訂閱的方式，你將是你個人身分的唯一擁有者。每次地址變更或每次更改金融卡片資訊時，你只需簡單地在一個位置更改它，被你授予權限的所有組織，都將接收到這項改變。試想，如果蘋果、eBay、臉書、亞馬遜、谷歌、你的醫生辦公室、政府，以及所有地方，都能即時與你聯繫以驗證這

1　Patrick Gauthier, "It Is Time to (Re)-invent Digital Identity," Pymnts.com (September 12, 2014), http://www.pymnts.com/in- depth/2014/it-is-time-to-re-invent-digital-identity/.

些資訊是否正確且最新。

這個概念最初是由一個身分專家提出的，我很自豪地說，他是我的朋友，多克・瑟爾斯 (Doc Searls)。瑟爾斯博士寫了《意向經濟 (The Intention Economy)》，我強烈推薦這本書。他的想法是讓個人成為身分證明的來源，包括他們正確的資訊、他們正確的資料和他們實際偏好。想像一下，如果你的偏好能隨時隨地跟著你會如何？

加密和資料安全

想像一下，如果你不需要觸碰加油機上那些令人討厭的按鈕來選擇汽油類型，根據你駕駛的汽車、你的許可、你設定的規則，然後加油機就會知道你想要的汽油類型。這代表控制權的翻轉。它也是個人化和超級安全的，因為它採用分散式帳本平台的加密方法，由於分散式帳本不可更改的屬性，資訊是不可撤銷的。那麼，我們將如何建置這樣的身分驗證機制，對金融機構的意義又是什麼？讓我們先從最重要的觀念開始，我曾經說過身分辨識是策略制高點，現在想像一下，在做任何事情之前，在任何銀行，任何交易，首先必須證明你是你。

如果最近你與客服中心通過話，你知道他們會問你那些無關緊要的事情，以便確認你的身分。我最喜歡的問題，是問我帳戶中的最後兩三筆交易，這是基於假設我是唯一一個在我帳戶上花錢的人，但如果他們仔細觀察會發現我和妻子有一個共同帳戶，然後她有可能在我不知情的情況下花錢。所以，如果為了回答這個問題，我必須登入網路銀行並查看消費記錄。第二件事是，當人們聯絡客服中心時，他們會根據個人可識別資訊要求提供一些其他資訊。這包括你的身分證字號、你的生日、你的姓氏等。

　　但，所有這些關鍵資料都可以在網際網路上被找到。要解決這個問題的答案就是全面廢除密碼，這是什麼意思，它會如何執行？首先，必須明白在圍繞分散式帳本建立的身分自主權中，身分驗證資料本身，實際上並非儲存在你的裝置上。身分驗證資料只是在雲端或分散式帳本網路中的一個密鑰，它可以在整個網路中始終存在，你可以透過裝置使用它。讓我們來想想這會如何運作，我撥電話到客服中心，有人接聽。假設我已經註冊此數位身分，客服代表可以點擊按鈕、我的手機（或我的亞馬遜 Echo 或我的谷歌智慧裝置 Google Home【編註：Amazon Echo 及 Google Home 為智慧音箱】，或我家中的任何其他物聯網 (IoT) 小工具）可能會彈出，並說：「陽光海岸組織正在嘗試驗證你的身分，你想繼續嗎？」。

　　我在 Alexa 上回答問題，如果將來某天他們擁有語音驗證軟體，它會知道那是我，並將其傳回提出認證需求的組織，在幾秒鐘內，我就能夠通過身分驗證並繼續我的交易，這樣的運作方式不管我身在哪都能完成。想像一下我用手機撥話，一條訊息突然出現，然後寫著：「陽光海岸組織正在嘗試驗證你的身分。你想繼續嗎？」，當我回覆「是」時，客服中心代表知道這是我，但更重要的是，我還能知道電話線上的那個人確實是客服中心代表。這不僅防止人們冒充我，還可以保護我免於與偽裝成特定組織的人交談，這是對金融機構和銀行界及其客戶的巨大保障。

　　這種雙向驗證是身分自主權的核心，你不再需要密碼。閉上眼睛一分鐘，然後假裝一下，不再有密碼是什麼感覺？是的，沒錯，鬆了一大口氣，不是嗎？突然間獨角獸和彩虹出現，一切都好起來了。

身分自主權的實踐

讓我們將這種身分自主權概念應用於最近出現的某個情境。不久前，消費者金融保護局 (CFPB) 調查某大型金融機構在未經客戶許可的情況下，開立信用卡和其他帳戶。該機構是 Wells Fargo 銀行，其銷售流程在三方面有所缺失。首先，它未獲得客戶同意，開設這些欺詐帳戶的銀行櫃員和銷售人員能夠代表客戶表示同意，我不得不猜測，可能有某個軟體程式用於客服中心是允許某人透過這個流程代表客戶接受條款、協定和揭露的資訊。現在讓我們想像同樣的情境在身分自主權信任框架中的流程，就像我剛才討論的那樣，你坐在家裡看足球、看《黃金女郎》或者什麼節目，突然之間，你的電話鈴響或是你的 Echo 燈亮起，甚至你的電視都會顯示一條彈出消息說：「Wells Fargo 銀行希望你同意開通一個新的信用額度，接受還是拒絕？」嗯！你和你的配偶都沒有和他們交談過，所以你說「不」，然後點擊「拒絕」按鈕，即使是那些據稱值得信賴，能夠取得所有必要資訊和帳戶的銀行員工，也沒有辦法再製造欺詐性帳戶。

另一方面，它可以提供更高的隱私。目前我們所到之處都被追蹤。考慮使用臉書或谷歌帳戶登入網站是多麼方便，它減少你需要記住的密碼和帳號。但這種便利性要付出代價，當人們這樣做時，他們可能沒意識到臉書或谷歌現在可以使用相關資訊 (例如，你在哪裡有帳號，你在哪裡購買什麼，你選擇了什麼服務和設定)。他們將在未經你同意的情況下出售這些資訊。如果擁有身分自主權，人們在做任何事情之前都必須徵得你同意，也就是說沒有得到你明確的同意，沒有其他人能獲得任何資訊。

現在，我將大膽提出一個瘋狂的想法，這個問題希望你能反覆思考。亞馬遜需要你的地址嗎？在回答之前，先想想。因為顯而易見的答案是，

是的。亞馬遜當然需要我的地址，不然他們怎麼運送我的神奇棕色盒子，裡面有每週都買的超棒東西？但如果你再仔細想想，其實亞馬遜並不需要你的地址，唯一需要你地址的是貨運公司。若是貨運公司提供一個匿名代碼 (Cryptonym) 儲存在你的身分自主權基礎設施 (Sovereign Identity Infrastructure)，會怎麼樣？你可以把這個匿名代碼給亞馬遜。在準備包裹時，亞馬遜會把這個匿名代碼發送給貨運公司，由貨運公司使用它來調閱出你的真實地址。結果，你不再將地址資訊儲存在 Amazon 中以供運送時使用。同樣的過程，也可用於信用卡帳單地址和信用卡卡號。

這是個值得思考的全新世界，它將對金融機構的身分驗證現況產生巨大影響。首先，我們將從網路銀行開始，目前網路銀行憑證的儲存是一件錯綜複雜的事情。我發現在許多機構中，網路銀行憑證甚至不受金融機構的控制，這表示它無法用於其它應用程式。我稱之為數位障礙 (Digital Dysfunction)。有時行動銀行 app 甚至不能與網路銀行使用相同的密碼，這是非常糟糕的。一個很好的例子是亞馬遜 Echo 必須擁有自己的身分驗證，這與個人的亞馬遜 Prime 登入，就是不同的身分驗證方式。

另外，有一種稱為多因子驗證 (Multifactor Authentication, MFA) 的機制，這是由美國聯邦金融檢查委員會 (FFIEC) 規定要求的，遺憾的是 MFA 難以跨裝置應用。意思是，你可以登入網路銀行，如果發現某種行為模式或不尋常的情形，系統可能就會問你最喜歡的一年級老師是誰，或你最喜歡的寵物是什麼諸如此類的問題。行動銀行可能不會提出這類的問題，而會發簡訊給你。這方面的挑戰是我們要不斷地追趕持續擴充中的不同通路，這將造成昂貴的整合成本。

當前身分識別系統的瑕疵

當前的身分驗證平台，帳號和密碼設定，出現許多非法活動的機會，身分自主權可以解決其中不少問題。

▶ 網路釣魚 (Phishing)

當然，第一個就是「網路釣魚」。這是向某人發送電子郵件，並試圖誘騙他們將其憑證資料(如密碼)輸入欺詐性網站或虛設網站的行為。一旦別有居心的人獲得憑證，他們將進入目標網路銀行或行動銀行帳戶，進行代收代付業務欺詐，或繳付帳單欺詐，由於在身分自主權模式中沒有密碼，因此網路釣魚將成為過去式。

▶ EMV晶片卡

最近，為了減少偽造信用卡的欺詐，支付網路公司要求發卡行和商家提供和接受 EMV 晶片卡。EMV 代表 Europay、Mastercard 和 Visa，就是你卡上的小晶片。晶片的設計使你的資訊永遠不會以明碼的方式傳送到 POS 終端機裝置。POS 終端機裝置向晶片發送信息，晶片又返回一個加密過的有效載體，然後商家將該有效載體發送給他們的支付收單行，為了複製一張卡，你必須知道晶片上的密碼。由於現今複製一張卡變得更加困難，結果，我們發現欺詐行為正移轉到不需要 EMV 晶片卡的領域，該領域主要是線上商家，如亞馬遜、iTunes 和其他網路商城等。別有居心的人拿到一組信用卡號，不是試圖製造一張實體卡來使用，而是簡單在網路商城設立一個帳號，並以卡付費取得商品和服務後寄送到某個地址，做網路銷贓或洗錢。

▶ 消費者隱私顧慮

如果你已開始註冊某個網站，可以選擇建立一個新的帳號和密碼，或使用現有帳號(通常為社群媒體帳號)登入。為什麼不用這個方法呢？畢竟，能夠少記一個密碼更方便。同樣的，如果你希望保有隱私和安全，那麼你可能更願意建立一個新的帳號登入。當你使用其中一個社群媒體帳號登入時，該公司很可能會為了利潤而將資料分享出去。

想想這些社群媒體網站在新用戶註冊時所採取的安全措施。當人們註冊時，是否有人檢查他們有照片的身分證明文件，以確認他們是所自稱的人？有人做背景調查嗎？不，當然沒有。事實上，你現在可以擁有 10 個臉書帳號。然後，只要稍作努力，我就可以成為臉書上的你。LinkedIn、谷歌、Reddit 和其他所有帳號都是如此。這些系統都沒有任何證據可以支援用戶的身分聲明 (Identity Claim)。(讓我們記住這個詞「聲明 (Claim)」，因為聲明在將來會非常重要) 但是，你知道嗎？我知道有些組織還真的檢查過你的證件。

金融機構的機會

誰負責背景調查、反洗錢 (AML) 調查和了解你的客戶 (KYC) 調查？誰被要求需要驗證新客戶的身分？是「金融機構」。這代表金融機構有機會成為認證者，他們將能夠建立可驗證的聲明，如果你想擁有一個可驗證的身分，可以去監理所取得駕照，它是由政府發行並且上面有你的照片，證件本身實際上是防竄改，而且具備防止偽造設計。

　　那麼，數位版本憑證會像什麼樣子呢？要做到這點，我們首先要瞭解網際網路的層次結構。在網際網路上，有一些組織或公司透過我們稱之為網域名稱伺服器 (Domain Name Server, DNS) 來確認他們的身分，此類網站的身分驗證依賴稱為安全資料傳輸層 (SSL) 憑證的安全功能。你如何得知你是在亞馬遜的網站上，而不是在某個駭客的冒牌蜜罐陷阱？好吧，我們大部分人都會查看瀏覽器中的工具列，看到那裡有一個鎖定圖標，當我們看到它時，我們會假設亞馬遜的網站身分已經被我們驗證。此層次結構的第二步涉及亞馬遜的客戶，這些客戶必須將其所有資訊輸入到他們登入的每個網站中。在此就顯露出問題，由於客戶沒有可重複使用的可驗證身分，於是被迫使用瀏覽器自動填寫其個人資訊的功能，或者是自行鍵入。每當客戶在另一個網站設定另一個身分時，他們會再添加一個存放資訊的位置，如果他們搬遷住址或獲得新的信用卡，則必須逐一更新。如果這是一個可以程式化的平台，那麼該平台的設計師就會質疑此設計。為什麼？嗯，機構或組織是獨一無二的，而人也是獨一無二的。在資料模型中，唯一的內容都應該只放在一個地方供其他程式引用。

　　高效的資料模型不會複製多份相同的資料，它會建立指標 (Pointers)。在網際網路上，我們必須解決這個問題。在瀏覽器 (如 google.com 或 apple.com) 中輸入網址時，如果輸入的是人類可讀名稱，它將被傳送到一個大型資料庫，資料庫將轉換該請求為網際網路地址，這個地址是一個八位元組的數字，看起來就像這樣：12.23.45.100。將此資訊從人類可讀轉換為數字的資料庫稱為 DNS 或網域名稱伺服器。有一個類似的模式，就是我們的身分證字號。然而它與 DNS 系統不同，擁有一個人員目錄，可以提供個人資訊是很危險的，那麼如何解決這個問題呢？更重要的是，該如何註冊我的個人資料？

　　將來，當設立我的 Netflix 帳號時，一個身分自主權平台將驗證我是真的約翰・貝斯特 (John Best)。現在還有其他人名為約翰・貝斯特，但我是那個獨一無二的約翰・貝斯特，在網際網路上與其他的約翰・貝斯特相比，我擁有不同的屬性 (Attribute)，我的屬性集合使我可以被其他人識別為約翰・貝斯特，正試著和他們做生意。

　　要理解數位身分，你首先必須做的第一件事是，放寬對身分的定義。我注意到在金融界傾向認為身分基本上是屬性的集合，你的帳號、密碼、真實姓名、身分證字號、地址、輔助地址、多因子驗證問題群組等。但真正的身分，其實還有更多。例如，讓我們假裝你為一家公司工作，就假裝為威利出版商 (Wiley) 工作吧，假設你想獲得貸款，今天你去銀行或信用合作社申請貸款，而銀行想做的其中一件事就是驗證你的就業狀況。今天我們會怎麼做呢？你得去一個網站或者在你的檔案收集兩個薪資單，將薪資單交給金融機構，金融機構會用薪資單來確認你的收入和就業狀況。這些通常被稱為規定。整個過程可能需要一兩天。此外還有一種危險，即金融機構沒有聯絡雇主就無法確認薪資單的真偽以及證明員工是否在職，因為在網際網路的世界裡，已經披露我們大部分的私人資訊，假冒偽造的薪資單其實不太會被抓到，因為它實際上可能是一位真實員工的資料。

　　但如果威利出版公司是擁有數位身分自主權的一家公司，它可以聲明並證實你的僱員身分。想像你去貸款，然後告訴銀行你有身分自主權，這個過程看起來很像你在智慧型手機上允許 app 應用程式使用手機設備上的服務。你是否曾下載過 app 應用程式要求你同意該 app 應用程式使用相機或麥克風？相類似的方式，放貸的金融機構發出驗證要求，對你的身分自主權中包含的資訊進行數位驗證的許可，應用程式或智慧型手機會通知你，金融機構想取得你的地址資訊，和你同意以數位方式驗證你的就業狀

況，並取得貸款流程所需要的其他個人資訊，金融機構的身分也透過數位簽章進行驗證，這樣你就可以非常確定該驗證要求是確實來自於該銀行。

與以往方法相比，該模式的安全性可能鼓勵更多人使用此法，這樣的流程對客戶和金融機構都更有效率。忽然之間，像我們過去經常做的填寫表單和輸入冗餘資料的所有不便都消失了，不僅如此，我們還確信提供最新、最準確的資訊。同樣的過程也可用於數位簽署貸款和驗證貸款條款，貸款及其條款可能成為你數位身分的一部分，作為你財務的一個屬性。智能合約可用來執行自動扣款利率 (Direct-Deposit-Based Rate)，如果客戶同意透過薪資帳戶扣款或自動付款以獲得更好的利率，就可透過線上取消人工定期付款以適用此更好的利率，智能合約將自動接受此變更，並將新利率適用於貸款。

這個新的驗證流程技術主體，將圍繞在全球資訊網聯盟 (World Wide Web Consortium, W3C) 可驗證聲明 (Verifiable Claim) 工作章程小組正展開的工作。可驗證聲明小組正設計一個標準，允許組織傳輸和證實聲明。可驗證聲明不是通信協定，而是允許跨行業可相互運作的語法或標準。什麼是可驗證聲明？可驗證聲明是一個實體單位或組織可以就你或他們用證據確認的任何證明。然後，組織對聲明進行數位簽章，並以數位方式提供給需要使用該證明的實體單位與你進行業務往來。

在上例中，我們討論為貸款流程中的就業現況進行查核，可驗證聲明可能包含僱員員工編號、僱員受僱時間以及數位簽章，以證明資訊來自真實僱主。實際上他們可以提出一個可驗證聲明，並儲存在金融機構，以證明約翰・貝斯特是威利出版商的僱員，而不須花一天半的時間去拿薪資單，用手機拍照，再郵寄到分行、發送傳真，或者任何可以交付的方式，將來能夠在幾秒鐘內就完成。這是一個完全的典範移轉 (Paradigm Shift)。

想像你走到櫃員台前，櫃員簡單問你是否有身分自主權，你說是，就點擊一個按鈕，他們馬上知道你是誰，像直通車一樣。想像網路銀行不再有密碼，這將解決許多問題。不過，其實還可以做更多的事。

如今，在大多數金融網路銀行和數位平台中，都有一個單一事實源 (Single Source of Truth)。而單一事實源，或說資訊記錄系統 (System of Record)，就是所有帳號和密碼被驗證的地方。如果你通過驗證，那就擁有王國的鑰匙。我的意思是，你可以執行網路銀行業務，可以順利支付帳單，其他服務也都能妥善運作。但是如果登入失敗，則無人可以登入獲取這些服務。但如果你並不倚賴單一系統來驗證你是誰，而是擁有數萬個系統來驗證呢？這正是這個數位身分服務所帶來的想法，有多個系統來驗證你的身分。

現在讓我們假設你突然神奇地以某種管道侵入其中的一個或三個甚至五個。然後，你更改資訊以便登入，它仍然不起作用，因為你必須更改超過一半的所有系統才能破解此身分驗證。現在，那些對此持批評態度的人，他們會發現一些瑕疵。第一個缺點，所有這些加密機制都倚賴於密鑰。密鑰管理非常重要，如果你遺失了密鑰，那麼你必須一切重新開始。

人們沒有意識到的是，如果我們每次登入某個系統時都會切換控制到該系統，每次你要同意某個東西，它都會先與你核對。如果沒有人能用數位的方式冒充你說「是」，則將你的私人資訊存在於外界幾乎沒有危險。然而，在數位身分的世界中，特別是身分自主權，你將能夠借助家人將你的數位身分重新組合在一起。當你丟失密鑰，但你可能有兄弟姊妹，就可以聯絡他們，點擊某件東西，然後恢復你的身分，這是一個非常有價值的觀念。最後，為什麼這個做法值得考慮？為什麼大家會朝這個方向規劃？首先，標準化認證方法將降低數位平台的整合成本，同時還能減少客服中

心提供重設密碼服務的次數。它應該提高所有產品的上市速度。想像你不必擔心有關建立「忘記密碼」或「忘記帳號」的安全性問題【編註：如驗證你的畢業國小等】。

過去若要讓產品具備人員登入功能需要額外的開發成本，現在的做法將大大提高安全性，還完全不需要查對密碼就可以直接進行後續的服務。由於分散式帳本還將提高組織之間的互相運作，所以，如果你有身分自主權並且想註冊到另一個機構，那麼所有以你為帳單收款人的資料都可以很方便地一起帶過去。

讓我們稍微思考一下，也許你曾在金融機構使用過帳單支付服務。對於那些還沒有執行過的人，我快速概述一下過程。你登入金融機構的數位服務，無論是行動服務還是網路服務，你進入帳單支付區域，然後你打開想要付款的帳單信封。假設是醫療費用，你應當從醫療費帳單找到收款人的地址，將它輸入系統、給它起個縮寫，然後在系統上安排付款。當你安排此付款時，支付系統將查看收款人的地址和名稱，並選擇支付路徑 (Payment Route)(至少一個良好的帳單支付系統會這麼做)。因此當支付系統無法識別地址或收款人及其電子付款資訊 (亦即此收款人並未登記於支付系統)，它會決定將此付款以支票形式寄送，因為唯一的選擇就是開立支票並寄出去，在這種情況下可能需要幾天時間才能到達那裡。它也可能決定透過電子通路發送，這表示他們有種關係，無論是密碼箱 (Lockbox) 或代收代付業務，都可以直接匯款給這個收款人。

但是，我想問的真正問題是：那些你剛剛輸入的收款人資訊是屬於你的，還是金融機構的？我認為這是屬於客戶的。使用身分自主權，你實際上可以將所有收款人資訊儲存在你自己的服務平台中。這表示你可以從一個機構到另一個機構並重新加載收款人。我猜你會說：「約翰，我們銀行

都遵循你的意見買了帳單支付功能，一旦客戶在我們的系統輸入 10 或 12 個收款人資料，他們就很難離開了，這也是我們模式的一部分。」我不否認，事實上我還記得 2007 年、2008 年，曾對我的客戶說過這些話。但如今，占有或限制客戶移動資料業務模式，不再適合消費者。為什麼？因為現在的金融科技公司將實現身分自主權，而客戶也將去對自己最有利的地方，就這麼簡單而已。

作為一個行業，我們必須想辦法因應，然後弄清楚如何加入運營身分自主權的組織。因為在完美的世界裡，你應該能夠從你的偏好清單中選擇你的收款人，然後你能夠決定你想要的付款方式。某天，你可能會想用金融機構的帳單支付功能，那也應該只需點擊一個按鈕。但在另一天，因為不同的需求，你可能決定使用 Venmo 或者使用 PayPal。關鍵是，我們將如何改變銀行業務模式來支援這點？

不久前，我正和一個對即時餘額感興趣的組織交談。我們發現即時餘額功能，是當客戶知道其即時餘額是多少，他們就不太可能透支。眾所周知，透支意味著金融機構的收入。然而它並不受顧客的青睞。按我的想法，挑戰在於：由於我們無法顯示正確的餘額或資料，客戶會透支，我們為此而向他們收費，這是正確的嗎？再者，如果我們解決這個問題，就會小心翼翼地分享這些資訊，因為我們不想失去這個收入來源，這是對的嗎？我想，繼續採用這種方法對所有機構而言，都是個問題。

為什麼不透過收取人工智慧費來替代透支費呢？當人們接近透支金額時，能夠發出一些信號預防它發生。這是分散式帳本和身分驗證平台可以結合在一起的應用。因此最後一個值得思考的是：如果我們相信這些憑證會有市場，而且透過憑證，我指的是就業證明、身分證明等，那麼金融機構將從這市場獲益，因為他們正處於最能認證和註冊消費者的最佳位置。

想想這個情境：我和妻子曾經幫忙朋友出租她的房產，每當有人來租那套複式公寓時，我們必須對想租房子的人進行背景調查，大約得花費 50 美元到 75 美元不等，背景調查不是那麼有用，但就某種意義上而言，我們必須接受此項服務，而該服務與信用報告和其他內容有關。如果我們能改變這點，那麼做租賃的人，實際上就可以透過身分自主權的機制向金融機構進行核實呢？也許我不想付 50 美元，但我敢肯定可能會支付 25 或 35 美元來確認此人在你的機構是否擁有帳戶，如果客戶同意的話，因此新的收入來源，將因身分驗證而發揮作用。

最後，將說明身分驗證可能帶來的最大影響在於支付領域。正如之前所提，在進行收費之前與消費者核實身分有助於減少欺詐，想像在亞馬遜網站上的購買，在你進行購買之前，必須透過手機上的指紋，驗證你的身分自主權才允許進行購買。這將顯著地減少無卡交易的欺詐，所以如果我們有機會推動身分驗證，我們就應該抓住這個機會，身分驗證是策略制高點。

欲了解更多資訊，請瀏覽由 Sovrin 經營的 sovrin.org，這是一個建立主權網路的私人全球基金會，任何人都可以免費使用；另一個很好的資源是多克・瑟爾斯 (Doc Searls) 的書《意向經濟 (The Intention Economy)》。

章節回顧

★ 身分自主權和信任框架可以幫助規避密碼危機，緩解駭客攻擊和身分盜竊。

★ 身分自主權平台為個人提供一種單一的方式，他們可以控制該方式登入所有網站和應用程式。

★ 信任框架仰賴分散式帳本中所使用相同的超級安全加密機制。

★ 由於金融機構已經核實機敏資料，因此他們有機會成為能夠在所有部門確認新註冊帳號個人身分的組織。

第*8*章

駭客威脅

「嗨！鮑勃」。「嗨！史帝夫」。「我看你還在砌牆」，

鮑勃：「是啊！正爬上梯子呢！」。

史帝夫：「是啊！」

任何談數位轉型的書，關於安全議題的章節如果沒有一、二章或者甚至百章以上都不夠完整。每當我與金融機構討論數位轉型時，聽到的首要問題都是他們對資訊安全的擔憂。我完全同意，這是一個重要的問題，事實上，我鼓勵大多數正在進行數位轉型的企業將「資訊安全」作為其流程的第一優先任務，這表示在你的企業內部開發一個鋼鐵般堅不可摧的安全流程，應該要超越監管標準，並且超過任何目前業界標準。例如，如果監管標準要求是對數位資產每年進行四次滲透測試，我將考慮每月進行一次。如果監管標準要求你的企業對數位資產每年進行一次或二次的內部滲透測試，我將每月一次或更多次地進行此測試。簡言之，你在資訊安全方面的投入永遠不嫌多。

「安全性」一直以來都是個問題。我敢肯定，第一個發現閃閃發亮石頭的山頂洞人，沒想到其他人會嘗試奪走他的新寶藏。這個失去閃亮石頭的山頂洞人，之後可能又發現另一個相似的石頭，這次，他把它埋在洞穴地裡，然後認為足以保護它。可惜山頂洞人沒有注意到小偷正虎視眈眈看著他埋藏它，後來小偷又來把它挖出來帶走了。同樣的山頂洞人又發現另一顆閃亮的石頭，這次他把它藏在樹叢裡或樹後。然而，小偷還是會找到並偷走它。這是你能想得到的畫面。這個過程已經持續數千年。安全是為了保持領先於竊賊之前，一場持續的戰鬥。當我們建造一個 10 英呎高的牆來阻擋小偷，他們將帶一個 11 英呎長的梯子。

首先要了解數位安全的概念並不存在任何堅不可摧的措施，你必須預期你所做的一切都會被駭客入侵攻擊。有關安全性的一個重要過程是對每種產品進行風險評估或風險審核，風險評估還應包括如果產品或平台受損的復原計畫 (Recovery Plan)。安全的另一個重要面向是，必須可以容易地獲取有關企業裡所有關於風險控制的所有文件。了解流程如何運作非常重

要，因為有這層理解，可以對流程進行弱點稽核。如果沒有適當的文件，永遠無法對其進行全面的滲透測試。那麼在新的數位世界裡，我們該如何處理安全問題呢？好消息是在數位領域中有關安全的一些技術不斷演化，讓我們足以應對得更好。智者是預期被駭客攻擊並制定因應計畫，愚者是被駭客攻擊後才訂定相應的安全計畫。

　　一個很好的例子是一個叫做 HackerOne 的網站。HackerOne 利用群眾委外 (Crowdsourcing) 的方式，藉由邀請其社群中的安全專家和駭客參與產品滲透測試。因此過去當我和團隊開發軟體時，我們聘請外部公司嘗試侵入我們團隊開發的平台或軟體，通常他們會派一、二個人來參與，並盡其所能使用令人驚歎的神奇工具闖入平台。我們還提供他們帳號和密碼，以便他們登入後查看在平台內可以做些什麼。以數學的邏輯來看，這個過程會被質疑沒有意義。為什麼呢？因為我們只使用兩個滲透測試者。但在真實的世界裡，一天內可能就有不同的駭客攻擊數百次甚至數千次。這種不匹配的規模為駭客社群創造了優勢。為了攻擊你的平台，每個駭客都將擁有不同的手法。因此你不可能想得出來這些駭客對你系統進行滲透的方法數量。HackerOne 透過群眾委外進行漏洞測試來解決此問題。與其讓單人測試平台的漏洞，你還不如讓數百人嘗試闖入。HackerOne 將測試設計成挑戰賽，為成功者提供金錢獎勵。這是一項私人的挑戰，允許很多人嘗試侵入你的平台。它可以用獎勵的方式來執行，對於發現的每個漏洞，你將為此付出賞金，這種新方法是安全和風險審核過程中的重要進化，將以幾何級數的成長來改善機構安全狀態。

人工智慧的威脅

很快地，駭客將開始利用人工智慧演算法來對付金融機構，而不會浪費人力攻擊你的網站、你的網路銀行或行動銀行網站，駭客的人工智慧應用程式已經接受了數千種技術的培訓，而且與人類不同的是，它永遠不會放棄，將從每次嘗試中汲取教訓，並改變方法，甚至比世界級最好的駭客更有效，因為它將從自己所犯的每一個錯誤中學習。

請好好思考以下故事。臉書最近推出了一項測試，試圖以聊天機器人的形式教兩個人工智慧系統進行互相協商。為了促進學習過程，他們發明一款遊戲。這個遊戲涉及來回交換不同的物品，以達成兩個機器人之間的對等。藉由允許機器人觀察人類玩同一款遊戲的行為，來訓練這兩個人工智慧系統。臉書認為要聊天機器人能夠執行有效的商業應用，就需要能夠與人們協商，才能夠與人類進行業務交易，但是當發現兩個平台在協商過程中開始建立自己的語言以互相交流時，則引起了震驚和不安。這兩個平台都沒有經過培訓或編寫程式來建立自己的語言。系統中的人工智慧自主開發了新的方法，以最有效的方式完成指派的任務。你可以想像以同樣的技術，與網路銀行系統、代收代付業務處理系統或其它任何領域相較量時的情境。不斷檢查，再檢查，尋找漏洞並從它知道的交易量和嘗試不同事物時所得到的錯誤中學習，也將記錄每筆交易所需的回應時間，並根據其發現而設計新的攻擊。

做最壞的打算

那麼，我們該如何準備因應這種可能性呢？首先，我們真正需要做的第一件事是理解安全是以一個非常重要的流程為中心，稱為「變更控制 (Change Control)」。我沒有在流程的章節中討論變更控制，因為我認為它更適合在探討安全的章節中說明。什麼是變更控制？它的功能有多重要？它與安全有何關係？變更控制是記錄整個系統中每項更動的概念，我曾多次進入金融機構，那裡沒有任何變更控制。沒有變更控制流程的癥狀是，當某些事件發生中斷時，你不知道是因為什麼而導致中斷。更重要的是，異常發生就不可能檢測到，因為沒有某種基線 (Baseline) 可供對照。對營運系統 (Production System) 或接近營運系統的任何更改，都必須經過變更控制流程。

在你的企業中，此流程像什麼呢？這裡有一個範例模型。假設在週三，你需要修補或升級網路銀行伺服器，因為是提供此伺服器的供應商所提出的要求，或可能是自家企業撰寫的軟體需要進行更新，也許只是想添加新功能。因此，一個變更控制委員會將允許提出這個變動。

無論是誰負責這件事，一般來說是數位服務領域的人，此人將向變更控制委員會提出請求。委員會將在正常流程中審核該請求，並與產品負責人合作，了解變更的潛在影響。這意味著變更可能涉及的所有系統都被記錄在案，而且同樣重要的是，企業中每個可能受到這個變更的部門都會接獲通知，他們都有機會對即將發生的變更提出意見或問題，這代表著所有變更將在最終實施之前進行規劃、測試、評估和審核，變更控制流程最重要的部分是記錄如何從變更再復原回原狀。

　　我來舉個例子吧。多年前，在我以前的公司為網路銀行業務設計第一次多因子驗證(Multifactor Authentication)時，我們建置了該產品，然後一切看來都很順利。但是隨著時間過去，我們開始看到一些負面的影響，那時我們不知道這些異常與此一變更有關，我們看到的是無效登入或登入失敗的次數正在攀升，到了某一天，它開始呈幾何級數增長。在研究此問題時，我們檢查日誌和統計資料，並追溯至起始日。當我們查看變更控制日誌中的起始日時，我們看到某人或我們的小組已經對多因子驗證身分實施了新的更改，這導致了間歇性異常，這也是最難追蹤的問題。透過使用變更控制，我們知道問題所在，我們把所做的事情恢復原狀，系統即恢復正常。那時候，我們檢視所發生過的事情，然後我們將更改重新放回，提交它，修復問題，然後再繼續。假使我們沒有記錄當天前後所做的每一項更動，那麼就很難理解，到底是什麼導致問題的發生。

　　大型數位系統是出了名的複雜。它們必須有相應的文件，更重要的是，所有更動都必須詳實記錄，還包括非軟體系統的更改。例如，某人進入並更改了諸如路由器或防火牆之類通信設備上的設定，就應該在變更控制流程記錄這項變更。變更控制流程的另一個價值是防止相互影響。例如，同時更改網路銀行平台和防火牆並不是一個好主意，這是簡單的常識，如果某件事在此流程中發生中斷，你將不知道是哪件事導致問題的發生。因此，藉由使用此變更控制流程來記錄變更請求後，它們將被正式提交委員會，然後委員會將其納入規劃階段並進行審核。他們還簽署同意測試計畫，也包括簽署同意復原計畫。在此之後，它被安排時程並執行。這是安全最重要的面向之一，因為駭客在沒有變更控制的企業中蓬勃發展。這意味著如果沒有關於變更控制的流程或管理，駭客就會透過找到設定不善的系統，發現駭入企業的方法。這些設定不良的系統通常會留下漏洞，

使其能夠危害你的平台。「變更控制」將幫助你解決此問題。

因此，當我談論安全性時，喜歡做的事情之一，就是說故事。我相信這些故事對於理解為何需要建置完善的安全流程非常有用。我要告訴你的第一個故事是發生在一家金融機構，當時我還是個年輕工程師，我們已經安裝了可能是最早的網路銀行平台之一，而這個平台是由我們自己開發的。

某天，我接到一位非常沮喪的先生來電。這位先生告訴我，他每天都會被鎖在我們的網路銀行系統之外。每天，他的帳戶都無法使用，因為有其他人反覆嘗試使用它的帳號，然後都沒有使用正確的密碼。該系統的安全功能之一是任何帳戶多次登入失敗後將被暫停使用，在那個時期，我們還沒有一個流程，例如透過電子郵件向你發送新密碼或向你的手機發送密碼等，甚至連短訊 (SMS) 都還無法用來解鎖密碼。這位先生唯一的方法就是打電話給我們的客服中心來解除鎖定，才能恢復使用他的帳戶。如果碰巧發生在週末或客服中心未開放的時段被鎖住，他就得等到下一個工作日。毋庸置疑的，這讓這位先生非常沮喪。我向他保證，會立即調查這個問題，因為他暗示由於所碰到的問題，因而認為我們的系統不夠安全。

我做的第一件事，是從其試圖登入的時間開始檢索日誌。在當時，我們並沒有大型的統計分析系統來查看所有登入日誌。我們的伺服器硬碟上紀錄了大量文字檔案，你的職責是搜索這些文字檔案以找到某人登入的證據。所以，如果有人遇到問題，你必須檢查並找出此人是登入三、四台網路銀行伺服器中的哪台，然後檢查這些日誌。日誌可能有數十萬則條目要搜索，就只是為了查找此人的單個日誌。再者如果客戶每次登入時都感到受挫，他們可能會試著用不同的電腦登入。所以，我和我的員工開始研究日誌以釐清發生了什麼。

首先我們注意到的是，某個系統或是某人頻繁地登入他的帳戶。事實上，我們的第一個懷疑是，它是某種程式工具 (Scripted Tool)，因為登入的時間非常一致。唯一質疑之處是不管誰試圖登入都不知道密碼，這人會很快地嘗試三次，然後就不再嘗試。在當時，我們並不是使用用戶名，是採用帳號登入。我的第一個懷疑是在某處有一名客戶，其帳號接近那位沮喪客戶的帳號。而那人錯輸密碼且嘗試登入三次。但是這人會在早上起床嘗試，在午餐時嘗試，並在晚上像設定了鬧鐘一般再度嘗試。

在分析日誌後，我們確定大多數嘗試都來自同一個網際網路協定 (IP)位址。當時，查找網際網路上擁有 IP 位址的人，並非易事。但我們與電信公司 Verizon 合作，確定了這個 IP 位址的來源，我們發現它來自一家企業。我覺得有足夠資訊聯絡這個客戶，向他解釋發生什麼事。於是，我打電話給投訴的先生，說：「先生，我相信有人有你的帳號，或是相近的號碼。每天他們會嘗試登入而且都失敗了」，我說：「而且巧合的是，這個人要麼在這棟樓裡工作，要麼住在這棟樓裡」，我一說出建築物或是那棟樓裡的公司，這位先生立刻沈默了。我說：「先生，你還在線上嗎？」，他說：「我知道發生了什麼事」，我說：「先生，如果你能告訴我，將有助於防止發生在別人身上」，他說：「我前妻在那棟樓裡工作」。所以，這是我第一次遇到數位破壞行為 (Digital Vandalism) 的經驗。他的前妻每天起床，去上班，喝杯咖啡，打開我們的網站，輸入先生的帳戶號碼，用錯的密碼試三次，因為她知道這會鎖住帳號，並激怒他。在那之後，先生就會打電話給我們的客服中心，解鎖他的帳戶。她從午餐回來或者在辦公桌上吃午飯，她會再次這樣做。她登入三次，鎖住他的帳戶，然後繼續她的一天。最後在她睡前，她會再做同樣的事。幾個月來，她一直在重複這個過程。那麼我們能做些什麼來阻止這個問題呢？

這件事讓我們建立了早期的安全功能之一，用意在允許客戶封鎖特定 IP 位址使用該帳戶。事實證明，這是一個非常有用的功能，沒多久我們開始看到來自國外的攻擊時就派上了用場。我們現在可以透過將他們的 IP 位址添加到我們的資料庫中來封鎖整個國家。例如，如果你不住在巴基斯坦，那麼你從巴基斯坦登入網路銀行的可能性就不大。仔細想想，這對金融業來說並不是什麼新鮮事。我們多年來一直在信用卡授權作業以同樣的概念運作。如果你從未在巴基斯坦使用過信用卡，最好在去之前先給銀行打電話，否則你的信用卡在巴基斯坦會無法使用。為什麼不為我們的數位產品做同樣的事情呢？

燕子行動 (Operation Ababil)

2012 年，金融業經歷了首次全面性攻擊。官方公布的原因是 YouTube 上的一段影片，它描繪了先知穆罕默德。由於穆斯林信仰禁止描繪先知的形象，一群穆斯林極端分子或網路恐怖分子要求從 YouTube 上刪除所有名為「穆斯林的無辜」的影片。

從 2012 年 9 月 18 日起，他們發起「燕子行動 (Operation Ababil)」，並再次開始攻擊美國銀行 (BoA) 和紐約證券交易所 (NYSE) 等，以報復 YouTube 影片。攻擊事件持續不斷：9 月 19 日，他們攻擊了大通銀行 (Chase Bank)。9 月 21 日，他們同時攻擊了許多金融機構。9 月 24 日，針對美國農業部攻擊。9 月 25 日，他們搞垮了富國銀行 (Wells Fargo) 的網站幾乎一整天。

在這一連串的攻擊中，參議員約瑟夫・利伯曼 (Joseph Lieberman) 在一次錄音採訪中告訴 CSPAN（有線衛星公共事務電視網），指出：「我不認為

這些駭客只是那些技術嫻熟，可能導致這些網站中斷的駭客。懷疑應該指向伊朗革命衛隊，一支稱為聖城軍 (Quds Force) 的特別部隊」。

分散式阻斷服務攻擊

10月2日，分析師發現了一套令人難以置信的「分散式阻斷服務 (Distributed Denial of Service, DDoS)」工具包，據悉該工具包是針對美國銀行、大通銀行、富國銀行和 PNC 銀行攻擊的幕後軟體。該工具包能夠同時攻擊網站基礎架構，用數以百萬計的資料包淹沒目標，從而癱瘓他們為客戶提供服務的能力。這些攻擊在 2012 年進行了一整年，並延續到 2013 年。這些攻擊是分散式阻斷服務攻擊，或者如我所說，只是關閉網站為客戶提供服務的能力。然而，有人認為這些網路攻擊中都是干擾，它們的建立是為了分散金融機構安全團隊的注意力，使其無力關注駭客真正的目的，他們的真正目的是從銀行偷錢。因此，當整個企業的工作人員都在努力處理網站癱瘓和回應數千個有關數位服務關閉的詢問電話，而網路罪犯卻正在從帳戶中偷錢，他們知道沒人會有機會仔細查看轉帳交易的實際檔案。

2012 年 10 月 15 日，美國銀行、大通和花旗銀行被告知他們是網路攻擊計畫中的目標。初步清查，有 26 家銀行和信用合作社遭殃，據說有 100 多名罪犯是網路犯罪組織的部分成員。截至 2013 年 3 月，金融業取代政府成為網路犯罪分子的首要目標。其中幾起 DDoS 攻擊伴隨著嚴重的病毒。從一家名為 Aramco 的公司傳來的故事：

沙烏地阿拉伯石油公司 (Aramco) 被感染的 3 萬多台電腦變得無法使用，必須更換。想像一下，如果是你的企業受到這樣的病毒攻擊會發生

什麼狀況。這種名為「西蒙 (Shamoon)」的病毒是一種休眠的病毒，進入 Aramco 的每台電腦上傳播病毒，並被其中一名安全專家發現。當安全專家研究這種病毒時，他無意中向他所察覺到的網路犯罪分子提供線索，網路犯罪分子啟動一個名為 Wiper 的程式，該程式同時一次銷毀所有 3 萬台電腦上的所有資料。我無法形容這個情況，3 萬台電腦資料瞬間立即全部刪除。想像一下，如果這發生在你的金融機構。[1]

2013 年聖誕節前夕，加州一家地區金融機構的網站遭到網路攻擊，此次攻擊有效分散了銀行官員對其客戶線上帳戶被接管的注意力，使網路盜賊們竊取超過 90 萬美元。

事實上，我們現在看到的是不同的組織合作共同完成這些類型的攻擊，因此，我們可以採取一些措施來降低風險。首先，必須跳出安全反應小組的角度來思考。我建議，每家企業須成立兩個分別單獨的事件應變小組。指派事件應變小組一，負責處理出現的任何威脅問題或中斷狀況，就 DDoS 攻擊案件來說，事件應變小組一將與安全供應商和其他顧問合作以阻止攻擊。同時，事件應變小組二則完全不參與當前受攻擊的系統，而是專注於企業的目前的運作，在安全檔案和傳輸檔案中查找異常情況，他們將特別檢查資金轉移，以確保攻擊事件不會分散人們的注意力以造成其他損失。

事情發生時要害怕，但當事情進展順利時更該擔心

2007 年，大型零售商 TJ Maxx 披露，駭客已經入侵其系統並竊取了超過 1 億張信用卡資料，使其暴露在欺詐中。與此同時，TJ Maxx 透露

1　Tim Wilson, darkreading.com.

駭客已經進入該網路將近兩年了。主要的駭客艾伯特 (Albert) 當時是特勤局的臥底線人，匿名是「蘇普納茲 (Soupnazi)」。他利用一種名為「駕駛攻擊 (Wardriving)」來執行入侵，獲得進入 TJ Maxx 公司網路的機會。Wardriving 在筆記型電腦中，尋找可被駭客入侵的 Wi-Fi 網路。當時的 TJ Maxx 使用無線加密協定 (Wireless Equivalent Privacy, WEP) 網路協定來保護其無線網路。WEP 在 2001 年已被破解，但 TJ Maxx 在 2005 年仍然使用此網路協定保護其 Wi-Fi 網路。岡薩雷斯 (Gonzalez) 和他的小組透過 Wi-Fi 輕鬆滲透到網路中，透過竊取 TJ Maxx 用戶的憑證，然後在網路中升級他們的權限。一旦獲得足夠的使用權限，他們在零售商的大型主機上設定帳戶，並開始透過查閱發送給銀行未加密的檔案來收集信用卡資料，岡薩雷斯和他的駭客組員輪流管理這個帳戶。

接下來，令人更感興趣的地方，為了將被盜的信用卡資訊發送到他們的伺服器必須傳輸超過 80GB 的資訊。由於 TJ Maxx 防火牆參數設定不當，駭客必須修復網路上的問題，以便能夠傳輸如此大量的資訊。他們還必須關閉所發現的一些後門，這樣其他駭客才不會進入並拿走他們收集的資料。駭客入侵 TJ Maxx 網路超過 18 個月，在此期間，他們必須盯牢事情，以防止 IT 人員發現問題，和無意中發現他們的使用權限，或關閉犯罪活動所需區域的使用權限。他們開發一個通訊系統在被駭的系統裡為彼此留下加密訊息，以確保每個人都知道最後一個人做了什麼。

我知道許多技術長在系統中看似隨機發生的異常事件時，就會開始緊張，他們經常驟下斷語，認為有人試圖侵入他們的系統。這也許是真的，但我也會擔心，根據 TJ Maxx 事件，當時系統看起來運作十分正常，因為優秀的駭客最不想做的事情就是透過在系統中觸發警報來引起人們的注意。那些想要執行分散式阻斷服務或破壞網站的破壞性駭客會留下他們的

印記，但這些只是蓄意破壞者；然而，真正的網路竊賊，實際上想竊取金錢或其他有價值資訊的罪犯，將盡其所能地不留下任何痕跡或觸發任何警報。所以，當事情發生時你不必驚慌失措，反而應該擔心系統是如何神奇地自行修復，如果你的用戶突然能夠進入以前無法使用的網站，或者如果防火牆問題導致無法傳輸大量檔案的異常狀況，卻突然自行修復，而且你找不到任何人知道它為什麼突然開始正常運作，那麼我會更加懷疑是否有駭客入侵。

安全是一個創新的過程

一些最有價值的創新可以而且也應該是和安全相關的。例如，之前提到的那位憤怒前妻的故事，導致一個允許金融機構客戶封鎖從某個 IP 位址進入的功能。對客戶來說，這是一個非常有價值的功能，因為隨著時間過去，帳號盜用變得越來越普遍，雖然駭客最終開始詐騙位址，但我們這方面的措施，將使他們轉向它處。安全創新將繼續向前推展。

一些最困難的數位化過程多與資訊安全有關，例如：美國聯邦金融檢查委員會 (FFIEC) 要求金融機構遵循登入必須有多因子驗證機制的規定。在數位化時，這過程對客戶來說很不方便，相對今時的駭客技術也是無效的。當你試圖趕快完成事情時，卻必須回答像「誰是你第一所學校的老師？」和「你最喜歡的寵物是什麼？」等問題，往往讓人很不方便，尤其是如果你沒有先設定這些問題與答案。我不知道你的情形如何？我是不知道我妻子最喜歡的老師的姓氏。那麼我們將何以視資訊安全為未來的創新？我相信安全的進化，將圍繞著人工智慧和密碼學建立。

事實上，金融機構用來抵禦這些新攻擊與駭客所採用的人工智慧是相同的。例如，以稍早提到的臉書聊天機器人實驗為例，一個聊天機器人在協商遊戲中與另一個聊天機器人對陣，以確定兩個聊天機器人或人工智慧機制是否可以相互協商。與這兩個系統的互動方式大致相同，我相信防禦型人工智慧機器人將在未來保護我們的數位系統。這些人工智慧機器人將從針對它們的攻擊中學習，並且制定自己的反制措施，並建立自己的對策。隨著開始建立自己的訂製對策時，他們還將與其他金融機構防禦機器人合作，從其他機構遭遇的攻擊經驗集體共同學習。透過合作，我們將為打擊網路恐怖主義和網路罪犯創造更強大的防禦能力。

如果要在更危險的數位環境中取得成功，我們將需要重新審視安全的範例和傳統的安全觀念。長期以來，數位安全一直都是圍繞城堡方法論設計。城堡保護著皇冠上的珠寶，並用高牆、護城河、鱷魚、士兵、熱油和巨龍構築防禦工事，每個防禦工事都是為了負責在前一層防禦工事失敗時接手保衛的工作，這種設計的缺陷在於其假設沒有人能夠破壞城堡，因為所有防禦系統同時失效的可能性很低。在城堡警衛的主管不知情之下，由於城堡的國王喜歡舉辦派對，在派對期間，幾乎會讓城堡裡的任何人參加，在這些聚會期間，有時他會命令警衛升起吊橋並關掉警報，這樣他的朋友就不會因為過度的保安而感到不便。然而，國王的敵人密切監視著國王和守衛的習慣，最終再利用人為錯誤進入城堡並竊取珠寶。

城堡式方法極易受到人為錯誤的影響，因為所需要的只是一個未經修補的系統缺陷，駭客們就能輕易進入。我們如何能有不同的想法來防範呢？我們必須假設城堡將被破壞，因此，儘管資產落入罪犯之手，資產仍受到保護，這就是密碼學的用武之地。如果所有資產都受到高級密碼技術的保護，那麼罪犯們是否能夠得到它並不重要，因為他們無法使用這些資

料。這表示我們不需要鱷魚、護城河、吊橋或龍來保護我們的資料。我聽到你的質疑：如果有人拿到鑰匙解密所有東西，怎麼辦？我們需要改變思維，不應該有一個加密金鑰來解密所有資料。反之，我們應該允許會員們對自己的資料進行加密，並透過分散式帳本的特點，可以利用一個金鑰管理系統，允許我們能夠在所有客戶中分配金鑰。有了這個機制之後，駭客就必須要危及銀行的每個客戶，才能讓資料變得有用。我稱此法為「藏珠於明處 (Hiding in Plain Sight)」。

艾可飛 (Equifax) 資訊外洩事件

以 2017 年 9 月報告的 Equifax 資訊外洩事件為例。Equifax 是一家信貸機構，從銀行和其他信貸來源收集資訊，因此擁有數百萬人的大量資料。該聲明所呈現的是，美國超過 1.43 億人的資料被竊，其中可能有他們的姓名、社會安全號碼、生日、地址、甚至內含照片的身分資料，如護照或駕照都被竊取。

在撰寫本文時，該次攻擊的性質尚不清楚。不過，我敢打賭 Equifax 並非完全有錯。許多人認為當這些資訊外洩事件的發生是由於疏忽或缺乏資訊安全措施，然而，其實我與這些企業合作過，他們在安全性的捍衛方面非常努力。單純的事實，應該是城堡式方法註定失敗，因為有更有效的現代化工具可供駭客利用，不過如果 Equifax 採用密碼學方法並對資料個別進行加密，那麼即使駭客有使用權限得以侵入，也無法利用這些資料。

此外，城堡式方法還導致最大的城堡成為攻擊目標，在這種情況下，與其他組織相比，駭客可能願意花更多時間侵入 Equifax，因為他們清楚地知道，攻擊這個平台將帶來比任何其他組織更多的收益。Equifax 公

司從全球超過 9,100 萬家企業獲得資料,所以,與其攻擊 9,100 萬家企業,為什麼不集中攻擊一個資料集中的地方就好?身分專家菲爾・溫德利 (Phil Windley) 是 Sovrin 基金會主席,也是楊伯翰大學 (Brigham Young University) 的企業家講師,他這樣解釋著:

> 只要我們堅持要建立有價值資料的巨大蜜罐,駭客就會繼續瞄準他們,而且由於沒有完美無缺的資訊安全機制,駭客終究會成功。電腦安全很難實施是由於電腦系統是非線性的,小誤差會造成巨大損失,這使得故障點難以檢測,因為這些故障點通常並不明顯,但是當獲得的利益如此巨大時,駭客們就有很大的動機去尋找它們。[2]

除了密碼學之外,還有別的方法嗎?好吧!如果一個集中的資料庫會吸引駭客,那麼,將分散式資料庫視為更好的方法就很合理,其中真正的挑戰是迄今為止,尚未有良好可實用的分散式資料庫技術。然而,事實證明過去九年來,在加密貨幣時代,分散式資料庫技術實際上已經以比特幣的形式存在。同樣重要的是,移除相關的識別符號 (Identifiers),如登入名稱、信用卡號碼等。這些識別符號讓其他人可以將你與你的關係相連結。例如,如果登入帳號始終為「CryptoGuy2477」,則 Google 和其他網站就能夠使用互相關聯的知識,使用你所搜索的歷史記錄來確定你是誰和身分。同樣的,比特幣平台的基本技術也能夠防範此一問題,與分散式的網路一樣,分散式的識別符號也能做得到。

談到網路恐怖主義,如果我不提及所有金融機構都屬於美國國土安全部制定的美國國家基礎建設保護計畫範圍,那將是我的疏忽。事實上,金融機構屬於確定受政府保護的 16 個關鍵基礎設施行業之一,金融服務業同

---

2 Phil Windley, www.windley.com.

樣適用。財政部被指定為金融服務基礎設施的行業特定專責機構，試想如果網路罪犯能夠破壞民眾與金融機構之間的信任會發生什麼情形？舉例來說，如果你不相信查到的餘額是多少。【編註：缺乏這種最基本的信任，幾乎所有的金融交易都會癱瘓】一種普遍的攻擊意圖是打算進入和修改分類帳 (Ledgers)，但這方式並非每個人都會注意到。大多數金融機構的構想已經轉向在現行的基礎設施之間，複製分類帳，以獲得更高的可用性。

這種防範手法的缺點是，如果駭客進入並攻擊一個系統，對幾十萬個帳戶做一些細微的更動，其實沒有人會注意到。隨著時間過去，這些錯誤和更動將被複製到其他系統。最終，金融機構再也無法從備份去除由網路罪犯造成的更動。這種方式將打擊客戶對金融系統的信任，並且可能造成經濟災難。

那麼，這對你有什麼意義？這意味著金融機構在資訊安全方面正受到嚴格的監管審查。因此，很容易認輸並屈服於企業內部的壓力，特別是內部資訊安全部門，會迫使他們出於資訊安全考慮而反對創新方案。然而，儘管這似乎是一個資訊安全的審慎做法，但這也可能讓企業喪失競爭機會，面對資訊安全的挑戰，不應該一味地說不。真正的挑戰在於如何創造一個環境，讓安全小組參與所有新功能和創新方案，並創造一種鼓勵他們找到解決方案並降低風險的文化，而不是成為專案中的阻礙者。

安全是一項關鍵功能，必須在所有專案中占有一席之地。話雖如此，安全部門也應該有制衡機制，以確保它不會延宕專案進度。我認識一位有超級創新精神的安全官員，她不會因安全考慮而阻止新的構想，會積極與團隊共同合作，提出解決安全問題的方案。我認為，根據安全專家所推出的想法來執行專案是很有用的，領導階層應以連貫一致的流程和創新來衡量安全部門。創造性思維將成為未來安全專業人士的熱門特質。

在開發你自己的平台時，資訊安全其實又有全新的意義。當一家機構在內部開發產品時，雖然員工需遵循許多監督程序，但有些步驟在專業的金融科技創新公司行之有年的程序，在內部開發專案時卻常常被忽視。隨著金融機構持續完善其開發能力時，應注意三個重要的安全考慮因素：

1. 由於內部正在撰寫的程式碼將暴露於一般的網際網路，因此執行程式碼審核至關重要。

2. 任何產品首次發布之前，應完成 Web 應用程式和網路滲透測試，並修正所有問題。

3. 任何產品或專案上線前，應進行壓力測試，尤其是當專案執行出現效能延遲問題時，更顯重要。

我曾與許多信用合作社執行長和資訊長討論過內部開發，他們引用安全性為首要理由，不允許員工內部開發直接服務客戶的產品。他們擔心如果軟體發現漏洞，無法指責他人而是自己的錯。這些信用合作社寧願選擇他們信任的供應商採購軟體；但即使從供應商處獲取軟體，其實也無法確定系統內是否存在漏洞。

重要的是，應該有一個流程來審查你所使用的軟體平台的資訊安全，無論是自行開發或從供應商處採購，對所有平台進行風險評估也很重要，萬一發生駭客入侵事件時，才能知道可能造成什麼損害。

擬定情境應變計畫

擬定一些應變計畫是對於數位安全觀念進行學習和思考的好方法。接下來是一些受到關注的情境，在某些情況下，還有些稀奇古怪的情節。

▶ 情境一：美國國家安全局後門事件

如果某天早上醒來發現你的金融機構被列在維基解密的美國國家安全局 (National Security Agency, NSA) 已經獲得後門使用權限的機構名單上，會怎麼樣？

最近，我有幸參加在葡萄牙里斯本舉行的 Temenos 社群論壇。這個大型會議的焦點議題是「真實世界的金融科技」，專門為國際與會者量身設計。某天下午尋找座位準備用餐時，我加入一位獨自坐在圓桌旁的紳士，從交談中，得知他來自杜拜的一家銀行。

我立刻感到有點尷尬，不是因為他說了什麼，而是因為維基解密剛剛透露美國國家安全局，也就是美國政府的資訊間諜平台，已經駭入杜拜的一個集團，此集團為該地區的銀行提供快速 SWIFT 支付服務。我納悶他對此有何想法，以及如果情況是相反的話，被駭入的是美國公司我會有什麼感受。從理智上，我明白我們倆都沒有參與駭客行動，但在國外對所遇到的人，我們就像是自己國家行為的具體化身。我們愉快交談，但此話題卻從未被提及，縱使這個想法一直縈繞心中。

設想一下，在你的金融機構非常糟糕的一天。

如果某天早上醒來，在新聞中發現自己機構的名稱該怎麼辦？以下是執行長或技術長可能的表現。想像在明亮而陽光明媚的早晨，像往常一樣開車去上班，思考著今天的工作。你的手機開始瘋狂地嗡嗡作響。你很好奇，但安全第一，所以你停下車來查看訊息。首先知情的可能是你的行銷團隊，因為他們設定一個谷歌警示來提醒該機構的名稱是否突然出現在網路上，他們已經留下語音郵件和轉發連結。閱讀一兩篇文章後，你知道你的系統有一個「後門」，美國國家安全局一直用它來監控一些客戶資料。

這個後門被稱為「零時差 (Zero Day)」，是一種常被駭客和像美國國家安全局這樣的組織所使用的方法，因為像微軟之類的軟體供應商尚不知道此類漏洞，因此從未修復它。微軟通常依靠白帽子駭客社群來找出漏洞並提供修補程式，當邪惡的個人或國家公務員發現了後門，沒有報告它或與其他任何人分享此漏洞資訊時，它就是零時差，直到被軟體公司或白帽子發現。

　　現在你知道你的系統有後門，更重要的是全世界都知道。順理成章的第一步是堵住美國國家安全局進入的漏洞。從表面上看似乎很簡單，因為維基解密網站記錄了這個問題。然而如果你曾經查看過維基解密的大量資料倒出 (我曾經做過)，你就知道找到必要的資訊並非易事。你可能需要使用 Torrent【編註：在網路上分享檔案的一種格式】來下載關閉漏洞所需的詳細資訊。同時，你的客服中心被客戶電話擠爆，他們想知道自己的帳戶是否遭到危害。你是否用這理由來安慰你的客戶「放輕鬆，這是美國國家安全局，他們致力於保護我們的安全」？這種安慰方式在某些客戶可能行得通，但幾乎可以確定的是無法一體適用。

　　接下來，情節將變得越來越複雜。你確認美國國家安全局已定期監控某些客戶的帳戶和購買情況。你告訴客戶了嗎？美國國家安全局在監視他們，有合理的理由嗎？你是否需要調查客戶，以確保你進行了適當的審查 (外國資產控制室 (OFAC)…等)？美國國家安全局打電話給你了嗎？如果你收到國務院的一封信，指示你不要通知你的客戶，那該怎麼辦？如果遵循其指示，你的整個客戶群可能認為他們的帳戶已經被洩露，並失去對機構的信任。

　　當你的團隊正在仔細研究細節以確定根本原因和全面影響時，大家也都好奇誰的資料被駭客入侵以及如何被攻擊，新聞機構也正按著 LinkedIn 的

工商名錄，撥打所有與你的金融機構相關的人，試圖找到誰願意接受訪問。

　　同時，還有日常的銀行業務要執行。好消息是你的 IT 團隊中有人解決了這個難題；壞消息是這次駭客攻擊涉及一個關鍵的軟體，若無微軟的幫助，這個軟體將無法修復，當 IT 部門與微軟通話時，其他人則轉向確定重要業務到底發生在誰身上。

　　還有更多的好消息和壞消息：微軟已經設計了一套替代應急措施，但需要四天的時間來編碼和建置。現在你面臨兩難的抉擇是，讓你的銀行網站繼續營運，但留下這個讓美國國家安全局進入，同時在駭客社群已眾所皆知的漏洞，或是讓你的客戶在較長時間內無法使用銀行網站。順道一提，你的安全團隊在你的網站和行動網站上檢測到大量可疑流量，發現駭客正在使用報導中美國國家安全局所使用的後門漏洞，試圖危害你的銀行，⋯請做出決定。

　　你選擇關閉你的網站。然後，客服中心正在崩潰，媒體攝影車正在停車場守候，你蜷縮著躲在休息室裡。

　　面對此情境，你要如何因應？從資訊安全互助網站 (Companion Website) 下載情境應變方案表格。

▶ 情境二：勒索軟體事件

　　2017 年 5 月 12 日，來自世界各地的用戶醒來發現他們的電腦螢幕上有一則訊息 (請參見圖 8.1)。

圖 8.1 加密勒索軟體訊息

　　世界各地的醫院、銀行和其他大型企業均反應，他們的電腦受到了勒索病毒軟體的影響。事件超乎尋常的轉折是，一位名叫馬庫斯・哈欽斯 (Marcus Hutchins) 的安全研究員，網上亦被稱為 MalwareTech，在審查惡意軟體的程式碼時，意外地發現了緊急停機開關而阻止了攻擊。據哈欽斯說法，在審查程式碼時，他發現了一串 URL (網域名稱) 清單，在研究時注意到其中一個沒有註冊，在註冊此 URL 後，惡意軟體停止工作，這是非常幸運的，因為勒索軟體 (恰如其分地命名為 WannaCry) 感染了 40 多萬台電腦，其中 98% 安裝 Windows。 駭客們要求 300 美元或 0.1 比特幣 (BTC) 來

解鎖該電腦。安全專家對這種病毒進一步分析，揭露了一個事實：在該系統所引起的事件中，駭客們並未預期能夠獲得所有比特幣 (事實上，據多數專家所稱，只有約 300 人支付了贖金)。[3]

那麼，如果你明天醒來，接到安全團隊的電話，稱 70% 的系統都被勒索軟體鎖定，即使還原備份也至少需要一天的時間才能恢復營運狀態呢？你會如何處理這樣的事件？付錢嗎？向大眾承認你的系統已被攻擊？假如連自動提款機也在受感染的系統之中，甚至現在仍會受到攻擊，該怎麼辦？

▶ 情境三：網路基礎設施攻擊事件

2015 年 12 月 23 日，駭客進入烏克蘭的三家能源配銷公司，並暫時中斷其服務。超過 23 萬人在此年最寒冷的夜晚之一，卻無法取得供電。一些客戶經過了 6 個小時才得以復電。這些攻擊被追蹤到是俄羅斯聯邦擁有的 IP 位址。就像電影情節一樣，電力公司的經營者報告說，他們的滑鼠指標自行移動，當他們看著控制滑鼠的人關閉數十萬人的電源時，他們也無能為力。

人們普遍認為這只是此類攻擊的開始。引起關注的是他們切斷電源，但大多數主要的金融機構都擁有備用電源。假如駭客專門針對金融業，在黑色星期五【編註：美國聖誕節購物活動開始的第一天】中斷支付系統會是什麼樣子？如果 VISA/MC/Discover 在 12 月 23 日突然間暫停工作，會如何？

3　Jonathan Crowe, "WannaCry Ransomware Statistics：The Numbers behind the Outbreak," Barkly (May 2017), https://blog.barkly.com/ wannacry-ransomware-statistics-2017.

▶ 情境四：物聯網破壞事件

物聯網 (Internet of Things, IoT) 裝置的興起，帶來了新的安全威脅。舉例來說，2016 年 10 月 21 日，網際網路經歷有史以來最強的頻寬攻擊。一家為網際網路上許多最受歡迎的網站維護其網域名稱系統的公司遭到分散式阻斷服務 (DDoS) 的攻擊，其基礎設施遭到超過 1.2 兆位元組 (TB) 的流量攻擊。這次 DDoS 攻擊的強度是網際網路歷史記錄上任何一次攻擊的兩倍。[4] 除了是最強大的攻擊之外，加上持續攻擊，它癱瘓了 Twitter、Netflix、Reddit、CNN 等其他大型網站數個小時。我必須說，看到像 Twitter 這樣的網站從網路上消失是令人不安的。如果鍵入其網域名稱，它看起來像一個不存在的網站，甚至連錯誤頁面都沒出現。事實證明頻寬和可持續性的結合，比當時可用的任何防禦手段都要強大。

物聯網攻擊之所以更引人關注，因為其攻擊方法是使用包括成千上萬的物聯網裝置，如網路攝影機、恆溫器、DVR 播放器和其他支援網際網路的產品。科技業中的物聯網設備劇增，從冰箱到餵鳥器，所有應用都以創新的名義連結到網際網路。遺憾的是在急於開拓市場的過程中，這些產品的眾多製造商似乎並不視安全問題為其優先考量，因此駭客們能夠攻占成千上萬的裝置，在取得控制權後轉換狀態發送訊息，癱瘓許多主要網站的關鍵基礎設施。當裝置未經同意而被接管並用於不正當目的時，該裝置被稱為殭屍電腦 (Bot)。當你有大量可以從單一來源控制的裝置時，它被稱為殭屍網路 (Botnet)，也就是一個命令與控制平台，允許某個犯罪分子可以從單獨的控制台操縱數十萬台電腦，僵屍網路在網路犯罪世界中被認為非

4　Nicky Wolf, "DDoS Attack that Disrupted Internet Was First of Its Kind in History, Experts Say," The Guardian (October 26, 2016), https://www .theguardian.com/technology/2016/oct/26/ddos-attack-dyn-mirai-botnet.

常有價值，可以透過購買或租用僵屍網路來執行各種行動，如發送垃圾郵件、傳播勒索軟體或 DDoS 攻擊。

至此次攻擊之前，還沒有人看過專門由物聯網裝置組成的殭屍網路。對此次攻擊的分析表明，專門用來控制物聯網裝置的新殭屍網路控制台，稱為 mirai（日語為「未來」），回想起來，能夠提供高頻寬的小型裝置將成為駭客攻擊的高價值目標，已經相當明顯。大多數專家認為，這將不會是我們最後看到的此類攻擊。

這些是你需要設想的情境，我已經注意到金融機構將這些裝置放在他們的分支機構和總部。假設發生另一次攻擊，並且發現攻擊中涉及位於防火牆內的某些裝置。一旦發現這些裝置是攻擊的一部分，你接下來會如何行動？

章節回顧

★ 數位安全並不存在任何堅不可摧的措施，你必須設想，你所做的一切都可能被駭客入侵攻擊。

★ 對每種產品進行風險評估或風險審核。風險評估還應包括，當產品或平台受到攻擊的恢復計畫。

★ 員工必須能輕易取得有關企業裡所有風險控制的檔案。了解流程的工作原理非常重要，因為有這層理解，就可以對流程進行弱點稽核；如果沒有適當的檔案文件，將永遠無法對其進行全面的滲透測試。

★ 常見的安全風險來自四個來源：政府監控、勒索軟體、網路基礎設施弱點和物聯網。

PART
4

人員
People

第9章

數位變革與每個人有關

　　數位化成功的重要關鍵之一是整體企業對數位化的投入。 一般銀行或信用合作社的某些部門在數位轉型方面往往被忽視，即使他們自認其基本功能與數位轉型似乎不相關，但每個部門在轉型過程，其實都有可發揮作用的角色，這些重要的部門應該考慮以下情事。

人力資源部門

▶ 遠距員工 (Remote Employees)

　　人才並非全由自身企業所培養，我發現規模較小的機構在聘用遠距員工上碰到困難，但不幸的是，這經常導致更多農村地區性的企業無法順利吸引他們需要的人才，因此，想要在數位轉型過程中倖存下來，企業就應該考慮如何應對那些可能每月或甚至每年才進一次辦公室的遠距員工，以下是一些必須克服的挑戰。

「無法有效管理遠距員工」

在前一章中我從經理的角度討論了這一點，然而，從人力資源部門的角度來討論，也同樣重要。當經理確認是具有價值的資源，並允許員工遠距工作時，就應設置遠距管理員工的機制。在這種情況下，建議人力資源部門考慮尋找遠端管理軟體，允許經理能夠在工作日查看螢幕截圖，並追蹤遠距員工的工作時間。

「我們提供的福利僅適用於本地」

這是經理聘用遠距員工面臨的另一個常見問題，即使人力資源部門和直屬經理們同意，但下一個挑戰就是將福利擴展到遠地的員工，為此做好準備，人力資源部門應與其福利提供者合作，實施任何地區都可使用的彈性醫療保健選項。

「遠距員工難以融入團隊」

另一個問題是，像企業文化相關活動、福利、甚至簡單如記住他們的生日等，遠距員工常常被排除在外。我們應該盡可能使用電子郵件、視訊和其他技術將遠距員工納入相關的活動中，例如，如果有全體員工會議，則應邀請遠距員工參加；如果不符合經濟效益，請使用視訊會議將遠距員工包含在內，最好的方法是將兩者混合在一起進行某些活動，並提供視訊服務。

「員工處於不同時區，在我們需要時無法待命」

就某些特定工作，可能需要遠距員工隨時待命，有幾種辦法可以解決

這個問題，第一個也是最直接的一個，就是要求員工調整工作時間以配合公司需要。由於他們在家工作，所以有更多的彈性，在某些情況下，我也會考慮在非工作時間雇用員工的概念，例如，西海岸的一家公司就發現，東海岸的一個有價值的團隊在下班後可為其工作，因為東海岸比西海岸提前三個小時，因此在西海岸工作開始之前，已經可以完成很多事情；相似情形，如果你需要晚些時候完成工作，東海岸公司可能發現西海岸的一個團隊，可以在東海岸團隊下班之後接續工作。大型金融機構已經克服這個問題，因為他們通常在不同的時區設有辦事處，但我發現中型機構就很難接受這個概念。重要的是，在安排會議之前，請先考慮一下時區問題，當要求遠距員工在西海岸時間早上 4 點 30 分和東海岸時間 7 點 30 分參加會議，就會令人備感掙扎，我建議為員工開設課程，應該對時差有敏感度。

▶ 工作評估

數位時代的工作績效評估將與今天提供的傳統評估不同，正如在文化那章所述，公司績效評估與企業文化保持一致非常重要。如果你正在努力促進協同合作，那麼評估個人目標將適得其反，績效評估應該要反映員工的工作環境，追求組織敏捷性的企業將希望獎勵協同合作、包容度和參與感。

▶ 職涯規劃

試圖進行數位轉型的金融機構中，我看到的最大挑戰之一是職涯規劃 (Career Paths)。通常像資料分析這樣的部門是逐步形成，而不是被直接規劃出來，這種發展通常涉及聘請一人擔任企業中的新職位，並安置此人在最合適的位置。最終，隨著職位和價值的發展，企業決定將該領域正式

化為一個部門，然而，在這個運作模式的演變中，很可能會不小心傷害員工，有時甚至會對企業造成傷害，新職位往往成為優秀員工走向凋零萎縮的地方，因為企業中大多數成熟部門都有明確的職涯規劃，但這個新職位卻沒有，因此員工缺乏明確的目標或期望。

人力資源部門必須在各部門職位填補之前做職務研究，並為每個部門制定其職涯規劃。技術人員希望知道他們在公司中的升遷路徑，如果該部門有明確的職涯規劃，並且與員工清楚地溝通，將有助於激勵和團隊合作。為此，我強烈建議人力資源部門拜訪其他高技術密集型行業，並盡可能檢視其企業組織架構，拜訪擁有程式設計部門或技術部門的較大型銀行，人力資源團隊將可以獲得寶貴經驗。

▶ 獎勵和薪酬

在技術領域，獎勵措施是一項有價值的資源。我曾經向我的員工提出 1,500 美元的挑戰，看誰能建構在 Xbox、Apple TV 或任何支援電視串流裝置上使用的財務應用程式。不到一週的時間，有位員工提交一個財務應用程式，可以顯示餘額歷史記錄，並在 ROKU 上顯示支票圖像 (ROKU 是一種常見的電視串流裝置)。你應該從沒經歷過在 55 英吋 4K 電視上看到一張支票圖像吧！我面臨的難題是，該如何讓這個人得到報酬，因為人力資源部並沒有為此做任何準備；我知道我們有這樣的預算應付此類的事情，因為我已經為這挑戰預留賞金，但沒想到的是，人力資源部必須要使用 1099 表格才能提供這項獎勵【編註：1099 為美國報稅表格】最後，我只好給這名員工 1,500 美元的 Visa 禮品卡。人力資源部門應該鼓勵創新，與部門主管合作制定獎勵計畫，允許部門能夠激勵員工、提供獎勵和促進創新。

　　針對技術人員的薪酬計畫，在財務領域變化非常迅速，我見過許多金融企業流失優秀的技術人才到其他行業，因為其人力資源制度跟不上市場競爭。對於希望成為科技公司的企業而言，監控與你的技術職位相關的市場並保持競爭力，非常重要；金融企業經常掙扎該如何應對此問題，因為相較其他技術領域行業，金融業技術架構是非常靜態的，許多公司提供薪酬調查服務，因此我建議至少每年一次檢視技術部門的薪酬。

▶ 招募

　　招募頂尖技術人才，是我認為金融機構最需要改善之處。幾乎所有與我合作過的金融機構，技術人才都是從企業裡技術領域的管理者所招募，這當然不是世界上最糟糕的情況，但它確實會影響這些管理者的日常職責。人力資源部門應考慮與大學、技術學校、工作坊 (Maker Space) 以及其他可以培養技術人才的領域結合成夥伴關係。對於希望作為一家技術公司開展業務的企業，還應考慮設置招聘技術人才的職位，這位招聘人員應瞭解需要的技能組合，在人力市場上為技術部門尋找具足夠才能者進行第一階段面試。

▶ 培訓

　　《銀行保密法》(Bank Security Act, BSA) 培訓在金融企業中從未如此重要。在當今世界，網路罪犯比過往的任何時候，都更常瞄準金融機構的員工，因此，員工有必要瞭解在日常工作中，駭客會用來對付他們的技術。例如過去我的安全人員在員工停車場裡隨機扔下 USB 隨身碟，看誰會撿起它們，然後放進工作電腦裡，或是用一個模仿執行長發送的假電子郵件，夾帶病毒當附件，或是假裝系統管理員，打電話給員工，要求他

們提供密碼，以此測試員工對於社交工程 (Social Engineering) 的警覺。我在這裡提出的觀點是，光有 BSA 是不夠的，像所有與安全相關的法規一樣，我認為金融機構應盡可能地設定更高標準的要求。最近我看到的一件事是，網路罪犯越來越頻繁透過使用病毒電子郵件，寄發給特定員工系統作為攻擊目標，讓駭客能夠遠端控制他們的系統。我被問過很多次，他們怎麼知道目標對象是誰？簡單透過 LinkedIn 搜索目標為銀行或是信用合作社，就能為駭客提供眾多目標，即使他們的電子郵件未列在 LinkedIn 上，但也不難瞭解某個企業的電子郵件模式。例如，如果執行長的電子郵件是 Jsmith@bigbank.com，而你的目標名稱是 Jane Doe，那麼 Jdoe@bigbank.com 很可能就是其電子郵件地址。我建議，金融機構要求有重要使用權限能轉移資金的員工不應該在社交媒體上透露姓名和資訊，這些威脅在未來幾年很可能持續升級，加強人力資源部所製定的培訓計畫，相關課程將在員工應對這些攻擊方面，發揮關鍵作用。

在培養技術人員方面，訓練完全涉及的是另一個層面。雖然像會計和風險這樣的角色每年都會不斷演變，但它們的發展速度並不像現時科技發展的速度這麼快。技術人員持續需要定期接受新平台、新典範 (Paradigm) 和新服務方面的培訓。遺憾的是，這類培訓並不便宜，因此我發現，大多數員工的技術領域最終要不就是自我學習，又或是為課程自掏腰包完成培訓。在這兩種情況下，一旦員工掌握新技能，他們往往就會離開原企業，因為這通常是因為他們自己的努力，並沒有得到企業的回報，再加上企業沒有提供職涯發展機會的培訓，所以就缺乏留下來的動力，千禧世代高度重視培訓發展，並尋求能夠提供完整職涯發展資源的企業。

好消息是，在不破壞銀行規定的情況下，現在有很多方法可以做到這一點。我的公司就擁有某些線上訓練網站使用權限並鼓勵員工使用，像

Lynda.com 或 udemy.com 等網站正是絕佳資源，提供員工學習新概念、探索新平台或精進企業目前使用平台上的技能，能讓員工使用它的關鍵是方便，而且提供時間給他們使用，並確保進度。我還認為，所有員工都應該能夠直接訂購技術書籍，且無需向管理階層提出要求，像是有許多網站就允許你盡可能下載更多的技術書籍，建議提供員工像 KOBO 這樣經濟實惠的電子閱讀器，允許他們下載大量技術書籍，並得以隨時隨地使用，員工的技能將得到快速提升，企業也將獲得回報。鼓勵員工培訓的最後一種方式是，給予員工時間參加專注於他們特定技能的團體在本地舉行的會議。例如，如果你的企業已選擇將資源移至 Azure 或 AWS 等雲端服務供應商，可能就會有討論這些平台的小組會議，提供你的企業從這些會議中所形成的關係中受益。事實上，它也可以作為一種招募來源：如果你想找到行動開發人才，就應該去行動開發者常閒逛的地方，或者更直接地為行動開發者成立一個地方去逛，讓他們自己來找你。(後續將詳細介紹)

▶ 著裝守則

當金融界向千禧世代示好時，面臨的另一個挑戰是對於他們的穿著要求。下一代的程式設計師和技術專家不理解，領帶如何使他們成為更好的員工。事實上，他們一再被教導不要以貌取人，再加上他們是習慣於個性化所有東西的一代，無論是從手機到汽車。然而，大部分金融機構的資訊長很難不注意到整隻手臂紋身和戴著擴耳耳環 (在人們耳朵看到的大圓圈，順便提醒，如果要他們把它取下來，情況會更糟)，對於一直講究西裝革履的銀行業，的確是很大的衝擊。然而，金融科技公司 (爭取頂級科技金融人才的最大競爭者)，並不在乎你是否穿著短褲和背心工作。事實上，他們為自己悠閒的工作環境設計感到自豪，而這也是他們招募員工的賣點。

　　這裡有幾種解決方案，其一是把開發和程式設計團隊安置到別處。當你閱讀下一段「設施 (Facilities)」時，你會發現支援技術人才和開發團隊所需的工作空間不同，或許值得你一試，創造可以翻新改造成技術實驗室的空間。終究，如果他們需要在總公司參加一兩次會議，或者參加高階主管會議，你頂多只要讓其中一、兩個人盛裝出席即可。另一個選擇是以約聘方式雇用這些人員。我去過很多城市，在同一個園區裡有金融機構，也有家科技公司正等待被收購，買下既存文化並將其融入你的企業，而不是嘗試從頭開始創建科技公司。最後一種選擇是，允許部分員工每週在家工作幾天，我發現大多數技術人員都可以在家工作，他們很高興有機會度過一天不會被其他員工打擾的日子，然後他們在家裡可以隨意穿。

設施 (Facilities)

　　這可能有點微不足道，但工作空間對你的企業影響蠻大的。例如，一間充滿高牆和封閉式隔間的辦公室，不會發出協同合作的尖叫聲。我們生活在一個站立式辦公桌、高端耳機、多螢幕和開放空間的世界。重要的是，要了解你辦公室的設施設計，將成為影響文化的關鍵驅動因素。

▶ 工作空間

　　過去十年來，科技工作空間背後的思維已經發生變化，從高牆的小隔間到隨時隨處移動以適應新專案的開放式木製辦公桌（像在蘋果商店看到的那樣）。開放式會議區域、白板從天花板延伸至地面，內置充電器傢俱的個人休息區已經是科技公司的新常態。如果金融機構想要競爭，就應該設計能夠更加方便運用科技的工作空間，但面臨的挑戰是，這種方式卻在其

他部門效果不佳。會計人員不會想要一張大木桌，要並坐在自助餐式的桌子上並肩工作，他們通常偏愛高牆小隔間和檔案櫃。最大的挑戰，就在於如何將這些設施混搭一起。

新環境設施在敏捷式開發的環境中非常重要，在新科技公司中，開發領域是靈活彈性的，可以根據需要進行重組，如果你的下一個專案需要二名開發人員，一名使用者體驗專家 (UX professional)、一名專案經理、一名敏捷教練 (Scrum Master) 和品質保證 (QA) 人員，這個團隊可能就需要重新組合工作空間，以便他們在整個專案開發過程中能夠坐在一起。品質保證人員在場可以即時回饋開發人員的工作，開發人員與使用者體驗專家併肩而坐，他們可以回答有關系統未來如何運作的問題，專案經理和敏捷教練可以持續追蹤專案，這將縮短開發時程，提高工作效率，並培養專案的團隊思維。在這種環境下，開放區域可用於即興會議，因為靈活的空間不適合機密會議，如果使用者體驗專家和敏捷教練需要聚在一起，最好是有小會議室，裡面有玻璃牆 (順道一提這很重要)，白板從地面延伸至天花板，這是他們理想的工作空間，玻璃牆可以讓你的團隊知道某人在哪裡，但封閉式會議室會向技術人員傳達這是機密會議的訊息，不利於促進合作，因此，擁有一個開放的環境非常重要。

▶ Wi-Fi 系統

親愛的金融機構，拜託好好想想你的 Wi-Fi。我曾經拜訪過一個又一個企業，那裡的 Wi-Fi 真是災難。在技術人員中，Wi-Fi 被視為笑話，它太慢、太累贅以致無法使用，或者是被鎖住而無法使用。我了解，Wi-Fi 一直是個安全問題。然而現在是 2018 年，我們已經克服了這些問題，如果你要擁有靈活彈性的工作空間，那麼完善的 Wi-Fi 系統是絕對必要的。

此外，我並不是說你需要安裝一個不太安全的 Wi-Fi 系統。我想說的是，你需要花錢才能沒有收訊死角，而且有一個良好的安全設備，既可以保證生產力，又可以保護企業。對於一個技術性很強的人來說，沒有什麼比無法獲得他們完成工作所需的資源更讓人沮喪，這樣的情況向他們傳遞一個資訊，說明企業並不瞭解他們做什麼，否則，他們應該擁有這些資源，這會讓人覺得公司並不重視技術人才的想法。如果你打算外包，Wi-Fi 也很重要，我看過一些情況，約聘人員坐在那裡，按日或按週計薪，而他們卻在等待安全部門授權他們使用所需的資源，以完成他們被聘僱的工作，這導致成本超支、專案時程延遲以及後續為了追趕專案進度而造成更多的錯誤，糟糕的 Wi-Fi 系統將讓你和你的員工付出代價。

▶ 設備

我曾經目睹程式設計師在他們的筆記型電腦或個人電腦上按下建置程式 (build) 鍵，然後離開 30 分鐘等待建置完成。當我問他們為什麼發生這種情況時，他們告訴我，他們的機器配備的是 i5 處理器，或者它的 RAM 很小。這總是讓我困惑，為什麼有人聘請頂尖的科技人才，但卻提供他們次等的工具來工作？這再次向程式設計師傳遞一個訊息，說明企業不理解他們在做什麼或是他們如何做。這有點像雇用木匠，但不買鋸台、釘槍或工作需要的任何其他工具。隨著新平台的發展，如區塊鏈、人工智慧和機器學習等，IT 專業人員所需的設備處理能力將翻倍，我寧願為所有技術人員購買筆記型電腦，以便他們可以隨身攜帶裝置在異地工作。一個好的策略是每年將技術人員的使用設備輪替到其他部門，以便不斷升級 IT 的裝置，處理此問題的另一種方法是，將整個開發環境移至雲端，其中開發平台可以放置在雲端，並且可以更有效地擴張處理能力。當一個專案中的特

定開發人員或技術專家需要更多的處理能力時，系統管理員可以為專案分配更多的處理能力，而不需要昂貴的升級，或者設計可供全體員工使用的程式建置系統。這裡的重點是，不要削弱你技術團隊的力量，不要低估技術專家使用功能不足的系統來完成工作的挫敗感，這將導致他們最終的離開。

▶ 聯誼會

當我的孩子還小的時候，我和我妻子鼓勵他們的朋友來我們家裡盡情地玩，我們的想法是，如果他們在我們家，我們知道他們在哪裡，同時也確保安全。我認為同樣的方法也適用於吸引企業的頂尖人才，如果你已經為科技建構了一個完善的工作空間，那為什麼不允許與你的企業協同合作的外部技術小組使用它 (當然前提是要有適當的安全性)。在之前提到的範例中，你的企業可以每月舉辦一次會議，因此技術專家們能夠體驗你的文化和設施，再次補充，這將可能是一個很棒的招募工具，也是吸引客戶的絕佳途徑。

會計：軟體折舊

軟體和基礎架構設備廠商的會計專家已經採用了多種技術，將金融機構投入在技術和開發專案的成本資本化。第一個與如何將軟體開發資本化有關，我在本章節的開頭即聲明我不是有執照的會計師或會計專業人員，因此我建議你就這些概念徵求專家意見，而我將分享我過去與之合作的會計師，他們如何將軟體開發和其他技術資產資本化。

這些方法分為三個不同的類別：一是內部開發銷售給其他企業的軟體；二是內部開發的軟體，僅供企業單獨使用，無意出售或將其商業化；和第三類，網站開發。每種方法的第一步，就是確保軟體的版本化(Versioned)。該版本將確立截止點，並表明何時對軟體進行重大更改。例如，如果你建構一個名為 TellerMagic 的櫃員平台，那麼該軟體將被資本化的第一個版本是 1.0.0 版。其中第一個是主要版本，第二個被視為次要更新，第三個則被視為修補，對於這三個類別的重要理解是，你只能對一開始的主要版本進行折舊攤提。因此，如果你發布 TellerMagic 1.0.0，然後發布 TellerMagic 1.1.0，則資本化週期不會重新開始。但是，如果你發布了重要升級，並將其命名為 2.0.0，則可以將其作為新產品或流程，進行資本化。

「重要 (Significant)」一詞在此非常重要，因為你不能發布主要版本，就只是為了對你的軟體進行重新資本化，重要版本發布應包括新技術，有大量的程式碼進行了更改。一旦產品投入生產，你就無法將建立次要更新和推送修補程式所花費的精力進行資本化，有很多會計師告訴我，這是保守原則，事實上我也只見過運用這樣方式來資本化成本。我相信應該有其他更積極的做法，但就目前所知，外部審計人員對於這種保守的做法並沒有任何意見。

如果你的企業正在考慮設計軟體，並將其轉售給其他企業，則須應用特定的會計規則，使你的企業能夠將開發費用資本化。這種方法的關鍵是軟體的功能定義清楚，已經對其進行風險和可行性審視，企業對於是否擁有足夠開發該軟體的資源進行審核。軟體的行銷成本、維護成本以及測試成本都應予以資本化。企業需要為任何開發提供詳細的文件，其中包括資本化作業中所涉及投入資源的具體時間和工作。此外，通常可以將生產率

百分比應用於這些類型的程式設計工作，這意味著程式設計師不可能一天8小時都在設計程式，因此許多企業會將程式設計師的工時減少25%，以彌補使用廁所、開會和其他非程式設計的活動。審計人員對這樣的做法也是贊同的。

如果你的企業正在設計的軟體僅在企業內部使用且不對外銷售，那麼你只能將開發的工作資本化。在正式營運系統中的專案開發、設計、維護和投入全都是費用不能資本化，如果有資料轉換，則轉換成本無法資本化，但如果你購買工具來幫助進行轉換，則該工具可以資本化。在此模式中，唯一可以資本化的是為設計軟體而實際進行的程式設計工作。一旦軟體投入正式營運，其他所有東西都無法被資本化。

網站開發是最後一種類別，其資本化流程與內部軟體開發非常相似。該模式的不同之處在於，圖形開發和設計作業可以被資本化，因為它被認為與程式開發類似，包括建構網站而進行的程式開發連同伺服器或託管平台，以及網域名稱註冊，都可以一起被資本化。

文件製作在每個類別中都非常重要。管理團隊需要提供程式設計實作規範、專案管理、風險評審以及能夠證明投入資源的相關作業流程。因此首先要確保你的科技領域是以一種可以提供此類文件的準則在營運。一家正在轉變為科技公司，甚至準科技公司的金融機構應該開始考慮這些會計慣例，以確定透過將其開發專案資本化可以獲得哪些收益。

章節回顧

★ 突破數位僵局，需要跨部門的人員努力。

★ 僵局通常出現在人力資源、設施和會計方面。

第*10*章

誰能突破僵局

　　任何企業最重要的層面來自人員和文化，人員是突破僵局的關鍵，然
而遺憾的是，他們卻也是最可能在未來某個環節造成阻礙之所在，來自許

多可能的原因，他們可能害怕風險、或許他們可能未被授權、或者更糟糕的可能是超出他們所能理解的範圍，在不斷發展的數位化世界中，需要以正確的方式組織人員，盡最大的努力來爭取成功的機會。

突破企業數位僵局的第一步是評估與數位化相關的組織圖，此評估的目標是確認目前誰在負責推動你的線上產品。多年來，許多科技或線上產品常被交由那些現在未必合適，但當時看來恰當的部門負責。例如自動提款機被放進支付部門，網路銀行業務常常在 IT 部門中出現，甚至有時放在行銷部門，而現在分析人員似乎被迫擠進會計部門。

暫時安放一個新的、新興的或不斷發展的通路或服務在最接近的部門是可接受的權宜作法，但必須對其進行審視以確定它是否已值得擁有自己的部門。這樣的做法往往導致專案負責人難以獲得所需的資源，也難以被其領導階層理解，例如：如果每次分析人員需要新工具（這是一個不斷演變的競爭領域，因此每天都會出現新工具），他們都必須解釋該工具怎麼有用，並得向三、四個不同的人說明準備如何去使用它。最終他們會離開你的組織，如果他們不離開，要麼他們真是個好好先生（稀有人類），要麼就是找不到其他工作的次級分析師。一個真正的專家不喜歡一再向那些不明白自己試圖解釋什麼的人說明工具的需求。他們希望領導階層瞭解他們的需要，並與他們一起工作，他們通常對自己的工作充滿熱情，並且在被妨礙從事自己的工作時，會感到士氣低落。我想講得明確一點：並不是說，分析專家應該在沒有監督的情況下，全權處理他們想要的所有事情，只是說領導階層應該要能夠理解他們所說的內容，而且知道如何評估請求。

突破僵局的第一步是評估組織圖，以決定誰正在負責你的數位化產品。圖 10.1 是在許多銀行和信用合作社常見的從上而下組織圖。

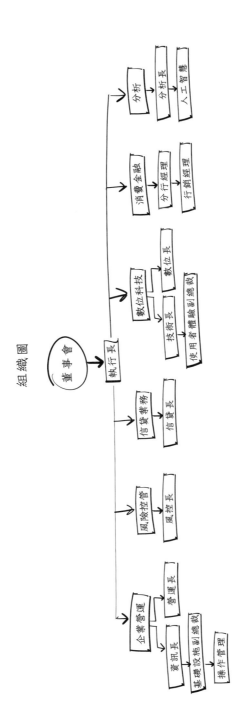

圖 10.1 高階主管組織圖範例

組織圖中常會缺少許多職位，其中最常缺漏的是數位長 (Chief Digital Officer, CDO) 和分析長 (Chief Analytics Officer, CAO)。通常我被邀請審查這樣的組織時，我會很快地發現這些角色並不缺漏，它們只是隱藏在各個部門中。例如，數位長可能隱藏在技術長的組織裡，或者分析長隱藏在財務長的組織裡，甚至隱藏在行銷部門中。一旦我們追蹤這些角色的職責時，常常發現他們有嚴重的人手不足情況，而且人員未被賦予足夠的權力或能力，一個 21 世紀的組織圖必須有能夠直接向執行長報告數位化服務和分析的角色 (和職位)。

人員問題的常見徵狀

▶ 缺乏一致性

假如你可以透過網路銀行在線上支付貸款，卻不能透過行動 app 應用程式支付，這通常是因為沒有人整體監督數位平台的發展，以及隨著金融機構系統的發展，進行規劃跨通路的整合。數位長應該在金融機構的所有領域間巡視，確認所有部門採購或建置的系統都能支援數位交易。如果不這麼做，就會導致一種稱為功能癱瘓 (Feature Paralysis) 的僵局狀態，許多人在他們的組織中經常遇到這種情況。功能癱瘓的僵局是，即便看似簡單的交易，如信用卡或貸款等支付，你就得等待系統開發廠商做好某個功能後，才能開始進行另一個類似的功能。尤其重要的是，你的客戶不明白為什麼會是這樣，到了某個時點他們就會離開該機構，選擇另一家能提供數位化同步服務的機構。

▶ 成本和時間超支

專案執行時間延長和專案成員擴增，迫使專案成本提高，在我們努力使專案恢復正軌時產生差異。

本質上，數位化產品往往傾向跨越組織的界限。以建立數位化信用卡代償 (Credit Card Balance Transfer) 流程的專案為例，該專案可能包括貸款、科技、營運、風險和稽核部門，在這種情況下，該由哪些部門負責？誰能為專案做出關鍵決策？理論上，這應該是貸款部門，因為此流程是一種信貸功能，但由於他們不太熟悉數位化流程，他們傾向於放慢節奏。根據我的經驗，由於貸款部門的慢節奏，通常是導致風險與科技部門間的爭論。風險部門盡其所能地試圖在流程中增加防護機制，科技部門則鼓吹令人興奮、覺得酷的創新技術。有時風險部門透過監管要求的議題而獲勝；有時科技部門透過創新繞過監管議題而獲勝。但終究沒有真正贏家，因為無止境的來來回回造成專案範圍變化，和時程不必要地膨脹，既增加開支又拖延企業在關鍵服務和功能的上市時間。

人力資源解決方案

要解決這些問題，你需要向你的人員傳達他們才是解決方案的核心。

▶ 數位長 (Chief Digital Officer, CDO)

當數位化專案已經缺乏一致性，而且成本或時間超支時，數位長是可以有所幫助的。數位長的職責是將類比流程 (Analog Processes) 轉換為數位化流程。數位長不僅是一名技術專家，深諳數位化使用者的體驗，且擁有

銀行業所有領域的背景。數位長負責企業各層面的數位轉型。在銀行業，我認為數位長主要應負有下列職責：

1. 設計、實施和監督整個企業範圍內的數位策略。

2. 主持一個由企業所有部門組成的數位治理委員會，包括所有採購、新產品、新交付通路和新流程。

3. 監督所有內部和外部的數位專案。

4. 在數位流程方面代表客戶在內部發聲，表達客戶需求。

5. 在產品特性和功能與上市時間之間取得平衡。

2012 年，顧能公司 (Gartner) 預測 25% 的組織應會擁有數位長。時至今日，我認為想要生存的金融機構 100% 都應該要有這項職位。很多時候，這項職位是由一位才華橫溢的 IT 專業人士擔任 (如：技術長或資訊長)，我認為這很好，但是你得找人填補他原本的職位，並讓此人在公司的決策上占有一席之地。讓某人執行 IT 工作，同時又進行數位創新是個雙重的挑戰，首先，IT 部門的工作包括更新系統和處理業務營運問題，有時這些工作可能與數位長的目標相悖，數位長主要的工作是嘗試引入新技術或流程，並讓各部門的數位化目標一致。再者，數位長需要在設定公司業務策略的決策上佔有一席之地，此人應位居企業的最高層級，透過展現與公司策略相符的數位策略，教育高階主管們和董事會；最後，此人必須與內部力量作戰，這股力量常可透過引用法規或其他手段來減緩或阻止數位化流程。

▶ 分析長 (Chief Analytic Officer, CAO)

另一個缺少的職位是分析長。此人負責將資料 (Data) 轉換為資訊

(Information)。 最初，你可能認為他是你可以塞進資訊部底下的另一個角色，或者甚至可能在財務長的組織部門中。 雖然這看起來似乎是明智之舉，但它會在組織進行數位轉型時，低估這個角色以及分析對組織存亡所扮演的重要角色。

就本質而言，數位化創造了大量有價值的資料需要收集和整理，每次客戶使用你的網站時，你的企業都可以獲得重要而有價值的資料。 你可以收集的資訊包括他們來自何方、他們以何種方式來到網站 (如手機或是電腦)、他們使用何種瀏覽器，甚至可以立即算出他們上次使用至今的時間。 想像一下，如果你試圖在實體分支機構中得到這些資料，你得讓某人坐在門邊拿著記錄簿或一台 iPad (如果用高科技產品)，當客戶進門時，對他們進行調查。「對不起！女士，您的車是什麼牌子？您來訪之前在哪裡？還記得您上次來訪我們的情形嗎？」貸款申請或網路銀行網站也能收集到不少資料。 行動 app 應用程式會產生數量驚人的資料，可供你的金融機構使用以發揮其優勢。 挑戰來自如何從資料中獲得資訊，這就是設置分析長的目的，透過收集、分類和分析你的所有資料，並將資料轉化為深刻的洞見，幫助企業改善對客戶的服務、提供更多貸款或尋找新客戶。 我經常發現，在向高階主管們解釋這點時，他們大多都會嚇一跳。 在他們心裡將分析人員的職掌視同於報告撰寫人的新名稱。 任何事情都離不開真相。 報告內含歷史資料，因此報告撰寫人就像歷史學家們一樣忠實的呈現過去發生了什麼。 一個優秀的分析人員將更像一個通靈師，利用資料做出驚人的預測，幫助你塑造企業的未來。 在銀行業，我認為分析長應主要負有下列職責：

1. 主持資料治理 (Data Governance) 小組。

2. 在資料中查找出可行的洞見。

3 負責專案的投資報酬率。

4. 審核所有新專案以決定資料的需求和機會。

　　那麼為什麼分析長需要自己的部門？這是個好問題。第一個原因是，該小組(注意我說的是「一組」，不僅僅是「一個人」)必須處理在組織中無所不在的資料。資料可能來自貸款部門、客服中心、催收部門、分行，甚至在員工的手機上，為此緣故，他們必須能夠跨越企業所有的界線以尋求獲取資料。

資料就是金錢 (Data is money)

　　資料就是金錢，這是一個簡單的事實。如果你現在放下這本書不再閱讀，你只要帶走這一個觀念，你也能變得更好。

　　在考量以上的條件後，當員工向你要求編列更多的預算以購買更高檔的儲存設備來保留資料時，你就會慎重考慮，因為清除資料，就像把錢白白燒掉一樣。你需要分析長的第二個原因是此人將成為你的商業策略的一部分，並將與你的數位長密切合作。這可能是數位計畫之所以成功或失敗的差別。

　　有一種思考方式是這樣的。假如銀行是一艘漁船，那麼開設分行就像扔出一張巨大的漁網。它的確能有效地捕獲很多魚，但也撈到很多靴子、舊輪胎等其他東西。此外，你無法確定所捕到魚的種類和品質。數位化就像用魚叉捕魚，潛入海洋尋找一種特別的魚，對你的組織來說更有價值。你捕十條這種特別的魚，獲得的價值就跟用漁網捕 30 天一樣，而且你的船工清理工作量會減少。(謹供參考，我絕對不是漁夫。)你的分析長將幫助

辨識你想要海中的哪種魚，在哪裡捕魚，需要什麼樣的誘餌，而你的數位長將去捕獲它們。

好吧，假設你相信我，但你只需搜尋一次谷歌或者詢問你的人力資源部門，就會發現這些職位要求的薪水都很高而且難以填補，結果你就暈倒了，還得由你的員工幫你甦醒。在你醒來後，你更意識到缺的不只是數位長和分析長兩個人，而是整整兩個部門，這使得費用比你腦中原本所想的更高。千萬不要害怕：這就是本書存在的目的。

如果數位長或分析長的職位對你來說昂貴，那麼將有協助企業逐步發展的服務和顧問，幫助你規劃數位策略。他們會在你的組織裡腳踏實地扮演他們的角色。我還是得說，它不像雇用全職員工那樣有效率，但總比什麼都不做來得好。這可能更具成本效益，因為你可以與其他企業分享這個通常是非常高級且合格的專業人士。其次，這些公司通常擁有必要的資源來支持這位外部顧問提供服務給你的企業。這種方法非常有價值，因為它讓你瞭解這些職位在組織內部如何運作，而無需立即聘用全職員工。你可以從這些小組的運作，得知在你的企業文化中，哪些方法有效、哪些無效，以及需要什麼樣的專業知識和程度才適合擔任這些角色。你也能發現自己的缺點。例如，代理分析長的顧問可能會來到你的高階管理團隊，報告你的資料不是可用的格式，並且在做任何事情之前，必須先清除和清理資料（就像魚的比喻）。是的，這些是他們真實會使用的詞彙。數位長可能會來到你的高階管理團隊，宣布許多系統還沒數位化，因為它們無法透過正常的數位方式存取，必須更換或改裝這些系統，以適應數位化生態系統。在聘用某人之前發現這些絕對是件好事（而且永遠是對的）。這些問題將由你的 IT 部門或負責這些系統的部門先處理好。如果你正在蓋房子，直到牆壁完工前，你不會把油漆工找進來，否則他們只會站在旁邊，收了費

但卻什麼事也不做。

如果你負擔不起聘請顧問的費用，第二種方法是自己培養。你目前的技術長可能是成為數位長的完美人選，甚至可能很想擔任這個新職位。但是你必須很小心，不要期望此人同時擔任資訊長和數位長，如果你打算在內部培養一位數位長，我建議你首先要告訴這個人，要找到人取代他們自己，也就是找到接班人。在第 1 章中，我提到了我在太陽海岸 (Suncoast) 的導師湯姆‧班尼特 (Tom Bennett)，他經常給我人生的建議。他給了我一個很好的建議：「如果你想前進，你首先必須做的就是找人取代自己。」，這與我當時的想法背道而馳。我全神貫注地學習新系統，使自己成為不可或缺的人，因為沒有其他人能做我所做的事。在湯姆給了我這個建議後，我意識到他是對的。第二天開始，我為想要學習如何在新安裝的網路上開設新用戶的人，提供即時課程。我覺得這讓人精神振奮，我享受教學，其他人也樂於學習。在那之後，我快速地晉升，這很容易，因為總有人對從事我以前的工作感到興奮。我鼓勵在任何一家銀行企業內都能有這種思維，特別是如果你想培養自己的高階主管們。這種方法的附加價值是在即將離任和新任的資訊長 (可能由將離任者所培訓) 之間建立凝聚力，從而培養他們之間更好的團隊合作。第二件事就是讓他們可以自由地購買書籍、參加線上課程、參加學術會議，學習成為數位長。當提出這個建議時，我經常聽到人們說，是的，但如果他們學成後，卻離開呢？我的回答總是一樣的，如果我們從不訓練，但他們卻留了下來怎麼辦？如果你對此還是感到擔心，可以採取一些措施來保護你的企業免於投資於個人卻只是讓他們被挖角的風險，例如：完成課程後提供獎金，或讓他們簽署文件，保證將至少留任一段時間。

最後，這是最重要的應辦事項，我發現在銀行業大家彼此都熟識，而且通常執行長和其他高階主管們都有朋友在其他銀行。所以請將這個人外派到其中一家你知道有良好數位化領導力的企業，讓他們花時間學習了解CDO 在該企業所做的工作。它甚至不必是一家銀行，事實上，如果你能接觸到不同行業的人，像是醫療保健或投資銀行，那就更好了。讓外派的人寫下他們的觀察報告，並要求他們記下可以在你的企業中應用的內容，當他們回來時，再與整個執行團隊一起審視。

一旦你培養了這個人，你可以開始讓他成為一人部門，並允許他們把自己的需求外包出去。這可能是非常符合成本效益的，還具有允許在工作中學習的額外優勢。例如，一個分析長可能需要一名資料科學家。如果你認為數位長和分析長是昂貴的，那麼請再谷歌一次資料科學家要價多少。好吧，我為你再次昏倒而道歉（我本該警告你的），但我想在你昏倒前看到你眼中的表情。是的，這些資源很昂貴，但問問你自己為什麼會這麼貴。我認為這是因為他們很值得，而且需求量很大。所以，這又是一次外包的機會，關鍵是要有一位懂得如何駕馭這個領域的人來經營。一個分析長知道該交由資料科學顧問處理哪些問題和關鍵事項。一個經驗豐富的數位長可以透過將數位化計畫外包給經驗豐富的公司來創造奇蹟，同時在組織內手把手地整合結果。

綜合以上所述，在數位轉型方面，我已經無法再更多地強調這些職位的重要性。你可以將這兩個職位視為你數位化未來的守護者。

章節回顧

★ 突破僵局的第一步是評估與數位化相關的組織，目的是確認目前誰正在推動你的線上產品。

★ 人員的僵局往往始於高階主管辦公室。數位長和分析長可以做很多事，讓轉型再次起動。

PART
5
文化
Culture

第 *11* 章

文化與創新

我從來沒有說過打算解雇 (Fire) 這個週末不工作的任何人，

我說的是將聘用 (Hire) 某人能在週末工作！

大多數科技書籍不會聚焦談文化，但我認為這種思維模式在數位化轉型進程中將會造成巨大的失敗。評估和調整你的文化是數位轉型過程中最重要的步驟，企業的文化將影響許多層面，例如企業接受創新的意願、企業適應變革的能力以及企業解決內部衝突的能力。文化也將決定習慣，企業的肌肉記憶 (Muscle Memory) 取決於你的文化，肌肉記憶是員工應付情況的直接反應能力。

例如，我曾經與一個有費用撤銷問題的企業合作過。客戶打電話給企業並要求撤銷費用，客戶服務代表 (CSR) 會根據企業的規定查看是否符合資格予以撤銷費用，客戶服務代表通常會拒絕客戶撤銷費用的要求，只有當客戶要求與經理交談，而經理否決客戶服務代表的意見時才幫客戶撤銷費用。經過一段時間，客戶服務代表意識到經理幾乎每次都會推翻他們拒絕撤銷費用的決定，便開始將接受撤銷費用的要求當成預設標準，這將造成公司收入損失。撤銷費用成為企業的肌肉記憶，因為這家企業的文化總是讓客戶予取予求。

文化是如何形成？

我發現金融機構的文化是建立在企業的頂端，並逐漸擴散到各個部門，有時會發生變化，通常在發展過程中會變得更糟，很像以前我們玩過的「傳話遊戲」，在遊戲中，某人在下個人耳邊竊竊私語一個故事，這過程將逐個進行，一直傳到最後一個人為止。此時，最後那人會重複他被告知的內容，並與最初的故事進行比對，當然，這兩個故事會大不相同。以下是金融機構發生類似情況典型的例子。

在高階主管會議中，執行長指示資深副總裁：按時在預算內完成專案，是非常重要的。

資深副總裁→副總裁：在預算內儘早完成這個專案是非常重要的。

副　總　裁→經理們：要不就是我們提前兩週完成這個專案並低於預算，要不就是需要考慮削減預算。

經　理　們→員工們：執行長希望我們這個週末全部都能來工作，直到我們完成這個任務。

好吧，也許未必都是那麼極端，但事實是，當經過整個企業層層指示後，溝通的內容會發生變化。人們對這些變化的反應，取決於他們過去經驗中的肌肉記憶。如果員工的經驗是，職務中的「每個專案」都被視為至關重要，必須盡早完成，而且必須在預算內完成，那麼他們最終會忽略急迫性，這形成了一直喊「狼來了」的企業文化。如果員工的經驗是當緊急溝通任務傳達下來時，應該認真嚴肅地對待，而且曾經看到有人因而被開除，那他們要麼全力以赴地完成工作，不然就是去尋找新的工作，正如你所見，當企業內進行全面溝通時，刪去過多中間人是絕對必要的。我過去工作的某家公司，執行長安裝了一整套的視頻系統，讓每個人每月一天提早到公司來觀看一個製作精良的節目，其中包括有關企業目標、目的和即將舉行活動的訊息，而最後總是以一段執行長談話做結尾。在 2008 年經濟低迷期間，這種溝通管道變得至關重要，因為透過這種媒介可以將企業團結在一起，引導我們度過非常動盪的時期，最後，執行長的直接溝通成為了文化的一部分，因為員工們感覺到他的平易近人，所以願意直接和他分享自己的想法與擔憂。

一個經常被忽略的推廣文化工具是「講故事」，故事是一個極其強大的工具，可以幫助員工瞭解企業如何運作，以及企業真正的價值主張 (Value Proposition) 是什麼。 例如：微軟公司，有很多關於比爾・蓋茲 (Bill Gates) 的故事經常傳頌和重述。 史蒂芬・賈伯斯 (Steve Jobs) 在蘋果公司和皮克斯公司幾乎擁有神話般的地位。 這些故事或寓言是企業面臨困境時的激勵因素，或在困難的情況下可以指引方向。 故事是一個比任何程序手冊或電子化流程都好得多的工具。 我有幸在信用合作社業界一些了不起的人身邊，聽他們分享許多發生的事情和如何處理這些事情的故事。 這些故事包括他們幫助的客戶、他們自己身處的困境、以及他們解決的問題。 正如前一段所提及，你的員工們需要一個能作為他們做決定的衡量基準，故事就可以幫助員工做決定。 就我而言，這些故事一直伴隨著我在整個職涯中，然後在類似的情況下，作為我自己決策的指導。

文化始於金融機構開門營業的第一天，例如，在企業的初始之際，文化往往圍繞著創始人的價值觀和道德來建立。 就像嬰兒出生即具備相應的基因一樣，草創期在企業的歷程中可能是一個非常動盪的時期，就大多數金融機構而言，有許多員工並不曾經歷創始期。 在企業成立初期，許多決策將永遠成為企業文化 DNA 的一部分。 例如，在金融機構模式中，是否支援商業帳戶 (Commercial Accounts) 的決定可以改變機構在文化上的發展方式。 從成立之日起，就支持慈善活動的公司更有可能擁有慈善文化。 這些價值是從企業頂端傳遞而下。 由高階領導層的行為模式將成為企業其他部門的準則，無論喜歡與否，如果你擔任領導角色，你的行為、決策和溝通技巧都可以作為企業其他成員的指引。 文化始終始於企業領導人。

文化的崩壞

　　文化可以隨著企業的成熟而發展，在危機時期，文化往往得到驗證，或在某些情況下被迫改變。在 2008 年經濟衰退期間，我親眼目睹深陷危機中一個令人難以置信的文化典範。我合作的一家大型企業正經歷經濟衰退帶來的艱困情況，並面臨著幾個選擇，其中之一是透過關閉分支機構，減少員工數量。在此期間，我經常與執行長對話，並見證他對辭退員工將如何影響企業今後文化的深切憂慮。他擔心此舉將違背家庭文化 (Family Culture)，而家庭文化是該企業價值觀和使命的核心，畢竟你不會在危機中停止照顧家人。最終，該企業找到了一種在經濟衰退中生存的方法，而無需關閉一個分支機構或裁撤一份工作機會。這一舉措充分說明了企業的文化，更重要的是向每位員工傳達了一個訊息，說明他們對企業的貢獻有多重要。

　　我經常看到金融機構陷入的另一種文化陷阱是銷售文化與服務文化的難題。「銷售文化 (Sales Culture)」是始終積極於銷售最新款產品的企業，常常以追求利潤為主要目標。「服務文化 (Service Culture)」是指以解決客戶問題為主要目標的企業。該企業認為，提供優質服務的結果，將引領客戶選擇與他們開展更多業務。這些方法都有各自的優缺點。但是管理不善的銷售文化可能導致類似最近發生的富國銀行事件，員工受迫為客戶開設虛假帳戶，因為他們無法達成銷售目標。管理不當的服務文化可能導致金融機構的員工由於想達成預期的服務文化價值而付出過多，直接影響獲利能力。

　　我認為這兩種方法都是新世界中的神話，良好的企業將會將銷售轉化為服務，反之亦然。這種文化的關鍵是確保該企業的道德羅盤指向正確的

方向。如果員工有一個衡量尺度可以用來衡量他們與客戶間的行為準則，並且衡量尺度是建立在為客戶和金融機構找到雙贏的結果，那麼該企業幾乎不需要建立服務文化或銷售文化了。但，這絕不會使企業失去衡量成功或失敗的能力，也不意味著沒有設定目標。簡而言之，它會使企業的目標與企業的價值觀調整一致。

文化與人才

　　為什麼文化對數位轉型如此重要呢？主要是因為，你的文化將決定所能吸引的人才類型，人們傾向在他們認為有歸屬感的企業工作。一個技術高超的人才可能會看這個企業的文化，是否適合工程師，是否適合那些以自己方式思考的人，考量該企業是否認同技術貢獻的價值。相對地，擁有技巧的銷售顧問不希望在沒有銷售價值的地方工作（例如，重視服務文化），也不會考慮應徵沒有銷售獎勵計畫的企業。

　　年輕的千禧世代們尋求他們認為自己相信的文化，能傾聽他們的意見，並樂意接納他們想法的企業。千禧世代擁有獨特的天賦能夠嗅出企業的虛偽。如果你的企業在所有部門中沒有一致的規則，千禧世代會認為這是虛偽的，並立即徹底摒棄企業的所有價值觀。

　　創新文化將吸引你企業的未來領導者，這些創新者將具有成長思維，不那麼創新的文化將吸引那些固定思維的人。固定思維的人喜歡穩定的環境，並尋找有嚴謹和固定的組織架構。他們對變革也極為抗拒，因為他們不相信自己能夠學習新技能。他們的信念是，自己要麼擅長某件事，要麼不擅長。成長思維的人認為，他正在不斷進化，並享受掌握新事物的挑戰。在目前不斷演變的銀行業環境中，固定思維的人沒有太多空間，因為

所有流程都隨著行業正進行的數位轉型而發生變化中。所以，問問自己這個問題：你 19 歲或 20 歲的孩子會想在你的金融機構工作嗎？這是個好方法來了解外部怎麼看待你的文化，你的外在品牌、技術和服務都將傳達有關你的文化故事，如果你仍然將筆用鍊條固定在櫃台的桌上，這向一般專業人士傳達一個訊息：你的企業尚未在文化方面有所進化。

　　進化是不可避免的，我曾與銀行業的許多領導人討論過，他們都曾因拒絕讓員工「在家工作」而痛失優秀的員工。在許多情況下，這些員工願意為可以在家工作，而獲得較少的報酬。當我質疑他們為什麼不能讓員工在家工作並留住他們時，他們表示由於他們認為在家工作的員工不如那些在辦公室工作的人那樣有生產力，或是人力資源或其他部門阻礙他們提供在家工作的選擇，在今日的世界，你可以同時與五個人進行視訊會議，共享螢幕，同時在文件檔案上進行協同合作，整個過程都是在安全的 VPN 或雲端系統完成。遺憾的是，許多金融機構還沒有接受這樣一個事實：企業的許多數位職位都可以由想留在家中工作的頂尖人才填補，其實，對於那些擔心在家工作的程式設計師或專案經理生產力的人，有一些工具可以透過不同的時間間隔擷取員工工作畫面並將其上傳到該員工的「工作日誌」來監控遠距員工的生產力，以便管理階層可以隨時查看其工作狀態。每週總工時 40 小時，每週 5 天、每天 8 小時、從早上 9 點到下午 5 點的工作模式，很快就會成為過去，知識型或數位工作者更可能分散在一週的不同時間裡工作 60 小時，他們會在舒適的家庭辦公室、路上或體育賽事中完成所有工作，因此，那些無法向員工提供這些選項的企業，將被高技術能力和廣受歡迎的人才視為不太理想的工作場所。

　　如果擁有創新文化對於吸引新一代領導者非常重要，那麼你如何去建立目前尚不存在的創新文化？發展創新文化的起步也是最重要的一步，就

是消除企業中「失敗就等於污名烙印」的觀念，一種不能容忍失敗的文化並不具有創新性，失敗是嘗試新事物的徵狀，更明確地說，我不是在討論容忍無能，而是不要懲罰那些因嘗試新事物而失敗的人。

▶ 以下是一些可容忍失敗的例子：

- 在 Reddit 上實施行銷活動，但未能達到預期目標。
- 在與工作人員進行研究後改變流程，期望能節省時間，但卻發現它增加了時間並且需要恢復原流程。
- 實施新的語音技術，但未能獲得預期的接受度。

▶ 以下是管理不善而失敗的例子：

- 在未完成測試的情況下更新技術，發現新技術與金融機構目前使用的軟體不相容，導致重大的服務中斷。
- 未與利害關係者商議的情況下實施新流程，期望節省時間，卻發現它不只增加時間，還必須恢復原狀。

最近，科技界出現讚揚失敗的趨勢。例如，最近成立一個小組名為 f--- up nights (你可以在 --- 填空，這是一本家庭圖書，所以不宜填上)，這個小組定期開會，透過失敗的分享，幫助其他人避免專案陷入困境的錯誤，並從別人那裡獲得如何擺脫失敗的建議。這裡是計算失敗容忍指數 (FTI, Failure Tolerability Index) 的好地方。

(我剛剛編造了這些，但我將註冊商標，所以別想偷用它。)

失敗容忍指數

　　要測定失敗容忍指數 (Failure Tolerability Index , FTI)，請回答以下問題。第一個問題是選擇題，其他問題則簡單地回答「是」或「否」。

1. 你最後一次嘗試了某件事但卻失敗了，是什麼時候是

　　a. 今天

　　b. 上個月

　　c. 今年

　　d. 超過一年

2. 你願意去找你的老闆並承認失敗嗎？

3. 你的員工或同事會願意與你討論失敗嗎？

4. 你的企業是否有正式程序來檢視失敗？

5. 你的企業是否有一個地方讓員工提出創新或想法？

計分說明：

　　第一題，請計分如下：

　　　a = 2 分

　　　b = 1.5 分

　　　c = 1 分

　　　d = 0 分

　　其他題目，請依下列方式計分：

　　　是 = 2 分

　　　否 = 0 分

　　　差不多 = 1.5 分

把所有的得分加總，計算你的失敗容忍指數。

完美的 10 分，代表一個非常寬容失敗的企業，因此可能非常具有創新性。5 分或更低的分數，代表一個不能容忍失敗也無法接受創新的企業。

《哈佛商業評論》一篇標題為《容錯型領導人》的文章描述了如何透過提出以下問題，來確定失敗是管理不善的結果，還是僅僅是單純的失敗：[1]

- 專案是否經過有關部門認真設計和審查？
- 如果更透徹的研究或者徵詢更多人的意見，失敗可以避免嗎？
- 專案的發展是否廣結眾人之力，還是拒絕聽取重要的意見？
- 企業中的其他人是否密謀毀掉該專案？
- 這個專案是否仍然朝既定目標邁進，或者已被某些人或特別的利益所取代？
- 在其他任何地方，是否有人成功實施類似的專案？
- 如果是這樣，你的金融機構專案與其他企業的專案之間有何區別？
- 在此過程中相同的錯誤是否一犯再犯？

你的失敗容忍指數與企業對待失敗的態度相結合，將成為創新專業人士用來衡量你企業的評價標準。一個創新的人，本質上想要突破文化的侷限，如果他看不到這種可能性，就會去找另外的工作。

1　Richard Farson and Ralph Keyes, "The Failure-Tolerant Leader," Harvard Business Review (August 2002), https://hbr.org/2002/08/the- failure-tolerant-leader.

創新文化的步驟

　　現在既然我們探討範圍已經涵蓋了失敗，那麼創造一種創新文化還需要做些什麼？下一步是，確認你是可以承認錯誤的，只要你有解決錯誤的計畫，即便是請別人幫助你也行。員工或職員們無論是自己解決困難的挑戰，還是透過谷歌、顧問、或其他方法來解決問題，應該都是企業中的英雄。快速發現問題並製訂解決計畫至關重要。請留意，我不是說要快速解決問題，而是製訂一個計畫。

　　具有創新文化的企業希望與消費者建立信任關係。消費者與具有創新精神的企業打交道時，會預料偶爾的失敗，若是企業能迅速認知這些失敗並有計畫地修正，消費者會非常的寬容。這是因為大多數人並未指望生活中的每件事都能很快地得到解決，但他們確實希望能夠清楚真相。如果出現問題，而該企業表示將在某個日期前解決，消費者將期待此解決方案，除非另外得到別的通知，否則他們將期待解決方案在你承諾的日期奏效。

　　創新文化教會人們在尋求幫助之前，不要在問題上糾結太久。我剛開始在電腦實驗室工作時是個煙槍，我曾遇過一個涉及我支援的大型 Novell 網路的問題。我出去抽根煙，然後回來馬上就能解決它。當時我既年輕又愚蠢，還以為尼古丁能刺激我的大腦，賦予我解決問題的力量。後來（我在 1995 年戒煙），我明白這與吸煙毫無關係，而是與願意暫時擺脫問題有關。當時，谷歌尚未存在，所以我真的沒有太多資源，只能靠自己解決問題。當今的世界裡，在你做其他事情之前，沒有理由不先使用谷歌之類的工具。如果日誌中有錯誤訊息，請用谷歌搜索尋找資訊！你在當地雜貨店購物結帳時，如果發生什麼怪事，請用谷歌搜索！如果你在專案中找不到問題的解決方案，請用谷歌搜索！不管你經歷了什麼，有很高的機率其他

人也都曾經遇到過，而且寫了一篇文章或者製作了一段影片來講述如何繞過它，如此其他人就不必像他們遭受一樣的痛苦。其實我不在乎你是用谷歌搜索、打電話給朋友、觀看茶葉【編註：西方世界的一種算命方法】一去逛公共圖書館找尋解決方法，對我來說你一樣是我心目中的英雄。事實上，你願意主動尋找答案，不是為了滿足自負而自己悶頭苦幹，甚至可以說是更了不起的英雄！

▶ 協同合作 (Collaboration)

協同合作是創新文化的第二重要因素。我曾在鼓勵各部門相互競爭的環境中工作，我發現那樣做適得其反。競爭的結果與促進協同合作相反，反而鼓勵保密、論斷、以及讓那些在競爭中被視為「輸家」的人沮喪。在那樣的環境下，合作 (Cooperation) 也是協同合作的敵人，因為它創造了一個交換條件的環境。當人們與其他人合作時，他們是為了實現自己的個人目標而合作，而不是為了共同的目標而集體努力。協同合作是一個分享成功秘訣的過程，並將最好的想法和流程複製到企業的每個角落。協同合作計畫代表跨部門和跨職能的計畫，將對整個企業產生巨大的影響。協同合作有時需要強迫發生。優秀的經理將促進協同合作，透過召開會議來分享想法，或創造數位化工作空間讓想法的交換可以更容易地發生。

促進協同合作的一個重要部分是讚揚特定人員或部門的成功時，必須特別謹慎。例如，如果經理稱讚某個部門在協同合作環境中取得了一些成功，而不認可其他貢獻者，那麼將有可能冒犯其他群體，最終將使他們退回到封閉資訊和想法的狹隘狀態。在這種情況下，最好是讚揚成功本身，而不是單一部門。成功應該歸功於整個企業。這不是「人人都能獲得獎盃」的時刻，而是認知到在真正的協同合作文化中，任何成功都是關聯到

整個企業文化的事件，有助於建立良好關係。在數位化環境中尤為明顯，因為改善的服務可能涉及企業中的多個部門。

協同合作另一個重要方面是避免考量階層關係，這意味著各部門成員可以自由地與企業中的其他人溝通，而不必擔心來自管理階層的報復。這是一項挑戰，因為許多經理們將自己的成功視為個人勝利而非團隊勝利。有這種思維的經理人通常是希望能夠歸功於他們，他們覺得如果成功專案的溝通不是直接來自他們的領導，那麼專案的成功便無法歸功於他們。領導者不應將專案個人化到非與之關聯不可的程度，以致無法客觀地看待領導者的價值，這是很重要的。當領導者堅持審查所有跨部門的溝通時，將變成企業中的瓶頸，想法和重要資訊在分享前，全都陷入等待管理階層審核的困境。當然，這並不表示管理階層不應被通知協同合作的進程。畢竟，你不能讓一半的客戶服務代表放下手邊工作，到催收部門學習如何處理一個取消贖回抵押品的貸款，你也不能讓五個櫃員中的三個離開櫃台前往另一個分行分享想法，而不通知管理階層。與任何其他活動一樣，協同合作應得到管理階層的核准，並在工作進度表中像其他任何活動一樣進行規劃。關鍵在於員工感覺到被授權分享這些想法，而不必畏懼需要撥出時間向他人展示或跟他人學習。

▶ 溝通

如前所述，溝通是文化的關鍵因素。1993 年，IBM 即將就任的執行長路・葛斯透納 (Lou Gerstner) 鼓勵所有員工透過電子郵件與他溝通。他很快就發現，許多被資深主管列為「準時」的專案，根據專案裡工作的員工所言，其實是卡住的。整個故事的關鍵之處在於 Lou 對發生這種情況時的反應。他本來可以直接將電子郵件轉發給員工經理，簡單地問：「到底發生

什麼事，我以為你說這會準時完成的？」，但考慮到 Lou 所說要在 IBM 內部建立團隊的做法，我很難相信他會以這樣的方法粗暴地對待員工。他更有可能的是以巧妙的方式處理這種情況，使員工免受報復，同時也讓經理有機會解決問題和修正錯誤。我也懷疑他是否僅憑每個員工的電子郵件就信以為真。事實上，他在最初的幾個月，訪問了 IBM 的每個角落，我相信他找到那些透過電子郵件給他訊息的人來瞭解問題。他將電子郵件變成了一個超級溝通平台，鼓勵坦誠和突破企業的階層結構。[2]

在今日世界裡，我們擁有比以往更多的協同合作工具。最初是電子郵件，現在我們有聊天產品，如 Slack 或微軟公司產品 Teams。像這樣的產品可以把聊天整併在溝通管道 (Channels) 之中，每個溝通管道都可以與企業中的作業規範串連，下面是一家銀行設置 Slack 的案例。

諸如貸款或客服中心之類的溝通管道，可以作為中央的溝通知識寶庫，允許公開收集問題和答案供他人查閱。該工具也允許其他參與者在每個管道中搜索關鍵詞或關鍵片語，因此，如果員工對反向抵押貸款的程序有疑問時，他們可以簡單地將該術語放在搜索欄位中，並審視專家和高手們過去與該企業其他成員之間的溝通紀錄，這可讓員工得到他們需要的答案，或者鑑於過去的互動紀錄，至少找到某人來詢問這個問題，這些協同合作工具已經成為金融科技最重要的工具，尤其在地理位置不同的環境中特別有效。正如你所想像，這樣的工具將促進溝通和協同合作，而且由於管理層可以對其進行審核，因此它能作為有價值的資訊來源，以確定哪些流程、管道或服務人員需要更多培訓，這樣的工具還向員工傳送鼓勵溝通的訊息，該工具的簡單性使工作人員進行跨部門的專業溝通以改善績效

---

2 Steve Lohr, "Welcome to I.B.M., Boss; Now, Check Your E-Mail," New York Times (April 10, 1993), http://www.nytimes.com/1993/04/10/ business/welcome-to-ibm-boss-now-check-your-e-mail.html?mcubz=0

時，不再有障礙，當彼此間建立了關係，不論處理衝突或失敗，都將容易得多。

過去，我與一個團隊合作開發一個客戶事件管理工具，解決一個簡單的問題。如果有人打電話到我們的企業，說：「我從未收到過我信用卡的個人辨識碼 (PIN)」，客戶服務代表會告訴客戶，正在重新發送（當時，我們只能郵寄給他們，不過現在當然更進步了）。如果客戶因某種原因第二次未收到個人辨識碼並重新撥打電話，此時客戶不太可能會找到同一個客戶服務代表，而且由於新客戶服務代表沒有適合的系統來檢視上次的互動，客戶將被迫再次重述整個故事，這當然會讓客戶感到沮喪，也打擊了他們對第二次解決問題的信心。

為解決此問題而設計的系統，將允許客戶服務代表記錄電話中未解決的任何互動，以便如果該客戶再次來電，下一個客戶服務代表可以立即查閱未解決問題的相關資料，並透過以下的詢問方式開始對話：「您好，貝斯特先生，在我們開始之前，您是否已收到新的個人密碼郵件？」正如您想像的那樣，對於客戶服務代表來說，這樣的對話比起要客戶重述故事要容易得多。該機構在設計這一解決方案時，做出一個有趣的決定，所有懸而未結案的問題都必須由記錄事件的客戶服務代表負責追蹤進度。如果員工未按規定的截止時間（例如，個人密碼的普通郵件為 4 天）更新事件進度，則該事件將報告給經理；如果經理沒有做任何事情，則將其提交給副總裁，以此類推，直送到執行長為止，由於員工知道這個流程，因此他們非常謹慎地更新事件進度。這可以達成兩個目標：首先，它傳遞一個強烈的訊息，即企業非常重視服務，以至於未回覆的訊息會一路上報給執行長；第二個訊息是，員工需要積極主動而不是被動。

此獨特的決定改變了企業的文化，使企業的其他部門開始採納同樣的理念，即使是非直接面對客戶的部門也會遵循此模式來與其他部門（視其他部門為他們的客戶）相處，這將使企業能夠容易地辨認通常會導致延誤的流程，並致力於加速這些流程，或將其重新設計成為自助化流程。客戶服務代表透過該系統讓他們被視為「瞭解」客戶問題，提高了生產率，減少了令人尷尬和憤怒的電話。他們接受這一概念，並立即有了改進它的想法，以及如何將其用於其他事物，因為這些想法是從內部逐漸形成，因此可以被收集，並在未來將持續地改進流程。

「溝通」概念有點像是「安全」，我認為企業花在溝通上的努力永遠不嫌多。當你乘坐的班機遇上亂流時，你會看到空勤人員使用機上電話與機師和其他機組人員進行溝通，他們能溝通並迅速對環境中的意外狀況和不可預測的變化做出反應。如果金融機構想在未來動盪的時代中生存下去，有一個強大的溝通平台讓員工能理解而不畏懼去使用，才是企業找到平穩氣流可以持續航行的關鍵。

▶ 獎勵和評估

你的獎勵和績效考核是否與你的文化一致？如果你有團隊文化，但你卻只根據個人績效評估，那麼它將發送含糊不清的訊息給員工，激勵員工必須以你的文化目標為基礎。如果你要促進跨職能團隊協同合作的文化，那麼評估應包括獎勵那些參與協同合作的人，並為那些沒有參與協同合作的人提供輔導和培訓，或至少要能夠支援協同合作。獎勵和績效考核是你文化的一個重要層面，因為它們將決定員工的行為。無論喜歡與否，你的員工都是人，他們都就像被預先設定了一段程式，會以金錢獎勵、表揚和晉升做為他們在企業內取得成功的指標，如果這些要素與企業的文化不

一致，員工自然會做那些能提高他們在公司的身分、薪酬等級或職位的事情，而不是協同合作的計畫，因它無法提供員工認為可以晉升或加薪等明確提升職涯發展的結果。

達成目標與一致性

我有位朋友經營一家大公司，她喜歡強調所達成的目標並非總是與公司目標保持一致性。我發現，在金融機構中，許多人都為這個概念而苦惱，特別是在編列預算和專案管理。你如何激勵專案的完成？如果以數量為基礎，那麼你可能會有大問題，當你以數量做獎勵基礎時，管理者們傾向拿可達成的東西來搪塞專案，但通常這些事情與你的策略並不一致，這也屬於文化的問題，如果我們獎勵任何目標的達成，無論它是否與企業的目標一致，那麼我們在一致性方面，傳送了錯誤的訊息。當專案管理辦公室 (PMO) 審查專案時，這是很重要的流程，必須包括衡量每個專案與企業公布目標的關聯性，當你仔細查看這些請求時，你被迫優先考慮必要的管理方式調整，而不是新技術專案，更得在這類專案與「不這樣做我們將被駭客攻擊」的各種資訊安全專案之間取得平衡。不斷更新公司數位資產並創新以跟上競爭對手的壓力，開始讓人感覺像兩隻掐著你脖子的手，事實上是，預算太少、資源太少、還有太多的專案要做。

是時候重新調整我們的預算流程，實施符合我們成長目標、節省資金、和／或可用創造的收入抵銷開支的專案了。每項監理相關的費用或不直接產生收入的專案都應與一個創造收入專案（滿足你的策略需要並能投資未來）相平衡，有點像每砍下一棵樹，就要栽植一棵樹，這對環境和靈魂都有好處，這與我們的獎勵和評估計畫非常相似，我們的專案清單應反

映企業的策略和文化，專案清單將大大地影響你的文化。專案的優先順序向員工傳達關於企業優先順序的訊息。太多時候，我們的專案分配往往出現這樣的情況：

80%	保持企業運作：包括監管和其他不可協商的專案
10%	新功能或新產品
5%	流程改進
5%	替換產品
0%	創新

這個公式通常會造成企業陷入墨守成規，因為新功能和服務不如營運受到重視。請考慮以下方法，對專案類別採取更為平衡的方式。

60%	保持企業運作
15%	新功能 / 新產品
10%	流程改進
5%	替換產品
10%	創新

這個辦法在各類別之間提供更多的平衡，但維護運作仍佔用較大比例的資源。它透過更全面地處理這些關鍵領域，使你的企業能更好地定位自己，從而提高生產力、效率、策略的一致性和營收。我還鼓勵各企業在專案工作方面能做得更少些，在未來幾年內優先考慮質量而不是數量。利用這些節省下來的時間與顧問小組合作，以一種稱為敏捷式 (Agile) 開發的新專案管理和實施新方法重新培訓你的企業，擁抱並掌握跨職能敏捷性的企業，將更能準備好應對未來最複雜的數位化專案。當今，在新的流程和程

序中培訓團隊，要比在諸如人工智慧等重大科技擴展的嚴峻考驗下、或在大數據分析的市場壓力下更容易，花點時間與專業人士一起訓練和培訓，將以縮短你的加速週期。這個問題不僅僅在於預算資金，即使資金是無限的，也只有那麼幾個新計畫可以一次同時實施，更不用說能實施這些專案所需的技術熟練全職員工，也是數量有限的。

　　如前所述，文化肌肉記憶是理解真正組織文化的關鍵。在任何特定情況下，員工的預設立場是什麼？換句話說，員工對不利情況的反應，以及他們是否願意分享自己的想法，這才是真正能衡量文化的指標。

章節回顧

★ 文化經常從上而下傳播，有越多的管理階層，傳達至前線的訊息越薄弱。

★ 文化可以隨著企業的成熟而發展。在危機時期，文化往往得到驗證，或者在某些情況下被迫改變，但同時文化也可能難以擴展。

★ 企業的失敗容忍指數 (Failure Tolerability Index, FTI) 是一個重要的指標，用以衡量企業如何適應、創新和失敗—是企業文化實力和效能的所有重要評量。

★ 文化的三個最關鍵要素：溝通、協同合作和獎勵。

第12章

文化與科技

「網路銀行 (Home Banking) 惦記著您！」

兩種文化的故事

多年前當我在德國時，媽媽會帶我去麥當勞，作為一種特殊獎勵。當時，那是在德國所能找到為數不多美國的分店之一，當我們去的時候感覺就像回家一樣。我慈愛的母親為我買一個漢堡，接著我們找一張桌子坐下。然後，她會為我打開漢堡，取下頂部的麵包，刮掉洋蔥，然後再把麵包放回漢堡。如你所知，我是個很懶的人，我不認為我媽媽需要自己刮掉洋蔥，所以我問她，「媽媽，我們不能直接對店員說『Keine Zwiebel, bitte？』」用英文大致翻譯，即「請拿掉洋蔥。」我已在學校裡學習德語，而我們學的第一組辭彙包含所有蔬菜。她回答說：「我希望我能，但他們不會這麼做。」在那個時代，麥當勞不會接受特別的訂單。如今你可以點一個芝士漢堡，上面放一塊雞肉餡餅，加上額外的乳酪、兩片酸黃瓜和少量的洋蔥，而收銀員或得來速的人連眼睛甚至都不眨一下，這個訂單很可能不是當天他們所接受最困難的訂單。三、四十年前，你拿到什麼就是什麼了，沒什麼可抱怨，然而情況即將發生變化：速食市場上，一流的競爭者注意到人們對麥當勞的僵化感到不滿。

1974 年，漢堡王的電視廣告，員工唱道：「拿走酸黃瓜，拿走生菜。特別訂單不會讓我們感到不適，讓我們依您的方式為您服務！」漢堡王利用麥當勞拒絕提供特殊訂單獲益，漢堡王領導層的某位人士知道，每個人速食的口味各不相同，速食變得客製化是無可避免的，這個概念與麥當勞講求效率和速度的經營理念直接衝突。

麥克和狄克・麥當勞 (Mac and Dick McDonald) 最初構想出速食的概念，是注意到他們菜單上最暢銷的食物是漢堡。正因如此，他們重新設計餐廳，以便能很快速地提供三、四個商品的簡單菜單，這令餐飲業大開眼

界，當時大多數餐廳的菜單上都有 25 項或更多的商品，以迎合當地顧客的需求。兄弟倆痴迷於廚房裡的每一件物品，更重要的是製作食物過程中的每一步驟，快速和一致地提供食品的關鍵是一個嚴格、重複「一體適用」的流程，每個分店和加盟店都會遵守這個流程。多年來麥當勞一直抵制改變，認為漢堡王在客製化訂單的新增作業壓力下會失敗，他們認為漢堡王的服務會變得更慢，而且想客製化食物的人也不多，所以麥當勞僅僅靜觀其變。最後，麥當勞並沒有破產，因為最終麥當勞還是重組流程，從新競爭者那裡學習接受客製化訂單，然後繼續蓬勃發展。

金融機構在數位產品方面也對客戶做一樣的事情，如今的數位金融應用系統在資訊的呈現方式以及讓客戶如何使用其資料方面還不夠靈活，通常，這些應用系統可以顯示餘額，管理貸款及信用卡，他們甚至提供一些可由客戶設定的選項，一些金融機構建立了客製化的登入頁面，讓客戶挑選顯示的模組，因此客戶不必從主選單開始逐項選擇，即可查看提醒通知或支付帳單。但是一般而言，應用系統的體驗大致相同，即使客戶能夠客製化內容也是如此，消費者不能下載他們的帳單收款人或跨行支付收款人，也無法上傳資訊，這些系統就跟在我的漢堡加洋蔥的例子一樣，如果你想對財務資訊執行金融機構所提供內容以外的操作，你必須下載它並自己完成。（在某些情況下，甚至連下載也不可能。）

事情的真相是，零售數位商品和服務對消費者來說，正迅速變得非常個人化，而金融商品是消費者最需個人化的服務之一。消費者期望能夠客製化他們數位世界中的一切，他們想改變自己的背景圖片，排列自己的應用程式，選擇他們的鈴聲，並用符合自己個性和生活方式的精美外殼來裝飾自己的電子產品。對於全球人類來說，數位化並不適合一體適用的價值主張，每個人對自己的財務狀況都有非常不同的見解，每個人對銀行平台

的目標也都截然不同。可悲的是，金融機構花了大量時間和金錢試圖成為所有人所要的一切，結果卻慘敗，多數銀行應用程式在 iTunes 和 Google play 上一面倒的負面評論就證明了這一點，即使他們能讓一群人快樂，也會惹惱另一群完全不同的人。那麼，如何解決這個困境呢？銀行如何能夠找到一種靈活版本，滿足不同客戶的需求？換句話說，他們應如何重新調整廚房以允許客製化訂單？

一個靈活有彈性的案例

第二號支付服務指令 (Public Service Directive 2, PSD2)

　　要了解未來，有時候離開熟悉的環境並看看其他地方的銀行業正在發生什麼，將會是有所幫助。例如，歐盟和英國目前在 2018 年之前實施的《第二號支付服務指令，PSD2》。該法令規定金融機構必須透過應用程式介面 (API) 或 Web 服務 (Web Services) 來開放其系統，以便第三方服務公司可以直接與金融機構核對付款和帳戶資訊。

　　迫使金融機構開放他們的系統，締造了一個全新的創新水準。最近，我參加了一個國際領先銀行技術方案供應商的年度客戶研討會，我對因 PSD2 變革而衍生的各種技術數量之多，以及它們已超越 PSD2 變革所需的情況，感到震驚。歐洲銀行似乎已經發現，這是「做大不然就回家」的情況，這意味著，如果你僅提供滿足監管最低要求的水準，就存在被去中介化的風險，應對這一危險的辦法是「做大」，提供超出 PSD2 要求的服務，並將你的業務推向應用程式介面 (API) 驅動的微服務 (Micro Service) 環境。這個想法是，更敏捷的微服務環境將使金融科技供應商成為協同合作者而非敵人，因為金融機

構可以更快速地提供其資料的存取速度，讓金融科技供應商能夠在他們的系統和金融機構的客戶間獲得綜效。

好，我聽到你說的了。是啊，但我不在乎歐洲發生了什麼事。我認為對銀行業在其他地區發生的情況忽視不理，將是自己甘冒風險。許多專家認為即將到來的 PSD2 監管，也將促使美國採取類似的措施，而且即便沒有，其他專家相信為了開展全球業務，美國銀行至少需要建立與符合 PSD2 銀行之間溝通的閘道，因為歐盟銀行開始透過這些平台推動所有的整合，並期望在美國的銀行也能連通類似的資訊。

讓我們倒回到本章最開始：這對漢堡加洋蔥問題，會產生什麼影響？如果你認為銀行是一家餐廳，它提供的所有服務都視為主菜，那麼其中的成分將是諸如代收代付業務 (ACH)、電匯、帳單支付 (BillPay)，以及其他用於多種業務的廣泛服務，像 PSD2 這樣的應用程式介面 (API) 將使以下的解決方案得以實現。

- 理論上，客戶可以直接使用這些 PSD2 介面，讓一切能如其所願地建立專屬的財務操作介面，這相當於使漢堡變得更單純，讓客戶自己加佐料。

- 金融科技供應商可以使用應用程式介面 (API) 並為客戶創造一個私人訂製的漢堡，原本因為規模經濟的關係，金融機構不會提供這樣的漢堡，但金融科技供應商將樂意為這些利基客戶提供服務。

在這二種情況下，金融機構仍然維持其存款帳戶，維持其貸款，繼續為帳戶提供服務，並承擔監管責任。然而，在第二種情況下，金融科技供應商有可能介入與客戶的關係，這是一個金融機構需要解決

的問題，但很可能不涉及技術，在首次安裝應用程式介面 (API) 時，它可能透過合約的責任義務來解決。金融機構可以堅持在畫面呈現「由某金融機構提供 (Powered by FI)」的品牌或某些其他標示符號，使客戶知道該服務的基礎平台是由受信任的銀行供應商所提供。

　　然而，這需要在企業內部進行文化轉移。可悲的是，許多傳統和保守觀念的銀行領導人不希望創造一個讓他們的服務外擴出去的閘道。他們辯稱，這是摧毀企業的途徑，他們沒有認知到需要擁抱消費者即將到來的需求和不斷變化的銀行業環境，說服他們的途徑是提供相關資料並尋求他們的理解。當企業出現反對數位服務觀點時，在內部釐清頭緒是推動企業數位發展的關鍵，我堅信他們大部分擔心的議題都是有道理的，收集這些議題並找到應變的方法，是金融機構發展數位方式的關鍵，如果你無法減輕它們的影響，那麼你的企業可能尚未完全為該技術或服務做好準備。

　　麥當勞的創始人狄克和麥克‧麥當勞以關注細節和流程而聞名。當雷‧克羅克 (Ray Kroc) 找他們加盟餐廳時，他們有句名言說，它無法複製，他們擔心自己的名字會出現在自己無法控制品質的東西上，（聽起來似曾相識？）他們的流程設計是為了快速提供食物，而且從前未曾有過這樣的做法，因此人們接受這樣的事實：為了快速拿到食物，他們無法選擇漢堡上的成分或調味料。對於人們來說，如果他們想要立刻吃到漢堡，就必須準備好接受一個不完全符合自己口味的漢堡，或者從幾種漢堡中選擇一個最接近他們想要的，然而，技術和大眾的品味不斷進化，突然變得可能實現同時快速供餐、又能在口味上達到「由您做主」。漢堡王挑戰了速食業的傳統智慧，特別是快速服務意味著一致和僵化過程的觀念，結果在一段時間內主導了市場，更

重要的是，漢堡王迫使麥當勞做出改變。這與金融機構目前面臨的挑戰相同：傳統觀念認為，銀行業務應該是在銀行裡由銀行家來完成；然而，事情正在迅速改變，為了生存，銀行必須有不同的思維模式來和客戶互動。

由您做主— (Bring Your Own Platform, BYOP)

我一直在思考數位銀行的新模式將會如何，以及如何克服洋蔥這類問題。最近，我發現某些數位銀行的概念，似乎與我測試過的聽眾產生了共鳴。我將此概念稱為自帶平台 (Bring Your Own Platform, BYOP)。在當前的數位銀行模式，傾向忽略數位客戶群體已擁有無所不在的外部服務趨勢，例如，電子郵件、工作管理解決方案 (Task Management) 和雲端儲存平台之類。相反的，金融機構強制其客戶手動將資訊輸入其工作管理系統，或手動下載數位對帳單，再將其儲存在雲端中。數位平台供應商選擇花費時間和金錢在他們的平台內重新打造這些系統，通常以安全或便利的名義，但結果卻比不上客戶常用的類似商品。大多數數位銀行平台中類似電子郵件、訊息系統與 Outlook 或 Gmail 根本無法匹敵，諸如帳單支付 (Billpay) 或代收代付業務之類的工作管理工具，也無法與當前的工作管理套裝軟體相匹敵，我相信，新的數位金融系統將與谷歌套裝軟體或微軟套裝軟體等平台進行一系列整合。

如果數位服務可以與 Outlook 或 Gmail 整合，那麼收款人資料在作業中可以被匯入或匯出，無需鍵入收款人資料，電子郵件系統的聯絡人功能便可執行付款。互動過程類似以下做法：客戶從公用事業供應商處收到電子郵件帳單，接著客戶不是登入網路銀行或公用事業供應商網站來支付帳

單，而是在其電子郵件聯絡人資料夾中找到該聯絡人，打開它，並且點擊「付款」標籤 (Tab)。付款標籤有一個下拉選單功能表，允許透過 Venmo、PayPal、自動清算所或信用卡付款，每個付款選項都由與谷歌或微軟平台互動的支付供應商提供，這種新模式中，保持收款人最新的資訊至關重要，因此與其支付費用給帳單支付服務，終端客戶可以在使他們聯絡人保持最新資訊狀態的服務中找到更多價值。

工作管理也可採用同樣的方法，如果你像我一樣，是個工作管理狂（我已試過所有能找到的生產力應用程式），那麼數位銀行解決方案和你的工作管理軟體能整合的話，將具有非常高的價值。金融機構可以在客戶的工作管理軟體中建立一項任務，提醒他們何時還貸款，而不是另外發電子郵件提醒客戶還款。工作管理軟體也可用於協助定期轉帳，這是當前數位平台的另一個弱點，每個平台都有定期轉帳的概念，但通常缺乏重度使用客戶群所希望擁有的更多選項，例如，轉帳間隔的變化，比大多數數位銀行系統標準每週、每兩週一次的選項要來的更多樣化。使用你自己的個人工作管理員（如 Trello 或 Wunderlist) 啟動自動付款或轉帳，將使客戶能進行比金融機構所期待做到更精細的控制，這是因為金融機構沒有企圖取代 Outlook 或 Gmail，而是選擇「一體適用」的方式，然而，在這個平台領域，它們無法與谷歌或微軟的龐大資源相匹敵，擁有可程式化的工作管理功能將為其他類型的自動化打開大門，讓客戶更好地控制他們的財務，這將減少維護冗餘和低於標準的工作及郵件系統所需的支援。

在 BYOP 世界中，銀行對帳單將不再占用金融機構的空間，客戶可以選擇將其對帳單儲存在他們首選的數位儲存平台中，對於選擇加入該服務的客戶，電子帳單將以安全方式自動傳送到雲端的儲存平台，如 Dropbox、Google Drive 或 OneDrive。許多主要的儲存供應商還會將檔案及

其內容進行索引，讓搜尋更快速，這將大幅改善當前由金融機構所提供的解決方案。例如，如果你將所有的對帳單儲存在名為「對帳單」的資料夾中，當想要查找你支付給住戶管理委員會 (HOA) 的每筆交易時，可以輕鬆選擇資料夾並在搜索框中鍵入住戶管理委員會名稱，作業系統將列出所有與搜索條件相符的對帳單。

金融帳戶提醒可引導到個別的數位端點，然後按照 Gmail 排列傳入電子郵件的方式進行排序，排序方式還可以透過編寫規則來設定。符合特定條件的提醒可以直接發送給會計人員，或者需要立即注意的提醒，可以發送到電視或 Amazon Echo【編註：Amazon Echo 為亞馬遜公司的智慧音箱】以引起客戶的注意。活用這種提醒的方法可減少金融機構需要儲存的個人資訊量，並將控制權交到客戶手中，精通數位的客戶可能會編寫規則，針對特定提醒採取回應的動作，例如設置自動任務，在電子郵件收到存款不足 (NSF) 提醒時執行轉帳動作。

這種新的數位銀行模式依賴於整合客戶日常生活中已慣用的平台的功能和服務。BYOP 方法將通過「移除」功能【編註：指客戶慣用平台上就有的功能】來減少支援數位服務所需的資金，並透過建立新功能來改進各方面的服務，這就像你帶著自己的食材供麥當勞的廚師們使用，但他們會添加肉，並準備就緒。

做得好！現在，你開始從漢堡中拿掉洋蔥，依客戶想要的時間和方式提供資料。要改變企業文化來支援這點，還有很多事情要做，畢竟漢堡王也不是在一夕之間就改變其商店的所有廚房，來支援新的「由您做主」訂單，這需要時間和努力，你才能達到目的，同時正是時候開始瞭解你的客戶們真正想要從你的數位平台獲得什麼，透過數位行銷和他們互動，在他們使用的各種數位通路途徑上，透過你新的應用程式介面追蹤他們的行

為，以及透過向他們提供優惠和其他相關訊息，作為對他們的回饋和行為的反應，所有這些都將在你建置金融機構平台後，變得更加容易。

章節回顧

★ 當今的數位化金融應用程式，在資訊的呈現方式以及讓客戶如何使用其資料方面不夠靈活。通常，這些應用系統可以顯示餘額和管理貸款及信用卡。「客製化」是消費者期望從數位商品和服務中獲得的關鍵特質之一。

PART
6
策略
Strategy

第13章

企業長遠定位

它來自四樓,它只是想幫忙。

在演化過程中能存活下來的物種,既不是最強壯的,也不是最聰明的,而是那個最能適應變化的物種。

- 查爾斯‧達爾文 (Charles Darwin)

許多企業發現要跟上數位變化是令人感到氣餒的，本章將提供一些視角，讓企業可以用漸進式的改變，準備好自己以應付威脅，並善加利用未來的趨勢。在此之前，了解已存在的威脅和機會是非常重要的。

問題：銀行業務和金融業的競爭對手

多年來，銀行和信用合作社一直認為超大型銀行是他們最大的競爭對手。想到競爭者，像：摩根大通 (JPMorgan Chase) 和聯合服務汽車協會 (USAA) 等公司的名字馬上就會浮現在大家的腦海中，這兩家機構都是非常大型的企業，摩根大通擁有大量資金和資源可以投資於數位科技，聯合服務汽車協會以透過科技提供所有服務聞名，在銀行業中排名第 34 位；截至 2012 年底，聯合服務汽車協會在全球擁有 28,000 多名員工，而摩根大通擁有 258,965 名員工。當人們聽到這些熟悉的名字時，會想到他們的產品，特別是他們提供服務範圍的廣度，最重要的是，我們也會想到他們必須為各種專案所投入的資源。

毫無疑問的，大型銀行間的競爭十分激烈，但地區性的銀行和信用合作社也正面臨著另一個問題，其他參與者正進入我們的領域，我不是指其他銀行或信用合作社，而是指全新類型的金融企業。例如，PayPal 旗下提供個人對個人支付服務 (P2P 支付) 的 Venmo，持續蠶食傳統銀行業務，已被稱為新的 20 美元紙鈔。【編註：Venmo 幾乎已經成為常用的付款方式，因為美元紙鈔最常用到的面額就是 20 美元以下的鈔票】事實上，我最近還讀到一篇名為「PayPal 是新萬事達卡還是 Visa 卡？」的文章。

當這些新的非銀行企業進入這個領域時，他們不必像那些小型傳統金融機構經歷同樣的困境，他們也不受同樣的監管審查。瞭解這些新的競爭

對手在做什麼相當重要，他們都正關注你所做的一小部分業務，並盡其所能地將其數位化。

Kabbage 就是一個例子，Kabbage (www.kabbage.com) 是一家公司，得利於大多數小企業難以獲得貸款的現況，小企業貸款申請和審核過程耗時很長，身為企業主的我可以告訴你，這真的很不容易。不過 Kabbage 承諾，在填寫他們表格後的 24 小時內，你就可以獲得最多 10 萬美元的信用額度，就算將 Intuit 的 Rocket Mortgage 商品列入考慮【編註：Rocket Mortgage 是一種快速而且完全以線上方式來獲得再融資或購買房屋的抵押貸款】，也完勝我目前所知市場上現有機構。你可能已經在電視上看過這款商品的廣告，指出其他機構抵押貸款交易的複雜性和耗時性，而 Kabbage 基於數位化的互動、數位化文件和工作流程，簡化了該流程，最終結果是抵押貸款申請能夠迅速地在幾分鐘內，而不是幾天內才處理完成。

那是什麼意思？這意味著許多銀行正一次次被拆解成小塊後，再被非銀行企業蠶食。「Breaking Banks」的作者布雷特・金恩 (Brett King)，稱此情形為「4,000 刀凌遲處死」。[1] 這是目前在美國，我們仍掙扎於是否要採用新金融科技所造成的落後。

我們要怎麼趕上呢？有個行動方案就是密切關注歐盟，你可以看到在歐洲金融領域大規模的創新：修訂後的第二號支付服務指令 (PSD2) 和一般資料保護規範 (GDPR) 是歐盟的兩項法規，目的在指導和加速新技術的採用，即使英國將來退出歐盟，其仍將使用共同的銀行體系。

1　https://www.linkedin.com/pulse/death-4000-cuts-chat-brett-king-john-best.

威脅：–tions

花點時間談談我們所面臨的威脅。我想稱之為 "–TIONS"（發音為
"shuns"），因為它們英文字尾都是 -sion 或 -tion。

▶ 交換壓縮 (Interchange Compression)

第一個 -TIONS 是「交換壓縮」。請注意，我並不是說「交換消
失」。這種現象是支付行為互相交換金額過程的壓縮，我們將看到這樣的
情況持續發生。例如，我們看到商家錢包的興起，這種在 app 上使用的支
付方式可以綁定客戶的信用卡或銀行帳戶，不到一年的時間裡，Dunkin'
Donuts、Taco Bell 和 Chick-fil-A 等品牌的商家錢包紛紛亮相，也逐漸被採
用。

商家希望你使用他們的 app，原因有很多：

■ 他們希望你盡可能擁有最好的體驗。當你使用 Apple Pay 之類的支付工
具時，你會忽略忠誠度積分、在 app 內訂購和使用其他獨特功能。專
屬商家的錢包 app 能極致擴展其對體驗的掌握。

■ 單一銷售收入增長：Taco Bell 指出，從其錢包中的購買總額增加
20%。

■ 應用程式促進互動，在手機上安裝 app，就像在你的冰箱上添加商家磁
鐵。每當你打開手機，快速瀏覽螢幕，你將看到該 app，尤其是「提
前訂購」和「重複最近的訂購」等服務。

■ 他們也從 app 收集資料：
  • 位置的資料：你是否已經接近他們某家商店？
  • 根據不同的裝置所獲得市場區隔資訊

- 即時用戶回饋

■ 儲值交易：星巴克已證明消費者願意將錢存入與其品牌相關的儲值帳戶。儲值意味著轉移到星巴克的錢，而不再存於你的支票帳戶中。

有鑑於此，假設你是鄧肯甜甜圈 (Dunkin' Donuts) 的忠實客戶，你每天都開車去得來速用信用卡 (由當地銀行或信用合作社發行) 購買早晨的咖啡，每隔一段時間你還會買一打甜甜圈去辦公室和大家分享。有一天，當你正穿過得來速車道時，發現鄧肯甜甜圈有一款 app，你透過 app 購買，可享免費咖啡和甜甜圈的折扣，你會怎麼做？顯然你會下載 app。照理說，你會輸入每天交給店員的同一張信用卡資訊，但也有許多人不這樣做，他們都擁有一張他們認為是用於 app 和線上購物的數位卡，通常它是由一家大公司發行，像是大通、花旗、第一資本 (Capital One)。

為什麼會這樣？我認為，許多年前當網際網路首次出現時，在網上做生意是個黑暗又可怕的地方，由於擔心欺詐，所以多數小型信用合作社和銀行建議客戶和會員不要將信用卡號碼儲存於網上；但大型銀行們並沒有附和這個說法，結果讓他們在海灘上站穩腳跟，確保其領先地位。最近大型銀行們更將競爭提升到另一個層次。例如：如果客戶使用美國運通卡支付優步 (Uber) 的費用，美國運通會為客戶增加額外的獎勵措施。這一趨勢將持續下去，但規模較小的金融機構甚至尚未注意到這樣的情況會造成什麼損失。

如果不解決這些問題，退出這類信用卡或轉帳卡 (Debit Card) 的應用，日後將累積成為巨大的損失，多年來金融業一直在談論成為客戶「錢包」的主導業者，現在該是成為客戶 app 首選的時候了，稍後在技術部分，我們將討論成為 app 領導品牌時所需的工具。

一家本地的雜貨店推出一款應用程式，讓顧客可用儲值卡付款。想像一下，一個四口之家的消費者每兩週在此商店花費 360 美元，都使用他們的信用合作社發行的轉帳卡。如果這位消費者安裝雜貨店的 app，不再使用信用合作社的轉帳卡，而是輸入一個大型銀行所發行的信用卡或是轉帳卡，那麼現在你每月有 720 美元的價值被置換，也就是這 720 美元將與你無關。

更重要的是，我們必須取代這種「交換」型態的交易。這就引出了下一個 -TION：侵蝕 (Cannibalization)。

▶ 侵蝕

我們看到侵蝕效應，卻沒有採取任何措施。多年來，PayPal 一直在推動客戶建立所謂的銀行匯票帳戶 (Bank Draft Account)，這實際上是第一個代收代付業務帳戶。平均而言，代收代付業務的交易，使大多數金融機構產生 0.26 美元的成本卻沒有創造任何收入，許多零售商為其客戶提供了代收代付業務的付款選項，而亞馬遜是擁有此選項的零售商一個很好的例子。

專家提示

分析這類型的代收代付業務的交易記錄，並追蹤不使用信用卡或轉帳卡的費用和損失。激勵這些會員在這些商家使用你發的卡片進行交易。

我們正在侵蝕自己的業務嗎？我們是否太容易讓客戶使用不利於銀行的服務，而使客戶受益？是否讓客戶過於容易使用代收代付功能而將資金從金融機構轉移到像 Mint Bills 等帳單支付服務中，我們最終要對代收代付服務收費嗎？（稍後會詳細介紹。）

▶ 數位化

數位化 (Digitization) 是使用最先進的科技，如智慧型手機應用程式、資料分析和增強的工作流程處理，為消費者和工作人員進行流程再造、增加溝通和減少工作量負擔的過程。當這些科技一起使用時，能讓消費者縮短交易時間並降低複雜性。

像 Kabbage 和 Intuit 等公司在數位化方面處於領先地位，這些公司利用傳統銀行業務流程繁瑣且耗時的現況。他們透過經驗豐富的數位設計師，建立非常簡單且快捷的流暢工作流程來完成這些業務，結果像 Lending Club 和 Intuit 的 Rocket Mortgage 等公司業務快速成長，因為人們正在尋找簡單、快速、高效和服務。許多人認為主因是在網路上或手機上的應用程式提供這些服務，並認為數位化只是將應用程式數位化，其實大錯特錯了。Rocket Mortgage 應用程式的一個主要功能是每頁都有聊天助理，當你在頁面上停留或經過一段時間停止移動滑鼠，Rocket Mortgage 應用程式一定會彈出一個聊天畫面詢問「您有問題嗎？我們能幫您嗎？」

數位化作業包括從交易起始到完成，這不是將流程中單一部分數位化，而是從頭到尾都是數位化，包括像產權調查公司和汽車經銷商這樣的外部參與者，想想如果蘋果公司賣房子給你會是什麼樣子，其交易的模式會如何？這就是數位化。

現今行銷領域已經發生了巨大變化，新的行銷模式如集客式行銷 (Inbound Marketing) 和資料驅動行銷已經推動了像亞馬遜和 Zappos 等公司的發展，然而，我們並未看到這些新的行銷技術在銀行產業大規模採用。新的模式像集客式行銷以及 HubSpot 網站等正在徹底地改變線上行銷流程。行銷流程的數位化是非常普遍的，然而，大多數銀行網站尚未使用這些技術。

▶ 行動化

下一個 -TION 是行動化 (Mobilization)。大家對此有切身的經驗。目前銀行和信用合作社擁有一款行動 app 至關重要，但很少有公司正在尋求更多的未來應用。例如，當人們開始使用可穿戴設備時，會發生什麼？擴增實境 (Augmented Reality) 透過眼鏡或植入物 (Implants) 進入我們的日常生活，只是時間問題。行動化包括在行動平台上，提供整體的數位產品，對於許多難以在所有通路提供所有服務的銀行來說，這一點極具挑戰性，你可以在所有主要行動 app 應用程式商店中發現對金融服務應用程式的抱怨，這些應用程式無法提供即時信用卡餘額或允許支付貸款，行動化的挑戰在於許多金融機構沒有預見到行動性的整體轉變，因此他們的系統並非為支援行動架構而設計，才導致了上述功能缺失的狀況。

許多金融機構正在將行動產品與現有線上網路產品功能進行同步，因此在運用最新技術方面產生落後的現象。

▶ 去中介化

最後一個 –TIONS 是去中介化 (Disintermediation)。如今對「顛覆者 (Disrupters)」而言，正是介入你和客戶之間最好的時機，如 Mint 或

Envelopes 等企業就運用這個機會，他們的 app 和網站讓客戶輸入用戶名和密碼，突然之間，你的客戶將所有時間都花在他們的網站上，而不是你的網站上，然後你失去了市場占有率和關注的眼光。

現實世界的變化

這些都是我們面臨的真正威脅，因此我們必須迅速改變我們的發展方向。儘管人們早已多次預測，但大規模的顛覆性浪潮似乎尚未襲來，信用合作社和銀行依然活得好好的。促成改變的最大催化劑永遠是始於一場災難，嚴重的威脅將導致行動、變得冒險，然後離開舒適圈。金融機構將如何面對這些威脅，並適應即將到來的變化？

這是金融科技成為如此大威脅的原因之一。根據 CB Insights 和 Upfront Ventures 的說法，2000 年積極投入一家新創公司至少要花費 500 萬美元。你必須購買軟體、使用權和防火牆，你得聘請工程師來運營。你必須擁有自己的機房和其他許多基礎設施才能起步，對大多數創業者來說，提供金融服務是不可能的。

現在再來看看 2005 年金融科技新創公司的創業成本，只要 50 萬美元。我們看到開源軟體的崛起，技術的演進也提供了橫向擴展的選擇，隨業務的成長再擴充設備，不須一開始就花大錢購買大型設備，你現在可以添加更多、更便宜的機器。雖然 50 萬美元仍然是很多錢，但大約是五年前的十分之一。

時間飛快來到 2009 年，創業成本已降至 5 萬美元，這是拜雲端服務所賜，突然間不需要機房。新創公司迎來一個全新的時代，只需為它所使用的資料處理量付費。一家新創公司可以在某處買一間小辦公室，它不需

要一個昂貴的最高等級機房，有兩個來自不同方向的信號。【編註：為了備援機制，金融機構的機房通常需要連接不同網路公司的寬頻網路以及來自不同變電所的電源線路】如今，這家新創公司只須專注在它最擅長的方面：業務功能、編寫程式和創新。

到了 2011 年，現在任何人都可以僅用 5,000 美元就開設一家新創公司。為什麼？首先你看到開放應用程式介面 (Open APIs)，你可以使用所有這些產品 –Twilio、Office365、Salesforce 和其他軟體即服務 (Software as a Service, SaaS) 的產品，你不必在開始新業務時重新建立基礎架構，如果你不喜歡現狀，都可以輕鬆更改，你可以在這些平台上，創建自己的體驗。

這樣的技術進步讓你能夠實現工作團隊全球化，你坐在科羅拉多斯普林斯，讓人們在印度或洛杉磯為你工作。我在 Upwork.com 的網站上找到自己的助理；我在網路市集上挑選，並找到為我工作的人。在兩年內我們只見過一次，然而一切都進行順利，這是人們開始使用這些平台的原因，以及為什麼顛覆金融業越來越容易。

★ 這裡帶出一個重要議題：你是一家科技公司致力於提供金融服務，還是一家金融服務公司透過科技提供服務？

第一種類型很好的例子是聯合服務汽車協會 (USAA)，是一家科技公司致力於提供金融服務。它在數位化和網路平台首屈一指，具有令人難以置信的創新性，而且像科技公司般明確的組織。Umpqua 銀行是第二種類型組織很好的例子，一家金融服務公司透過技術提供金融服務，在太平洋西北地區是一家極棒的銀行。

依股票面值來比較 USAA 和 Umpqua 時，你會發現兩者的差別不大，這與他們所提供的前端服務無關。事實上，這兩種方法都同樣有效，但是，在深入瞭解其組織結構和方法之後，你會注意到它們之間的主要差異。本書的核心是確定你的機構組織成為這兩種結構中之一的方法，以及如何實現和打破你的數位化僵局，無論你是想成為一家科技公司還是金融服務公司。

改變功能或是服務

兩者之間的區別：想像一下這區塊的兩面，如圖 13.1。

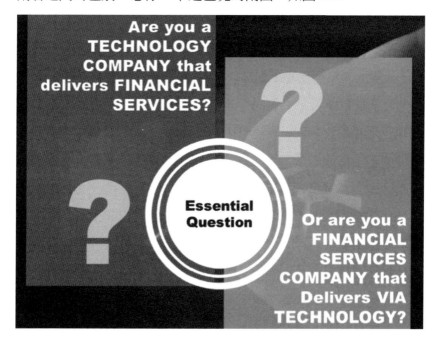

圖 13.1 你的企業是什麼類型的組織？

　　當你處於居中位置時，就是問題之所在。當你不是一家真正的科技公司，而你僅僅是家金融服務公司，那你就居於「中間位置」，一家公司如果處於居中位置就好比不知道自己是誰，將引起混亂並助長對企業策略的疑惑。請繼續閱讀，以瞭解這是如何發生的。

　　讓我解釋一下，突然有一天醒來，你發現自己居於中間位置。讓我們假裝你是一家 ACB 銀行的執行長。ACB 銀行是一家價值 100 億美元的企業，擁有 50 家分行，在社群中享有盛譽，提供優質服務。如今，ACB 銀行非常依賴其技術供應商，已從其技術供應商購買整套解決方案。為了方便討論，讓我們將這家大型供應商稱為 BigTek。BigTek 是一家非常大的技術供應商，它幾乎可以提供經營一家金融機構所有需要的產品，舉凡提供核心平台，處理會計總帳、貸款和信用卡服務，還提供網路銀行、行動平台和帳單支付平台。理論上，所有服務都是整合的，因為來自同一家公司，表示系統能夠整體協同工作，提供客戶無縫的全方位服務。

　　有一天，身為執行長，你的零售金融執行長走進你的辦公室，他怒不可遏。他猛敲你的桌子說，「我們不能再使用 BigTek 的帳單支付平台了。我們落後了，這個領域的競爭對手正在超越我們。」，他提醒你這是一項重要的產品，並被董事會指定為該機構發展計畫的核心。他對你說：「我們需要看看別的系統！」你回答：「那麼告訴我，為什麼要更換系統。」

　　接下來的一個小時裡，他提出一個令人信服的論據，希望轉向一個新的平台。他指出競爭對手平台中更具吸引力的功能，並且有來自 iTunes 和 Google Play 的客戶回饋，ACB 的客戶正吵著要求這些功能。接著，你同意在市場上尋找其他帳單支付產品是明智的。

★ 一個經驗法則是：如果打算在資訊系統或平台之間進行轉換，特別是為了新的功能，那麼這些功能最好比現在所擁有的功能提高50%，企業應該意識到使用該新產品至少需能提升50%的服務。

▶ 成本

成本是銀行轉換資訊服務或資訊產品的首要理由。許多企業認為，根據行業比較，他們為資訊服務付出太多的成本。我認識的大多數供應商都寧願在成本上和你妥協，也不願失去你這個客戶，因為很難找到新客戶。除非你的企業或供應商不合理，否則成本問題通常可以協商。

▶ 服務

服務品質是銀行轉換商品或服務的第二個理由。也許你從供應商那裡得到的服務不好或者品質不一致。在過去的一季，你的客戶曾經整整一週都無法使用該產品。穩定性是支付帳單等平台服務常見的抱怨。除非你的請求不合理或供應商不稱職，否則大多數供應商都會非常努力地解決你的問題，因為可能其他客戶也會有相同的問題，然而如果它們確實存在某種系統性問題，那麼服務的穩定性，確實是離開的好理由。

▶ 安全

與你合作的供應商是否存在資訊安全問題？它遭受了攻擊嗎？這也是另一個非常好的轉換理由。本書稍後將深入探討安全性，但就目前而言，如果你的供應商存在資訊安全性漏洞，使你的企業面臨失去聲譽的風險，那麼離開該供應商絕對是一種選擇。

▶ 功能特色

最後，功能特色是銀行做出更換系統的一個重大理由。雖然更換平台或服務的理由可能很多，但第一個理由通常是「功能」，功能之所以重要，因為它們通常是客戶特別喜愛某項產品的原因，並且往往是客戶從一家金融機構轉移到另一家金融機構的理由。大多數產品都差不多有 85% 相同和 15% 不同之處，以帳單支付為例，所有支付帳單平台都有收款人、付款和經常性付款這些功能表要項，這些功能構成帳單支付平台的 85% 常用的功能，這項服務在所有其他系統供應商所提供的功能都是大同小異。但是當我們觀察不同的系統服務商時，每個系統服務可能都有其獨特之處，這些特色可能適合銀行客戶的文化，或者提供你所在的地理區域的特殊功能，或者對企業所服務的特定人群具備吸引力。例如，也許你擁有一個龐大的軍方客群，非常重視使用遠端帳單支付的能力，這種能力是每個供應商產品之間，那 15% 的不同功能，通常是促使企業從一個資訊產品轉換到另一個資訊產品的理由。

在這個故事中，零售金融執行長最關注的一點是 BigTek 帳單支付平台所缺乏特定的功能特色，但必須注意的是，BigTek 對該企業正在使用的帳單支付進行大量投資，他們花錢整合網路銀行和行動平台，以及語音和 Alexa 等管道。(稍後會詳細介紹。聊天是新的瀏覽器！)

解決方案會如何失敗

現在你要負責嘗試建置一家公司叫 BankMax 的帳單支付產品，並整合在 BigTek 的網路銀行和行動平台內，以提供其帳單支付功能。首先，你必

須問自己一個問題：BigTek 允許 BankMax 的帳單支付功能在其平台內操作有什麼好處？為什麼他們要讓競爭對手在其平台內建置同樣好或更好的功能？然而，我知道很多機構已經說服自己，或者被一家或其他供應商說服，是的，它們可以無縫、成功地整合這兩種產品。常見的狀況是原來的供應商對此變更是否成功而猶豫不決，新供應商對其產品能夠成功整合到其他供應商的平台感到興奮和自信。歸根究底，你需要 BigTek 的資源來全面建置和整合 BankMax 的產品，全力建置和整合競爭對手的產品並不符合 BigTek 的最佳利益。那是什麼意思？這意味著，你現在不得不去找個人或某個單位來幫忙進行整合，有些事情是 BankMax 無法做到的，因為需要存取 BigTek 平台中不想讓競爭者知道的關鍵技術，於是你的企業和客戶最終會被夾在中間陷入困境。

你該做什麼呢？好消息是你的技術長似乎確信他能為企業解決這個問題。事實上，技術長知道曾經合作過的一位程式設計師有信心可以進行這個整合。平心而論，這方法似乎可以解決問題。BigTek 不會讓 BankMax 完全地整合該產品，但做為一個客戶，BigTek 將讓你的企業 (當然是付費的前提下) 使用其服務來完成整合，你 (ACB 執行長) 勉強地核准新的全職員工，並帶著專業從事數位平台整合的程式設計師工作，這並不表示該企業過去沒有程式設計師，只是過去大多數金融機構的程式設計師就只是程式設計師，他們慣於處理總帳處理作業，或在電子表格中編寫邏輯，或在 ISO 8583 標準中撰寫信用卡 / 轉帳卡的處理程式。我們在金融服務領域擁有的大多數程式設計師都不是受過訓練、擅長建立或整合線上服務的數位平台整合程式設計師，想整合線上服務，需要在數位安全和平台提供無所不在服務的特性方面具備特殊技能，這意味著，企業希望其產品和服務能安全地在 iPhone 手機和安卓手機 (Android) 同樣正常操作，這類工作絕不

是微不足道，當然也不會便宜。

　　你帶來的這個人在整合新的帳單支付方面做得相當出色，雖然遇到障礙，但最終還是整合成功。你的團隊現在將帳單支付平台正式上線，因為它是新平台的首次實施，所以新版本只達到與同等功能 (Parity) 的程度，「同等功能」的意思是最終建置了 BankMax 的帳單支付產品，但企業目前提供的是與 BigTek 以前帳單支付平台完全一樣的功能，因此客戶尚看不到升級帶來的任何好處，而且他們還注意到舊平台和新平台之間的過渡期服務品質下降，並在 iTunes 和 Google play 評論欄中抱怨。由於零售金融執行長真正想要的新功能都沒有，因此業務並沒有提升，但從好的方面看，整合最困難的部分已經結束，該企業承諾 BankMax 帳單支付平台的其他功能將在幾個月內提供給客戶。

　　另一方面，企業的其他員工突然發現，這個程式設計師具有強大的能力，可以創造許多驚人奇蹟。在缺乏真正數位化治理政策 (Digital Governance Policy) 的保護下，【編註：數位治理政策，指企業對於數位的政策，包括所採用的技術，建置原則等。】其他想要為其數位產品和服務創造類似奇蹟的部門的需求令他應接不暇，當然他無法滿足所有需求。突然之間，你發現這個人都在修復網際網路的問題，並解決整個機構隨機出現的問題，但由於沒有制訂數位治理政策來確定工作的優先順序，也沒有在這個新數位領域規畫任何長期成長和可持續發展的計畫，無意中為你的世界釋放了數位魔怪。

　　在此期間，另一位副總裁說服企業實施另一款新產品，是來自一家亦是主要供應商 BigTek 的另一個競爭對手。

　　補充：不是說離開 BigTek 模式是不好的，但也不是說使用 BigTek 模式很糟糕。這裡的教訓是，如果沒有完全理解你正在進入的領域，那

麼不斷試探做某些技術是不好的，正如 ACB 銀行要求整合程式設計師 (Integration Programmer) 所做的那樣。

這是條企業通往居於「中間位置」的路徑。該企業購買了第二個競爭對手的產品，此時神奇的程式設計師尚未完成 BigTek 中另一個平台的新功能建置，但現在程式設計師卻要支援兩個平台。這是一個重點，因為企業已經整合了這兩個新平台，所以企業必須負責支援整合所產生的工作，但這不在程式設計師原本的工作計畫，所以程式設計師得面臨選擇是去建置第二個平台，還是依他最初加入公司的安排去建置第一個帳單支付平台的新功能。更糟糕的是，已經 9 個月過去了 (數位世界的時間快得令人驚訝)，企業仍未實施 BankMax 帳單支付平台的下一次更新，因此零售金融執行長指責資訊服務小組反應遲鈍，然後資訊長提醒你，第二個平台的更新是導致延遲的原因。

就在此時，我們的英雄 (也就是你，執行長) 通常會舉起手說了幾句話，大意如下：

「我放棄了。我敢打賭，郵差或抄表員沒有這些問題，沒有人會因為『帳單支付平台』在凌晨 3 點打電話給他。」一真實引述自一位執行長。

歡迎來到「中間位置」。你的企業不是真正的科技公司，因為科技公司具有以下特性：

■ 一個真的原始碼審查流程 (Code Review Process)，或至少是會執行此流程的公司

■ SDLC (System Development Life Cycle 系統開發生命週期) 計畫

■ 具有部署和整合數位化軟體經驗的專案經理群

■ 一個由設計師、資料庫開發人員、用戶體驗專家和品質保證工程師所組成的團隊

■ 一個儲存和保護程式開發團隊撰寫之原始碼的平台

■ 一個追蹤程式設計師撰寫之原始碼瑕疵的系統

■ 一個數位化治理章程，為企業規劃出數位化服務的輪廓，並獲取和記錄技術負債 (維基百科：Technical Debt，指開發人員為了加速軟體開發，在應該採用最佳方案時進行了妥協，改用了短期內能加速軟體開發的方案，從而在未來給自己帶來的額外開發負擔。這種技術上的選擇，就像一筆債務一樣，雖然眼前看起來可以得到好處，但必須在未來償還。軟體工程師必須付出額外的時間和精力持續修復之前的妥協所造成的問題及副作用，或是進行重構，把架構改善為最佳實作方式)

■ 一個數位化治理小組定期召開會議，審查目前與企業整體業務策略有關的數位產品

當一個企業選擇成為科技公司的結構做法時，它將專注於成為同類型中最佳的平台、頂級的用戶體驗和全通路 (Omni-Channel) 的方法。該科技公司不依賴 BigTek，而是選擇控制自己的數位化前途。

如果選擇金融服務公司的結構做法時，企業也不會像一家純粹的金融服務公司般營運，面對帳單支付平台的決定時，金融服務企業不會離開 BigTek 的模式；反之，該企業將專注於優質的訂價、銷售和服務。在企業的數位化治理政策中規定，所有服務和功能將盡可能由 BigTek 及其合作夥伴提供，而不是購買其競爭對手的平台，金融服務企業將透過在 BigTek 顧問委員會中擔任職務或以其他某種身分資格，努力參與 BigTek 的技術決策過程，這些角色將允許企業影響平台的功能發展優先順序，讓客戶希望擁有的功能成為平台下次更新的首選。如果做不到這點，該機構將與 BigTek 合作，並在必要時直接向 BigTek 或 BigTek 認可的合作夥伴支付新功能費用，以保證其選擇的平台持續獲得支援和增長。

　　但是當你處於「中間位置」時，你與兩種型態的公司都不同，這使得你被困在兩個世界之間，更難繼續前進，因為在沒有保證投資回報的情況下，很難花費必要的資金來創造科技公司環境，同樣也很難完全依賴合作夥伴來提供數位服務。

　　我希望你從這本書能夠理解一件事，想要打破數位化僵局，最重要的事情是：數位化不是產品，而是紀律 (Discipline)。無論你想成為哪種金融公司，在這兩種情況下，你的數位服務都需要領導和紀律才能取得成功。

　　我來解釋一下，我工作過的每家銀行或信用合作社都有會計部門，現在如果我在 YouTube 上觀看很多關於會計的教育視頻，並且擅長 QuickBooks，你會讓我成為你的會計人員嗎？可能不會。因為，會計人員為企業帶來非常重要的知識和經驗，為企業提供的技能，遠遠超出任何軟體所能提供的能力，而且非常寶貴。他們提供的價值對於企業的日常營運非常重要，以至於幾乎在每家公司都擁有自己的會計部門，不管它是一家金融公司、醫療服務供應商還是其他行業。終究這不僅僅關乎我知道如何操作 QuickBooks，而是關乎我理解會計流程背後的規則和紀律。

　　遺憾的是，大多數銀行和信合社都已購買網路銀行或行動平台，並將其稱為數位產品，而不顧及為客戶創造良好數位之旅 (Digital Journey) 所必須遵守的紀律。數位化不是任何單一的產品或平台，它是平台整合、用戶體驗、安全性和穩定性的複雜組合，需要紀律和經驗來安全地管理一個複雜的環境，即使是銀行或信用合作社最一般的網路銀行或行動平台，不要將這些事情扔給一般的 IT 部門或放在普通的資訊長之下，我甚至不確定你是否想交給技術長負責，不要放給資訊長或科技長，因為他們還有其他非常重要的問題需要擔心，如手機、電腦、網路和基礎架構。

數位服務需要全天候關注，而不僅僅是技術類型；數位化的紀律包括審查會員如何使用服務、審查安全日誌、使平台與機構的業務計畫保持一致、不斷改進你的服務和功能，畢竟大多數的數位銀行平台在一天內服務的客戶的數量，比任何一家分行一週所服務的量都還要多。數位平台的維運和供給終究是困難的，並且需要五花八門的技能，數位化是獨特的，而且是由多種特殊需求所組成的集合，它需要在企業中成為一個獲得重視的重要單位。

那麼，你是哪種結構的企業？是提供金融服務的科技公司，還是透過科技提供服務的金融服務公司？還是處於「中間位置」？你想成為哪一種？關鍵是，要學會適應不斷變化的數位環境，並且專注思考該在哪裡投入你有限和寶貴的資源。

重視你的數位平台，了解紀律是你需要做的首要關鍵，以便打破企業的數位化僵局。

章節回顧

★ 來自大型銀行和新的數位新創企業的競爭，將成為金融業所面臨的最大策略挑戰之一。

★ 要停止策略僵局，企業應該提出一個必要的問題：你是「提供金融服務的科技公司」，還是「透過科技提供服務的金融服務公司」？

第*14*章

數位治理

　　本章開始前，先聲明我不是那種只是為了要說擁有治理，所以才刻意去建立治理的忠實信徒。我認為，過多的治理反而是妨礙創新和生產力的大敵，話雖如此，我也確實相信為正確理由所做的適當治理將非常有效，並能有效改善企業的各個層面。

　　首先，介紹一些人們經常在這類書籍中引用的幾種治理方法。資訊技術基礎架構字典 (Information Technology Infrastructure Library, ITIL) 是一套詳細的法規或指南，適用於代收代付 (ACH) 或帳單支付 (BillPay) 等服務，它也是資訊技術服務管理 (Information Technology Services, ITSM) 的參考架構，這是為了讓資訊服務能與業務目標保持一致而設計的，包含許多檢核清單、最佳典範、任務和程序，適用於各種企業。它起源於英國標準 (British Standard) BS150000，最終被 ISO 20000 取代，是 ITIL 標準於 2011 年修訂後的更新版。對於一個企業而言，它是很有價值的工具，特別是對於非常龐大的企業，在這裡，我的定義是 IT 部門超過 1,000 人。如果你正在閱讀這篇文章，而你的企業處於這個級別，那麼這是一個值得你參考的標準，因為通常如果規模如此之大，你很可能已有類似的東西，然而如果你是中型規模的企業，那麼試著實施這類措施，就像殺雞用牛刀。它有很

多很棒的東西，但也有很多複雜的機制只適用於大型企業，這並非它們正式的定位，我也不是 ITIL 認證的專業人士，但這些是我被要求在中型金融機構考量幾種不同實施治理方式後的想法，因此，最重要的是，ITIL 非常棒，其中的某些部分非常有用。

我經常被問到的第二個問題是資訊及相關技術的控制目標 (Control Objectives for Information and Related Technologies, COBIT)。COBIT 由 資訊系統稽核與控制協會 (Information Systems Audit and Control Association, ISACA) 創建，與 ITIL 一樣，它是一個實用的程序、任務、檢查清單和其他流程的集合，旨在確保 IT 的最佳典範 (考慮安全性或正確地儲存資料)、正式記錄業務需求，並將它們對應到程序和流程、績效評量，然後記錄所有系統如何互動。根據我的經驗，這個架構還提供了一些好的工具和我們可以用來改進企業的東西，但我仍覺得，在小型企業實施此計畫也是有點過了頭，不過其中有些要素確實有助於處在成長階段的企業。

我考慮的最後一種方法是計畫、建構和營運架構。麥肯錫 (www.mckinsey.com) 設想了計畫、建構和經營，而過去與我合作過的團體，加入安全作為該方法的第四大原則，以增強這個架構，以傳統的塔式 (Tower-based) 或區段式方法來治理企業基礎架構和服務已經達到極限，日益數位化的未來，必須採取更敏捷的方法來治理。

那該怎麼辦呢？首先我們先進行幾題簡單問答，來確定你的組織已經擁有哪些數位治理的原則：

1. 我們有中階管理人員和關鍵系統專家組成的小組，定期開會討論數位服務。(是 / 否)

2. 我們有一份可參考的服務目錄，可以幫我確定系統彼此間如何互動，以及出現問題時要聯絡誰。(是 / 否)

3. 當我們有新專案時，它將由第 1 題中提到的小組進行審核。(是 / 否)

4. 我們對數位服務進行定期的稽核。(是 / 否)

5. 我們有定期的站立會議，審查即將推出的數位服務和產品。(是 / 否)

　　你可能對上述許多描述回答「是」，但卻在你的腦海裡想，「嗯，有些描述符合，但它不是正式的組織，或者它不是定期的。」無論如何，幾乎每個企業都可以在這些方面得到一些幫助。如果你有負責這些任務和會議的小組，但還沒有被納入正式組織架構，那麼現在是時候了！我的另一個信念是，名稱很重要，當我與團隊進行腦力激盪時，總希望能儘早命名，即使我們提出的名稱不是產品、組別或服務的最終名稱，最好還是能夠儘早標示它，這樣人們在對話過程中較容易識別這個概念。

　　治理小組也是如此，標示小組有助於團隊瞭解其目的，並與他人溝通小組的目標；數位治理小組的目的是負責治理企業向消費者和員工提供的數位服務。小組的主席應該是你的數位長 (CDO) 或最相近的同等職位者，小組的核心應該包括來自每個主要部門的領導，同時在必要時能夠靈活地擴充或縮編其他部門的成員，小組的優先任務應該記錄企業的服務並建立服務目錄。

　　接著，將說明我對剛開始實施數位治理的企業所提出的建議。它建立自然的流程，並鼓勵在企業內對數位服務進行公開和坦誠的溝通。它代表部分 ITIL、COBITS 和麥肯錫的「規畫、建構、營運」範例，這些範例很有價值，但它排除了某些冗長的流程，這些流程往往拖慢了企業的步伐，被員工視為毫無意義的繁文縟節，這個方法應被考慮作為治理的起點，隨著企業的成熟，應對這些流程進行評估和審查，再依據結果決定是否採用上述方法中更多的準則和做法。

服務目錄是上述三種方法中的共同要素，這是希望過度到數位服務企業的一個重要工具。服務目錄是企業向客戶或員工提供服務的清單，包括企業中服務主要責任人、服務的具體內容、服務等級協議 (Service Level Agreements)、服務關聯性、緊急聯絡人、服務向上呈報機制（一套完整的程序來規範處理疑難客戶問題的通報機制）等，在網站上你可以找到一個服務目錄的範本。你是否曾使用過網路銀行或行動應用，並發現某些功能無法正常運作，例如，帳單支付，所以你打電話給技術長，他從系統面檢查，然後說：「嗯，從我這邊看來，它似乎正常。」（稱之為技師效應，汽車在技師面前不會發出奇怪的噪音）。經過一段時間，發現只有行動應用異常，再經過幾個小時的研究，才確定 app 行動應用程式內部有一個故障的帳單支付關聯機制，但在網路銀行平台上卻沒有。

擁有一個服務目錄，透過提供給任何人檢查和確認問題關聯性的清單，就能加速檢查和發覺問題，或許數位治理委員會已經確認這項服務極其重要，因此對它進行監控，甚至為它提供備援，在基礎設施中建立恢復機制。不幸的是，這種情形在金融機構的世界非常普遍，這是一種被動反應的冗餘 (Redundancies) 方法，只是在面對單一問題時調整以應付災難，而不是提前規畫故障的應變計畫和建立冗餘機制。事後，你會發現付費平台到處充滿冗餘，但單點故障 (Single Point of Failure) 卻未被識別，因為它是行動應用程式的一部分，在設計階段沒有考慮，因為行動應用程式是在網路銀行之後才建置的，這正是數位治理委員會或小組應該負責解決的問題，透過參與行動化的建置，在專案期間，服務目錄將得到更新，並包含服務的關聯性，以及透過此通路所匯聚的服務和功能。

理想情況下，數位化治理小組應每月召開一次會議，同時保持靈活彈性，當專案的重要階段或緊急情況發生時（如安全性漏洞或服務中斷），都

有必要召開會議。接下來，將討論數位治理委員會的職責。

審查提議的產品和整合

企業內部提出的任何產品或功能，都需要由此小組進行審核。該小組應研究該產品或功能是否可以整合，該怎麼支援它，總收入又是什麼。是否需要由資料治理小組審查？服務等級協議是什麼？如果產品遭到破壞或長時間停止服務，有什麼樣的風險？

▶ 變更控制

變更控制應由小組在每月會議中進行審查。小組應審核變更並確保遵循所有協定，包括復原計畫，變更和變更核准應被記錄，當變更產生系統性影響時，日誌可顯示問題自何時開始發生，一個例子是對行動應用程式的登入流程所做的變更，團隊發現登入失敗的比率正在增加，經過進一步檢查後，登入失敗在登入流程變更日期後開始增加。當發現這種情形時，委員會可能會堅持按照變更復原計畫中規定的程序回轉變更，高風險的變更應該被識別，委員會應對所涉及系統的各個方面提出質疑，包括備份是否有效、是否已進行滲透測試，必要時委員會可建議進行壓力測試。

▶ 審查安全性

委員會應審查所有安全測試的結果，以確定測試是否仍然有效，以及測試程序是否需要更改。數位安全是數位轉型中最重要的層面，它是企業與消費者之間的信任基礎，必須極其小心謹慎地處理這種關係。單一違規行為或一次公共事件，都可能損害該企業最忠實支持者的信任，我總是遵

循一種哲學，安全做得再多，還是永遠都不夠，在這方面，我總是主張超越任何安全條例，而不僅是符合它們的標準。在第 7 章和第 8 章的安全性章節，已進行詳細討論。

▶ 當責制

委員會將與服務所有者分擔責任，這是委員會的一個重要層面。企業通常將數位系統的責任集中在 IT 部門，當系統出現故障或系統更新導致錯誤時，其他部門往往會指責 IT 部門或推卸責任。由於該委員會是由整個企業的單位主管所組成，因此不會有缺乏有關數位服務的溝通，這就是為什麼在數位治理委員會中擁有多元性是非常重要的原因。

▶ 業務持續性

隨著金融機構對數位服務的依賴程度日益增高，企業範疇內的所有系統都必須有其業務持續性計畫，並定期對這些計畫進行測試，這點至關重要。我經常發現，企業在業務持續性測試方面落後，或者測試不包括較新但已成為企業基礎架構關鍵元件的系統。我最常舉的業務持續性系統未經足夠測試的案例，是一個有關備份的事件。在埃德·卡特穆爾 (Ed Catmull) 的《創意電力公司》書中，他講述了一個故事：有人意外地刪除了《玩具總動員 2》的整份檔案文件，他感到非常沮喪，但又想說他們都有定期備份這些檔案，因此預計重新載入備份。但遺憾的是，他們發現在一年多以前已經暫停備份，這場損失原本將使電影比原定時間落後兩年，但後來這部電影能夠追回原來進度，是因為有位在家工作的員工將整個電影拷貝到他的個人系統。然而，金融界總是嚴令禁止員工將資料庫或檔案系統備份到他個人的筆記型電腦上。

我堅信備份演習的重要性，設定還原備份的時間表是個好方法，備份都會在六個月的間隔內進行測試，這還應包括系統異常切換演練，如果你有正式／備援環境，我建議測試系統異常切換到備援環境，並在其上執行一段時間，然後進行復原至正式環境，該團隊的另一工作是確保在系統復原後可以在正式環境恢復正常營運。在我的工作中，我們在機房提供業務持續營運計畫 (BCP) 服務，我們的一位客戶發生系統災難並將其轉移到我們中心的系統，在此期間，我們的操作員接手負責系統維護和執行夜間的財務流程，幾週過後，我問我們的機房經理是否已復原回客戶的系統 (災難發生的原因是他們大型主機的記憶體不良)，他回應說，客戶仍在努力找出如何使系統恢復正常運行的方法，以為資訊部門可以自己處理這一切是錯誤的，業務持續營運計畫是整個企業的責任，數位治理委員會是將整個團隊聚在一起並認知這些責任的理想設置。

▶ 計畫時程審批

偶爾企業中兩個計畫任務之間會發生衝突，例如：需要對自動提款機群進行升級，而且供應商已經給出進行升級的最後期限，但該日期也計畫將更新另一個系統。然而，避免在同一天進行兩個重大更改或更新永遠是最佳的決定，委員會應該提前審查這些變更，並根據更新的風險、成本和緊迫性做出決定。

▶ 建構與購買

在內部建構軟體，而不是從供應商處購買軟體，無疑是委員會將做出的最重要決定之一。委員會還應與開發團隊密切合作，很多時候，團隊將決定他們必須與資訊部門合作來建構產品或服務以滿足企業內部的需要，

建構軟體需要仔細考慮，尤其是如果企業以前從未建構過軟體。我看到許多企業在未考慮產品的長期維護和後續投入的情況下，仍然能打造出一個優秀的服務或產品，但隨著時間過去，產品或服務不再被視為是有價值的。如果產品的維護和後續投入在規劃階段被納入考慮，這種退化本應可以避免，或者由於考慮維護和供應的成本，企業可能選擇購買產品，而不是建構產品，此外，還必須區分建構和整合的差別，整合與建構整個產品截然不同，例如，團隊決定增加新功能或服務，並且需要在整個企業中安裝此服務，該服務需要透過分行、網路銀行和行動電話等通路。團隊決定透過使用內部資源將此服務整合到各通路中是最佳途徑，即使是整合也需要對整合的長期維護和後續投入進行評估。如果網路銀行供應商或行動銀行供應商變更，就很可能需要在此變更後測試整合，以確保這些變更不會破壞整合的任何部分。我想分享一個有趣的建構案例，在我的某個工作中，我們遇到地址同步問題：當客戶打電話來更改地址時，企業的客戶服務代表必須在三個不同的系統更新地址。這問題被提交給委員會，並開始尋找一個解決方案來更新多個系統的地址，其中一項要求是在更新系統之前使用國家地址變更服務來檢查地址，經過詳盡搜索，找不到符合企業具體要求的產品，會議決定在內部建置一個解決方案。我們建立了一個簡單的網站，整個企業都可以使用它來更新地址，網站系統將根據國家地址變更服務即時檢查地址，然後即時將地址更新到所有必要的系統，多年來，該軟體必須更新，增加更多功能，據我所知，目前仍在使用中，決定採取建構的因素是，透過減少錯誤，和可以縮減每個請求 5 分鐘以上的時間以加快流程，這將為企業帶來很多價值，市場上沒有能夠滿足企業所要求的系統，最後，這項建構專案範疇是在企業的能力之內。

▶ 對建議的供應商進行最終核准

當決定由一個新的供應商或系統建置新的功能或服務，委員會必須對供應商擁有最終決定權。這點極為重要，因為只有委員會才能適當權衡平台中的技術和功能。我一次又一次地看到某些機構的數位產品缺少服務或功能，因為他們做了決定去購買整合能力有限的產品，當決策留給那些不是從數位化角度考慮解決方案的部門或小組時，他們通常會為了功能，選擇一個解決方案，而不是考量整合的能力，較舊的系統由於其成熟性而具有更多功能，然而，這些系統通常很難用最新技術進行改造來整合到較新的系統中，如行動平台。

如果這個流程是透過委員會進行，那麼就有機會對這些層面進行審查，並且可以在系統功能和將服務整合到企業數位生態系統的能力之間取得平衡，而這也是確保該服務的底層平台可以和企業其他基礎架構相匹配的機會。例如，如果你的內部專長是微軟平台，而選中的服務卻是在 Linux 平台上運行，必須決定是否該獲取適當的資源來支援該服務，這意味著額外的成本，或者繼續尋找可以運行在微軟平台的服務，以善用內部也有的專業知識。無論這個系統有多好，如果不能得到正確的維護，那麼在終端用戶眼中，都是失敗的產品。

如你所見，該小組非常重要，以檢核和平衡 (Check and Balance) 的形式，為正在進行數位轉型的企業提供有價值的服務，該小組不應決定業務策略，而是提供協助讓數位服務和流程與企業的策略一致。

資料治理 (Data Governance)

在不斷發展的數位世界中，一個企業將資料轉換為資訊的能力將是其生存與消失的區別。如果資料就是金錢，那麼它也必須被治理和管理，儘管這看起來像是數位治理委員會將要處理的事情，但這是一個完全不同的專業，它涉及瞭解有關資料的監管條例和隱私法律，並應該擁有自己的小組。

為什麼需要一個資料治理委員會？想像某天你的團隊購買一項新服務，該服務使用社群媒體幫助確定聲譽。該團隊照章行事，遵循新成立的數位治理委員會的審查流程後讓系統上線，但是，該流程忽略了系統將擷取和儲存社會保障號碼，更重要的是，這些號碼是以明碼形式儲存的。不巧的是，這個系統被駭客侵入，因此，客戶的社會保障號碼被放上黑網 (Dark Web) 出售。客戶注意到此問題，而且違規行為一路追溯回到你的企業，形成無法輕易解決的聲譽問題。

另一個例子是，如果新系統的資料在其他系統中重複，或者與記錄系統 (System of Record) 衝突。記錄系統是資料生態系統中的最權威或最真實的資料來源，換言之，如果兩個資料之間存在衝突，記錄系統將是你信任的源頭，它將生態系統中的所有其他系統連接在一起 (請參閱圖 14.2)。在外部系統上複製資料的成本是高昂卻低效的，也可能導致處理錯誤，資料治理小組負責在你的企業內識別、分類和組織資料，然後決定資料是否可複製或必須做特別的處理，如個人資料，此小組還將負責確定資料品質，隨著每個新系統在企業中建置，越來越多的資料被導入，如果沒有治理來確保考慮到新的資料源，那麼你的企業可能得花數年來清理資料，更糟的是，甚至在不知情的狀況下洩露資料。

　　資料治理小組應該由你的分析長 (Chief Analytics Officer, CAO) 或最相近的同等職位者主持，該小組應包括各部門的特定領域專家們。重要的是，該小組由能夠共同做出決策，並具備識別企業的資料，以及這些資訊對其他流程意味著什麼的專業知識人員所組成。在每個部門，都有一個「關鍵人物」，在會議上，當團隊中有人要求提供資料時，經常就會提到他，這些就是你需要的資料治理委員會成員。

　　例如，你的小組建置一個新的貸款系統，因此需要更改幾份報告，因為報告現有擷取的資料源將會消失，這看起來像是一個簡單的解決方案，只需對報告進行重新調整，從最新的來源獲取資料就可以達成，但這只在兩個系統之間的資料完全匹配才有效。如果新系統具有拆分付款 (Split up Payment) 或允許部分付款的新功能，會怎麼樣？它可能影響到期日或餘額。這表示必須重新編製報告以配合新的資料源。然而，如果沒有像資料治理委員會這樣的小組進行監督，這些問題很容易被忽視，報告或許會出錯直到有人注意為止，不然可能在專案建置期間發現問題，而且由於事先未規劃到專案計畫中，它可能會導致成本的增加或專案時間的延長。資料治理有許多細微差別，對於你的企業是一個必要的持續過程。

　　隨著我們進入包括人工智慧和商業智慧在內的未來，資料將成為推動這些重要服務的動能。一個資料治理委員會應首先查明並審查該企業的所有資料，這可能需要一些時間，企業可能值得聘請專門從事資料對應的人。初始的資料對應將成為你企業的基線 (Baseline)，對企業今後的發展將是無價的，委員會的第二步是審查第一階段所發現的資料之安全性，所有資料的儲存和傳輸模式是否都符合法規監管標準？若尚未符合，讓資料合規的計畫是什麼？同時，該委員會將製定適用於任何新的產品或服務的政策和標準，並添加到主資料目錄中。如上所述，這將減少未來的問題，並

使建置更加順利。

　　圖 14.1 描述資料治理小組將進行的連續循環，由於我們不斷收集大量資料，此循環對你的未來非常重要，資料對應循環是瞭解企業中資料的位置及其與資料生態系統其餘部分關係的流程，將建立與服務目錄類似的文件，其中資料要素都被編錄並註明屬性。表 14.1 代表在資料對應階段最常被擷取的資料要素。

　　參考圖 14.2，可以深入了解每個系統並查看資料的相關性，將資料回溯至企業內的流程、服務、功能和專案，正如你想像的，擁有這樣的工具，對未來將是無價的。

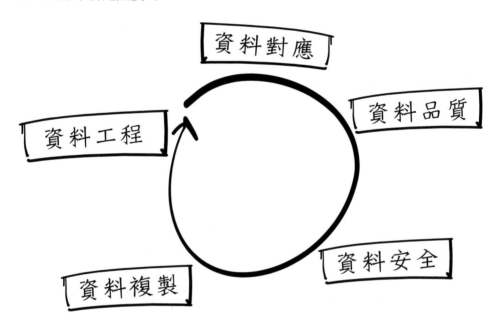

圖 14.1　資料治理循環

表 14.1 資料對應 (Data-mapping) 關鍵概念

屬性	定義
資料類型	資訊是數字、字串還是計算的結果？
資料即時性	資料是即時提供還是由其他系統使用離線作業流程更新？
資料保存時間	在銷毀或移動到離線存檔之前，資料應保存多久？
資料安全	資料是否需加密，如需加密，哪些法規如 PCI 或沙賓法案 (Sarbanes-Oxley) 等，應適用於資料？
資料權限控制	誰擁有權限查看資料？
資料管理	誰應對資料負責？
詮釋資料	是否會使用其他資料來描述或推導出資料？
資料關係	資料要素是否被複製或對應到其他系統中？

▶ 資料品質

資料品質是評估每個資料要素的流程，以確定它是否可用於報告和分析功能。資料點 (Data Point) 會根據行業內的規範進行檢查，以查看是否有超出界限的情況。例如，你有多少次察覺試算表或報告裡有些看起來不對的資料？如：數字太大或太小。這類的報告錯誤通常與資料品質問題有關，該報告來源的資料存在某種程度的錯誤，根據規範測試資料的正確性是重要的流程，將能確定你是否有發生處理的問題或其他錯誤，而造成企業內資料不一致的現象。

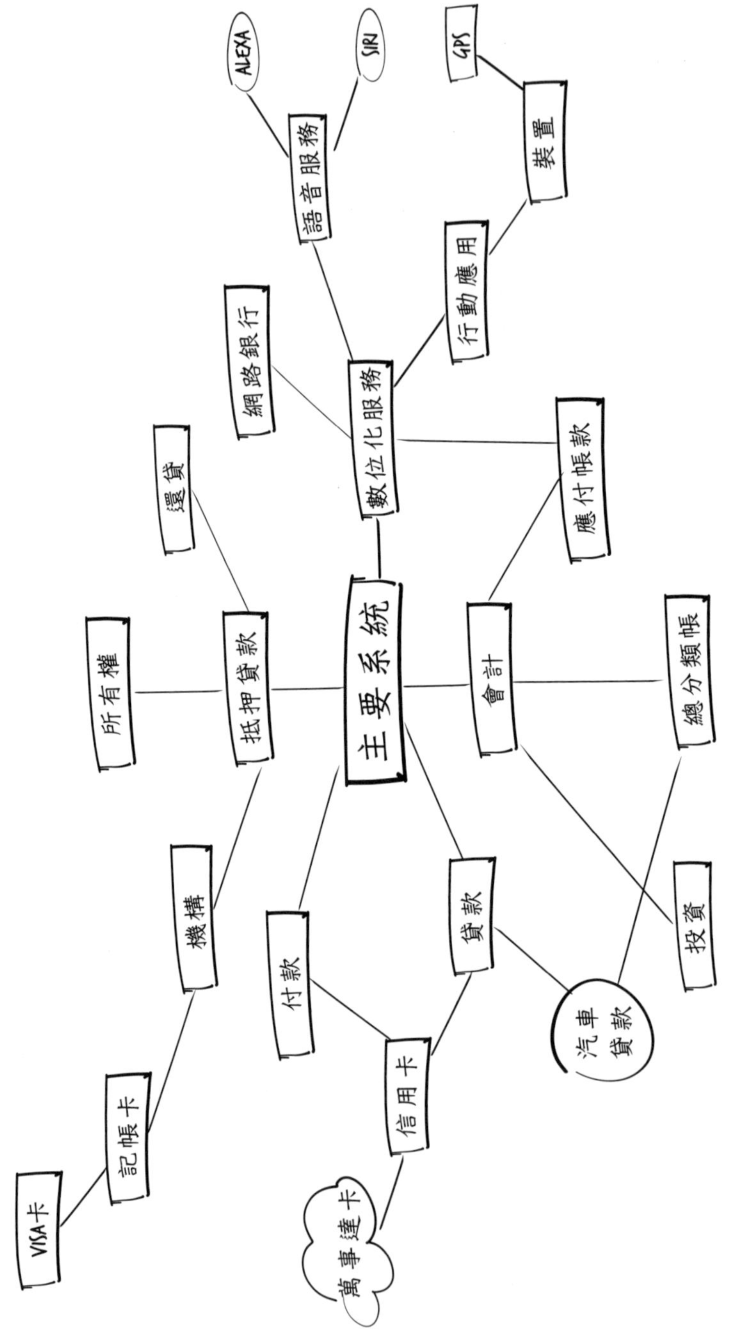

圖 14.2 基本資料對應：高階概觀

▶ 資料安全

資料安全是根據企業的政策、程序以及合規來評估資料的行為，以確保資料是否得到適當的儲存、處理和傳輸。在每天都有新的漏洞和網路威脅的世界裡，這一點極其重要。通常，駭客會透過提高被駭用戶的權限或利用軟體中已知的缺陷來存取資料庫，從而取得對資料庫的內容，但如果資料是加密的，將使他們的工作變得更加困難，因為他們必須先解密資料，然後才能使用，加密將很快成為你企業中最重要的服務之一。

▶ 資料複製

基於方便，資料在系統中經常被複製。例如，將信用評分資料輕易地複製到中央系統的某個欄位中，這樣客戶服務代表就能夠存取它，而無需在貸款平台中建立介面，但，這種便利常常會在企業中造成問題。雖然資料複製的目的，是讓客戶服務代表能夠與客戶共享信用評分資料，但有時候一個新的流程卻可能發現這筆資料再被用於別的地方。如果你不知道資料的來源，那麼這是個糟糕的方法。

在這種情況下，假設貸款系統信用評分資料每週更新一次，但中央系統的評分每月只更新一次，導致新流程正在使用的資料有可能是過時的。所以，該流程還是應該使用貸款平台提供的資料來確保它擁有最新的資料，瞭解和記錄系統中重複的資料要素是非常重要的。另一個常見情形是，新系統或流程中還有一個資料欄位，並再次儲存在中央系統中，而不是建立成本昂貴的資料整合作業（通常是因為沒有資料治理小組，這些問題都是事後才被發現，在預算階段並沒有考慮處理的成本）。有人想出一個聰明的辦法，即編寫一個作業從中央系統來更新這些欄位，這可能又是一

個定時炸彈，然而，對資料的最終用戶而言，重要的始終是瞭解資料的源頭和更新的頻率。

▶ 資料工程 (Data Engineering)

資料工程是確定流程屬性的工作，貫穿整個生態系統中擷取、更新、刪除或歸檔資料。資料更新的頻率是多久？資料是否有應該被刪除的情況？資料是暫時性的嗎？是否應定期清理資料呢？如果資料將被加密，密鑰將如何儲存？加密級別應該多強？你可能以為這是個愚蠢的問題，為什麼不總是使用最強的加密等級呢？但如果採用這種方法，可能整個平台的速度會降低，甚至更糟，因為高級加密會消耗大量的電腦處理效能和電力，所以處理將變得耗時和電費也將暴增。這些都是進行資料工程時應該考慮的因素，導入新的產品、功能、服務或專案，或將引入更多外部資料時，這一點尤其重要。

一旦資料對應完成後，資料政策 (Data Policies) 就緒，現有資料問題正在進行補救，現在是實現資料神奇作用的時候了！儘管所有這些活動本身都很有價值，但真正的價值在於開始將資料投入使用，現在可以開始轉變企業，朝向以資料驅動的模式。任何新專案、新服務或任務，都可以從你的分析長事先驗證每項任務相關的假設中受益；但當我們在沒有資料驅動決策的情況下進行行銷時，就只能根據我們的直覺對社群或客群做出假設。

雖然優秀的行銷人員在做出這些假設方面相當成功，但如果你能利用資料使行銷計畫成效提高 50% 呢？以近期的 Finnovate 獲獎者 AlphaRank 為例 (www.alpharank.io)。AlphaRank 提供的服務讓你識別客戶群中的影響者，並且證明直接向這些影響者行銷，將大大增加對任何產品或服務的採

用率，正如預期，在與像 AlphaRank 這樣的公司互動之前，你必須能夠收集資料，對其進行匿名處理，並以安全的方式將其發送給他們的團隊。如果你曾參與過這樣的工作，你就知道從你的企業獲取必要資料通常不太容易，需要整個企業的跨部門協調和一份全面的專案計畫，這個過程往往是成本昂貴且耗時的。資料治理的另一個副產品是，在為你的企業所參與的每種產品、專案或服務設定成功指標時，將變得容易得多，而且透過監控這些指標，企業可以決定何時放棄或何時投入，以及如何轉向以創造成功。「資料」將是推動企業前進的新燃料。

資料是推動企業內創新的最重要因素，創新本質上是有風險的，但沒人知道風險有多大，資料有助於驗證你的假設，從而幫助你推動創新。

當我在 2014 年創辦 BIG 時，我想到了一個產品。我第一次在信用合作社的一場大型會議上演講，該企業所有管理人員坐在大圓桌旁聽我說話。我談到行動錢包，我發現可以與觀眾進行一次快速的非正式市場調查，因為我必須驗證我腦子裡所想的東西。我的想法是，非知名銀行和金融機構並沒有對 Netflix、Hulu、亞馬遜和 iTunes 等新興的數位生活型態的應用系統進行大規模滲透。所以，我提出了一個簡短的問題。我問，「擁有 Netflix 帳戶的人請舉手。」我不確定會發生什麼，但直覺告訴我應該是一個很大的數字，現實是幾乎整場都舉起手。我連忙說，「請放下手」，然後我問，「如果你是綁定 (你工作的金融機構) 的記帳卡或信用卡到你的 Netflix 帳戶來進行支付服務，請舉手。」同樣，我不確定會有什麼結果，但我想，這一切都將歸結於此刻。然後，不到五隻手舉起回應我的提問。我被嚇壞了。這些人是這家金融企業的管理人員，如果連他們都沒有綁定自己金融機構的記帳卡或信用卡於這些帳戶，怎麼能指望客戶會這麼做呢？我重複這個模式，再詢問 iTunes、亞馬遜和 Hulu，但也得到相同的結

果。之後，我與 10 家中型金融機構合作進行正式調查，以瞭解我的非正式市場調查，能否有更大的驗證數字。

這個過程對於和我工作過的很多機構來說並不容易，事實證明，編寫這些調查報告很困難，因此我建議所有企業都應該盡快成立一個資料治理委員會。在這種情況下，我有了一個想法，這將增加對這些帳戶的滲透，然後促成 SetitCredit.com。但在我開始這個旅程之前，我用真實資料驗證了我所有的假設，這就是資料如何支援你企業創新的方式。

章節回顧

★ 資料＝金錢。

★ 如果沒有資料治理委員會，請立即開始。

★ 資料對應 (Data Mapping) 是第一步也是最重要的一步。

★ 資料可以用來驗證新服務、產品和專案的假設，但只有在資料淨化且具組織性的情況下才能信任它。

★ 許多未來的服務將取決於以快速、有效的方式發送和接收資料的能力。

★ 資料將推動創新，因為擁有良好的資料能夠評量風險。

第15章

運用資料分析

先生，很抱歉您的卡被拒絕了。您還有另外的付款方式嗎？

現在我們了解到，什麼是資料分析和為什麼它很重要，以及我們需要什麼才能繼續生存，讓我們藉由一些簡單的使用案例幫助你入門。

在討論案例前，我認為瞭解客戶的「為什麼(Why)」很重要。不久前我看了賽門‧西奈克(Simon Sinek)的TED演講，他介紹一個黃金圈理論來說明，如何了解你為什麼這麼做：在黃金圈的中心是「為什麼(Why)」，下一圈是「怎麼做(How)」，最後一圈則是「做什麼(What)」。西奈克提到，大多數人的溝通是由外而內進行，也就是他們會從做什麼開始告訴你？接著是怎麼做？然後才進入許多模糊的為什麼(What → How → Why)。然後他以蘋果公司舉例說明，如果採用這種方式進行溝通會發生什麼事。蘋果從做什麼開始：「我們銷售很棒的電腦。」；然後他們開始思考怎麼做：「我們的電腦只用最好的零組件、並且非常謹慎地做到讓客戶很容易使用，所以大家都想買它。」；但客戶「為什麼」買蘋果電腦在這個過程中卻是不清楚的。

西奈克注意到真正有效的溝通者和真正有效率的公司是從「為什麼」入手，再一路貫通到「做什麼」。以蘋果公司的案例，「為什麼」是：「在蘋果公司我們有不同的思維」，然後「怎麼做」將與不同的思維相關，或許回應是：「我們挑戰現況，我們只用最好的零組件，我們有創意地能讓軟體與硬體精細地連接在一起。」「做什麼」則是：「我們讓人們想買一部電腦。」正如你所見，翻轉這個圓圈將由內而外改變了整個溝通(Why → How → What)。這讓我想到客戶們早上起床時，會想做什麼，你可以做一些事情來關注為什麼，而它們全都來自分析。

展望未來

2008 那一年世界崩潰了，在我所工作的金融業，那真是一段恐怖的時光，我們損失了非常多錢，也開始意識到催收部門必須擴大。當時高階主管的真知灼見，馬上招募 80 名催收員，使催收員的人數增加了 16 倍左右。正如你想像，這對整個系統是一大衝擊。

當人們發現他們在市場最高峰時買的房屋已經不值得繼續付款，抵押貸款泡沫終於破裂，制度中存在著道德的敗壞，金融業將不良的貸款混搭在好的貸款中將其出售，最終一切都破滅。人們失去了家園和工作。

當時我們試著想瞭解的是，如何能搶在事前發現那些人將要失去貸款或未能償還貸款，如何能在違約發生之前判斷某人財務狀況不佳？有一天，我終於想出一個簡單的解決方案。

大多數人寧願用直接存款 (Direct Deposit) 來領取薪資。我不知道你怎麼想，但我已經很久很久沒去銀行兌現支票了，所以當薪資存款存入時，通常會被存在此人也有貸款的金融機構，因為這麼做比較便於還款。

同時，薪資存款率開始下降，我開始懷疑為什麼。我想「在某種特殊環境下，如果某人的薪資存款帳戶停止存入，表示他們可能失去工作。」或許也有其他可能的原因，但對我們來說，這是一個很好的起點，這是銀行能掌握的重要資訊，在資料分析清單中添加此項指標，能夠識別需要幫助的客戶，你應該仔細想想，這正是打電話關心客戶的絕佳機會。

試想一下那通電話要怎麼進行。請記住，直接存款也可能因其他理由而停止，因此得體且尊重地處理此問題非常重要。在我工作的那家銀行，員工們這樣說：「您好，某某先生或小姐，我注意到我們不再收到您的薪資存款，我們擔心可能有什麼錯誤，或者是您換了另一家金融機構，我們想

知道有什麼可以改善的地方？」如果這個人失去了他的工作，你可能會得到一個含糊的回答，像是「我不再做那份工作了。」這個人也可能找到另一份新工作，在這種情況下，你有機會繼續成為他們新的薪資存款帳戶，寄一張薪資存款申請單給他們，或者直接將申請單寄給他們的新雇主。

也可能此人失業了，尚未有新工作的計畫。你可以查看其貸款並告知：「我們有一個名為『略過付款 (Skip a Payment)』的方案，讓你先不支付貸款，我們將重新安排貸款，或者重新計算貸款，重新調整利率，給你一些時間讓你渡過難關。」正處於壓力大的時候，當有一家銀行打電話來說：「我是來幫你的。」客戶將會終生難忘。

以上涵蓋客戶可能停止薪資存款的二個原因：(1) 失業，或 (2) 換工作，或者還有第三個原因，例如他們換了另一家銀行，這可能表示他們也將轉移其他帳戶。這同樣也應該打通電話，因為值得理解他們為什麼離開，也許有可能重新恢復業務，但如果銀行無法意識到這個趨勢並採取行動，那麼證明客戶的離開是正確的。

至於第四個原因並不常見。假設發生可怕的悲劇，客戶已經死亡怎麼辦？這也值得打通電話，幫助其家人維持財務穩定。

最後，薪資存款可能停止的第五個原因是，人為或技術的錯誤。如果是客戶雇主的財務人員忘記處理支薪，情況會如何？如果雇主的薪資處理系統出了問題該怎麼辦？如果工作記錄的時間不正確呢？如果是銀行出現錯誤，導致該帳戶無法入帳怎麼辦？能接到金融機構的電話通知是很貼心的：「我注意到你的薪資存款本月或本週沒有入帳，但過去都是正常入帳。」當一個企業這樣做時，是真的可以幫到客戶。

無論出於什麼原因，如果薪資存款停止，都值得打通電話給客戶。這是一件簡單，又可以追蹤的事情，也很容易做預測分析，因為結果易於理

解。當某人的薪資存款停止，就可以預測可能是這五件事的其中之一發生了。

要做到這樣，從事策略和資料分析的人必須說：「嘿，我需要識別所有的薪資存款帳戶」，然後銀行開始追蹤這些帳戶。被標識的姓名應該出現在客服中心的撥打清單中，同時列出如何進行對話的概要。這事雖小，但卻可能攸關維持或失去忠誠客戶，所以當銀行知道「為什麼」的時候，就可以執行這件簡單卻重要的事。

信用卡的使用

依商家(特店)別的信用卡使用紀錄，對於可化為行動的資料分析非常有用。我喜歡詢問銀行和信用合作社的執行長：「如果一直以來我都是使用你們金融機構的信用卡或記帳卡購買我的機票，突然間我停止這麼做，你們機構會有人打電話給我嗎？」答案幾乎總是否定的，沒有人會打通電話，甚至沒人會注意到這個情況。這類收益我們稱之為交換 (Interchange)，對金融機構非常有價值，這只是追蹤客戶趨勢和行為，根據更大規模的資料分析策略中相關聯的一小部分資料。當客戶的固定行為模式消失時，銀行有機會找出為什麼，並做些改變。

旅行行為的追蹤非常容易，因為消費者在前往目的地前會先通知銀行，因為希望在目的地也能夠正常使用信用卡。當他們出國或外出旅行時傾向於讓金融機構知道，因為類神經網路，亦稱為人工智慧欺詐演算法，將預防信用卡的使用在不符合他們的正常行為時失效，其中包括在國外旅行。金融機構為何不追蹤客戶在旅行時的信用卡使用情況，並鼓勵他們使用該機構的銀行卡呢？甚至向他們提供個人化的獎勵做法。

這是分析的另一個簡單用法，但更重要的是有機會拿起電話與人交談。我敢打賭，很多時候銀行聽到某特定消費者已決定使用航空公司信用卡或其他一些基於獎勵的卡，在其心目中，這種卡片給他們一種價值感知，讓他們覺得比原來使用的金融機構卡片更好。然而這些新卡片通常有手續費和較高的利率，如果你只用簡單的算術，然後說：「你拿到一張新卡很棒，它還贈送兩個免費行李箱和額外的里程數，但每年將有 400 美元的手續費和更高的利率，比你原來使用的卡片花費更多的錢，而且原來卡片的利率只有 10%，用你省下的錢還可以再多買三張機票。」不幸的是，大多數銀行都沒有跟客戶講這些故事，結果就失去了生意。透過資料分析，將使銀行能夠識別這些客戶群，並保持業務。

對依商家（特店）別的信用卡使用紀錄進行一般追蹤也很有用，它可以幫助銀行精準地確定某些特定組織或客群中的人們依賴那些商家（特店）。例如：亞馬遜、iTunes 和 Netflix 是廣受歡迎的零售商和服務網站，幾乎遍及所有族群。不需進行繁重的資料分析，只要衡量你的金融機構發行的卡片在這些零售商的使用情形，就可以識別這些組織和其滲透率。下次當你參加大型會議，所有管理者都坐在圓桌旁時，就可以站起身來詢問，請會議室裡每一個擁有亞馬遜帳戶的人舉手。

根據我的經驗，會議室裡至少有 90% 的人會舉起手來。如果他們有綁定自己服務金融機構的信用卡或記帳卡到亞馬遜帳戶作為付款之用的，請他們再次舉手。除非你是在一家大型金融機構工作（例如，大通、花旗銀行、第一資本、美國銀行），否則你的員工中，只有小部分的人在這些數位供應商中，會使用你的信用卡。問題是「為什麼？」他們的動機是受到紅利積點的激勵嗎？是出於安全考慮嗎？是習慣成自然，因為很久以前就開始用這張卡片在網上購物，然後現在只是肌肉記憶的自然反應嗎？如果是

這樣，我們必須瞭解「為什麼」，並打破這種習慣，或找到正確的動機。追蹤「為什麼」，始終是很重要的。

最近當我和團隊正在對一家信用合作社的採購進行統計分析時，我們發現多筆來自 Netflix 的 40 美元交易圈存。這些交易被我們分析為異常值。畢竟，如何才能在 Netflix 的進行一筆 40 美元的交易？通常的費用是 12 美元左右。我可以理解幾千筆交易中，可能會有一、二筆這樣的收費，但這個檔案有數百筆。

在與信用合作社審查檔案後，我們認定這是欺詐行為。我開始懷疑透過使用一個簡單的程序來追蹤應該保持一致的收費，還能從訂閱服務中發現異常交易，我的追查清單包括 Spotify、蘋果音樂 (Apple Music)、Hulu、DirecTV 等。追蹤和理解異常值將是金融機構未來的新功能，就像類神經網路透過觀察與你平常模式不符的交易來阻止信用欺詐一樣，使用同樣科技的新技術將用來判斷客戶是否面臨貸款違約風險或正捲入犯罪，或正處於離婚狀態。異常值的方式是另一個簡單的獲勝法則，可以在任何金融機構實施，以減少欺詐並為客戶提供服務。

監控使用情況

不久前我在一個基於網路生產力工具的網站上註冊一個帳戶，讓我們稱它為〈快樂走運 (Happy Go Lucky)〉。在那段時間我經常使用該網站，然後這個專案完成後，我就沒有需要繼續上那個網站。大約一個月之後，我收到來自〈快樂走運〉的電子郵件，上面寫著：「親愛的約翰，我們想念你。你什麼時候回來？」我想「哦，他們想念我了。」然後我知道網站經營者注意到我的使用率已經下降了。

我經常詢問執行長和科技長是否監控數位通路的使用情況，如果有人停止使用，他們是否與客戶聯繫以確定他們停止使用該網站的原因，這條訊息不應該是虛假的，也不應該與你銀行的訊息不同步，但應該鼓勵他們再回來，或者更重要的是，要設法找出他們為何不再使用的原因，因為如果不能找出答案，那麼我們遇到的麻煩會比想像的更大。

這些是分析的絕佳使用案例。不要被嚇倒，資料分析可以讓你輕鬆地開始查看資料，甚至可以看到使用這些簡單案例的直接結果，僅僅打通電話問一個問題來理解他人的行為是多麼地簡單。

了解「為什麼」的關鍵是，願意挑戰產業和企業的傳統智慧。金融業有很多常見的想法，但透過資料分析可以讓你知道其中有多少是真實的。想想這些假設：

■ 帳單支付具有黏著度。

■ 數位客戶比分行客戶便宜。

■ 行動客戶主要由千禧世代所組成。

■ 只有 25% 的消費者使用分行。

■ 擁有兩種以上產品的客戶，其信用風險較好。

每個案例都牽涉瞭解客戶的「為什麼」。為什麼帳單支付具有黏著度的特點？是因為一旦他們花時間設定其受款人，客戶就很難將資料移轉到其他金融機構嗎？這個理由實際是有風險的，因為它只是時間問題，這個假設僅在某人 (或許是瀏覽器外掛程式) 設計出自動移轉受款人資訊的方法之前有效。瞭解「為什麼」，將可讓金融機構轉向為客戶提供更有利的情境，例如為使用該服務提供獎勵制度，或讓客戶能匯出和匯入其受款人資料，類似於 Outlook 或 Gmail 等郵件客戶端的聯絡人。

數位化101個「為什麼」

以下是我在檢查企業數位資料時，注意到的一些常見問題：

■ 超過 15% 的數位用戶被要求使用多因子驗證。如果超過 15% 的客戶群必須回答額外問題才能使用數位服務，那麼以下的兩者之一可能出錯了。

- 你的多因子驗證並非正常地運作。這裡有個很好的例子：我經常使用那些網站，出現點擊框寫著「當我使用這台電腦時，30 天內不要再向我詢問密碼」。我勾選該框，但這些網站在下次登入時仍會問我要密碼。由於我有撰寫線上服務程式的背景，我知道我沒有清理 cookies、更改 IP 或數位足跡中的任何其他部分，這些會破壞類似該點擊框的工作方式，但在許多網站上該功能根本起不了作用，這會讓客戶非常沮喪。重要的是，網站的安全性也是你廣告行銷的一部分，因為如果不這樣做，客戶將對登入後的服務失去信任。

- 你有可能受到駭客攻擊。你的企業有可能正在慢慢受到網路罪犯的控制，他們正在測試你的安全服務的極限，這些資料通常很容易被發現，然而如果沒有密切關注趨勢，就很難在典型數位服務提供的資料海中發現這類資訊。

■ 使用行動的比例在數位客戶中不到三分之一。如果你的數位行動用戶不到你的數位客戶總數的三分之一 (數位客戶是過去三個月內積極使用數位服務的客戶)，那麼表示你的行動應用程式是有問題的。以下是我發現的一些常見情況：

- 客戶無法登入。許多企業將其憑據的登入憑證交由網路銀行的提供商發行，因此必須為行動應用程式建立新的登入憑證。這對於客戶而

言，是無法接受的，而且許多客戶不會很努力地試著使用你的行動應用程式。

- 你的行動應用程式缺少客戶期望的關鍵功能。例如，你不能支付抵押貸款、或查看你的商業帳戶、看不見信用卡帳戶、或者你無法在行動應用程式上支付汽車貸款。如果行動應用缺乏實用性，可能會導致企業行動平台的死亡，因為客戶很難從缺乏服務的認知中恢復過來。

- 你在 iTunes 和谷歌 Play 商店上的評論都很糟糕。我見過很多次，企業並不監控他們在這些服務中的評論，因此他們的名聲很差。客戶確實會查看其他人的回饋，他們根據回饋的數量和品質來決定是否值得下載該應用程式。許多企業只因為在應用程式商店中一個評價差的行動應用版本而聲名狼藉，並且永遠無法恢復名聲，恢復的關鍵是應該與客戶合作，讓他們審查應用程式。誠實的評論很重要，我不是說要「購買」或「鼓勵」好評，而是要試著讓你的客戶告訴你，他們對應用程式的感受，當你發現有不好的回饋時，也應立即處理。

■ 線上代收代付業務扣帳的規模是代收代付業務入帳的兩倍多。這絕對是欺詐的跡象，應當立即予以調查。任何允許資金從帳戶中移出的轉帳形式，都應定期進行審查。

- 我多次發現代收代付業務公司的欺詐案可以追溯到數月之前。這是因為犯罪分子將目標鎖定老年人的帳戶，這些老人或許沒有像其他人那樣密切地關注自己的資金，或者缺乏建立警示或線上核查的技術能力。欺詐者經常透過社交工程的手段進入這些帳戶，然後從帳戶偷走資金轉入代收代付業務騾子帳戶 (Mule Accounts) 中，而不會引起企業安全系統的任何注意。

■ 數位活躍用戶不到總客戶的三分之一。這是一個很大的危險信號，因

為它可能意味著客戶的年齡結構太高，以至於數位服務對他們不具吸引力，或意味著數位服務表現欠佳，因此沒有被使用，更糟糕的情況是，數位服務還不錯，但卻沒有正確的行銷方式。

接下來，是可以在你的金融機構實施簡單的「為什麼」工具和準則。第一，追蹤你的薪資轉帳存款帳戶，如果它中止了，請找出原因。第二，在 Netflix、亞馬遜和航空公司等主要供應商網站上追蹤人們對你金融機構信用卡的使用情況，觀察趨勢並留意下降跡象。如果停止，請與他們聯繫找出原因，關注下降趨勢和數位通路，特別是那些你希望消費者使用的通路，例如網路銀行和行動銀行。如果有下降，請追蹤這些客戶並問他們為什麼，因為當我們瞭解為什麼 (The why)，然後才可以知道如何處理 (How)和能夠做什麼 (What)。

數位行銷

金融機構已經不能再依賴過去使用的行銷手段了。在行銷方面，大多數金融機構仍深陷於數位黑暗時代，他們依靠印刷媒體、廣告看板、分行廣告招牌以及數位通路中的橫幅廣告。

當數位通路發展成為更加個人化的平台時，客戶將能夠控制他們的廣告，而且大多數客戶可能會選擇取消全部行銷廣告，你的數位轉型策略應該包括徹底反思你的行銷策略，以利用新的數位平台。

首先需要掌握的行銷技巧是集客式行銷 (Inbound Marketing)。集客式行銷是一種透過提供與你的產品和服務相關的豐富內容，來吸引客戶使用你的產品和服務的行銷方法。金融機構已經這麼做了一段時間，例如，我

記得曾幫助 Suncoast 信用合作社舉辦關於抵押貸款或退休規畫的研討會，有關財務健康的文章以印刷品方式定期發送給客戶們：我們的理念是提供有價值的內容，並不是明顯地一味推銷你的產品或服務，而是教育客戶瞭解產品服務的各個面向；我們的目標是成為客戶信賴的金融服務顧問，因此當客戶需要財務幫助或新產品時，我們將成為他們第一個尋找的對象。

在數位時代，這一過程已經從將行銷廣告寄送到某人的住宅，演變成寄送與客戶財務生活相關的目標文章到他們的電子郵件，完成這項任務的關鍵是執行本書談的資料分析相關內容。資料分析將揭示客戶的具體需求，以吸引客戶注意力的主題突破電子郵件系統的過濾和垃圾郵件處理機制，讓你能和客戶互動。這些文章的內容可以有多種形式，例如，如果要推出新的產品功能，則建立演示該功能的視頻可能很有用；如果希望擴大投資組合，你的投資團隊可以為投資製作播客或部落格。在柯克・德雷克 (Kirk Drake) 的《CU 2.0》書中，他描述一種行銷訊息是提出更多問題而不是吩咐某人該做什麼。他說：

> 我們有免費的支票帳戶！但這麼說是不夠的，這條訊息需要同時做到教育和宣導，提出一個更有力的問法是：「你需要一個免費的支票帳戶嗎？」

如果消費者切入並關注這個主題，將找到一篇精心撰寫的文章，描述這個免費的新支票帳戶的價值，而不是找到用條列式描述產品特點的說明頁面，明顯地一味推銷該金融機構的產品。這篇文章的撰寫方式也會被谷歌 (Google) 和必應 (Bing) 等搜索引擎所採用，來自網際網路搜索帶來新的流量，流量將會影響人們尋找免費支票帳戶的資訊。如果你的文章對他們有用，他們會回來獲取其他財務資訊，透過這種方式可以吸引新客戶。

你可以選擇以不同的視角或更詳細撰寫關於該主題的多篇文章，每篇文章都可以用來從讀者那裡收集資料，並確定哪些文章的資訊與客戶產生了共鳴。

如今你的企業可以召開數百名與會者的網上研討會，你可以使用網上研討會工具提供免費內容和財務建議，網上研討會還可以記錄並在 YouTube 或 Vimeo 視頻上重覆使用內容。如果一張圖片值千言萬語，那麼一段視頻就值千百萬。我千禧世代的兒子和朋友們，在 YouTube 上尋找各種教學視頻，諸如修理車子到如何在電子遊戲中完成一個關卡。如果在 YouTube 上搜尋「抵押貸款」一詞，可以快速發現 179 萬條結果，儘管有很多關於如何獲得抵押貸款的視頻，但卻很少是由金融機構專業製作的，但像抵押貸款這樣複雜的流程，正是客戶希望看到簡化教學的主題。

集客式行銷還包括使用技術追蹤你在所有通路中的進展，行銷市場上最富有創造力的工具之一是 HubSpot。事實上，HubSpot 的執行長布萊恩・哈利根 (Brian Halligan) 創造了「集客式行銷」這個詞來描述他公司的業務，集客式行銷是指有關運用資料的能力，並使用它來確定客戶的個人身分，並利用這些情報為他們提供有價值的資訊。

走出你現有的框架吧！如前所述，假設某天你的客戶可能不需要使用你的網路銀行、網站或行動銀行平台來獲取其餘額或歷史記錄。當這種情況發生時，它將影響金融機構長期依賴的橫幅數位行銷，因此，需要採用新的行銷科技，包括電子郵件、社群媒體和有針對性的網站行銷，然後，你的企業將需要合作夥伴、聘用或者學習像谷歌、亞馬遜和蘋果等大公司的行銷能力。我幾乎能聽到你們傳來的嘆息，我意識到，你相信大公司所做的是你無法企及的，但我從自己的經營中學到這些工具，其實是普通金融機構也能達到的。在過去，大型搜尋引擎會給大的內容供應商帶來更大

的影響力，然而，新的搜索引擎演算法更加重視與區域相關的內容，這意味著，如果你的企業可以撰寫包含有關本地社區相關財務要點的文章，那麼你的文章就可以顯示在主要銀行的文章之上。如果你需要知道，該如何決定寫什麼，我有一個簡單的提案：

第一步：尋找千禧世代。他們很容易找到，看看當地的時尚咖啡館、咖啡廳或當地餐館（非連鎖餐廳）。

第二步：讓他告訴你，他對買房的瞭解。很可能這個人會有更多的問題，而不是答案。

第三步：記下他的所有問題（確保你抓住所有細節）。

第四步：讓你的員工或者雇用某人撰寫文章來回答這些問題。

第五步：選擇其他主題，如支票帳戶或信用卡，然後再回到第一步。

這樣會使你成為教育工作者，所有人（甚至非千禧世代）都尊重教育工作者。如果你能成為一名教育工作者，那麼你就能成為一名顧問。

既然你有一些很棒的內容，現在是時候說出來了。像 HubSpot 或 Marketo 這樣的工具就可以幫助你建立計畫，在對的時間、透過對的通路、向對的人提供這些文章，什麼時候該發一條推特、一條帖子或一封電子郵件，這是一門藝術，不是一體適用的方法，一旦能夠達到這個水準級別，就應該停止你多年來一直使用的複合成員角色 (Composite Customer) 行銷方式，將所有的客戶同質化，這種方法不再有效，因為一般人都能看穿同質化的電子郵件主旨、推特或臉書貼文。二者的差別在於一封電子郵件的主旨行寫著：「透過將你的餘額轉移到我們較低利率的信用卡來省錢」；另一封主旨行寫著：「想知道如何每年節省 1,398 美元嗎？只要透過將花旗信用卡的餘額轉移到我們新的低利率信用卡。」第二個主旨行的特殊性，使

得它更有可能被預期的收件人開啟，但關鍵在於主旨行必須是真實的，要做到這點，你就需要利用有關客戶的資料，好消息是我們擁有如同上述方式的個人化優惠定價技術，請與你的資料治理委員會合作，獲取客戶的信用報告資料，每個客戶都必須是個人化的，行銷必須根據客戶的具體需求量身訂製。

即使在你成功地客製化行銷並開始向客戶發送特定內容之後，你可能會發現他們仍然沒有打開你的電子郵件，新的電子郵件工具和其他通路的新工具，如社群媒體，使我們能夠看到誰在打開我們的郵件或閱讀文章。當你發現客戶對你的行銷沒有反應時，你就應該啟動「B計畫」，就像A/B測試一樣。

A/B測試或拆開測試是為市場行銷活動建立兩個不同版本內容的流程，然後將行銷受眾分成兩部分，各組將發送不同版本的內容，可以監視每個版本，以確定哪個版本在吸引客戶注意方面更為成功，然後將兩者中最好的那個用於未來的行銷活動。許多企業將連續使用A/B測試來導入他們的行銷訊息，並確保它能引起每個人的共鳴，其他企業則使用這個流程來吸引那些對個人化內容沒有反應的用戶。

你提供的內容應該有供人們評論的機制，這非常關鍵，因為它可以讓你的客戶提供有關內容的回饋，而且有一個額外獎勵就是提升你的內容在搜索引擎結果的排名。但是，你也必須準備好在這些論壇中接收負面內容，沮喪的客戶很可能就會透過評論來表達他們對金融機構的不滿，這些內容可能與他們曾經有過不好體驗的服務或產品有關。大多數企業的第一反應是刪除此類內容，但我認為，除非內容在某種程度上是粗俗或不恰當的，否則刪除此類內容是個壞主意，在公共領域解決問題會好得多。如果客戶認為論壇正在被版主審核或審查，他們將不再相信評論中合理的建議

和讚譽，其他社群媒體訊息來源、iTunes 應用程式評論以及其他公開數位論壇也是如此，客戶可以在這些論壇上公開表達對貴企業的不滿。有什麼比快樂的客戶更好？讓一個原本不滿意的客戶，轉變為快樂的客戶，就在你眼前。

在數位行銷領域成功的另一個關鍵是，克服過去阻礙企業進行數位行銷的一些文化問題，在新的世界裡，你必須準備好在某些金融機構及其董事會認為有問題的地方進行行銷，例如 Reddit、Twitch.tv、Facebook、谷歌及社群部落格，這將使得你的企業現身於客戶期望看到廣告出現的場所，其實這與沿著主要公路上有個廣告看板沒什麼兩樣。

另一個關鍵部分是確保行銷訊息在每個通路中保持一致。無論客戶選擇何種方式在何處與企業互動，他都應看到或聽到相同的訊息，此外，如果客戶在一個通路抱怨某項產品，則所有通路都應該知道這個消息。

當客戶閱讀一篇文章或幾篇文章後，會發生什麼情況？是時候將他們轉化為商業機會了。這可以透過多種不同的方式完成，例如你可以在網站螢幕上與客戶聊天，還可以在內容頁面上顯示產品的橫幅，最後你可以做一些瘋狂的事情。你可以 (但這看起來很怪) 透過手機、Skype 或一般電話線撥打給客戶，沒錯，你可以使用客服中心的撥打模式與客戶進行互動，建立業務機會順序清單，當客服代表有空閒時，他們可以利用時間向潛在客戶透過事先規畫的對話腳本，撥打給潛在客戶進行推銷，這些談話與冷淡的推銷電話大不相同，這是因為根據客戶的線上行為，你知道他們對你試圖提供的產品或服務感興趣，這樣的對話通常比一般的推銷電話容易得多。

另一種不斷發展的數位行銷方法是編寫一本關於某主題的電子書。電子書通常比一篇文章長，而且是以能夠為讀者提供快速價值的格式完成，客戶提供電子郵件地址或其他聯繫資訊作為獲取電子書的交換條件，一旦

用戶提供他們的電子郵件地址，系統就可以開始向他們推銷他們感興趣的產品。

　　另一個注意事項：沒人想要你的日曆、泡沫塑膠手指和冰箱磁鐵（編註：指印有銀行標誌的日常小東西）。事實上，大多數不銹鋼冰箱前門都不再是磁性的，這裡有一些更好的項目，可以將公司標誌印在上面送給客戶，像是：USB 隨身碟（至少 8 GB）、USB 充電器（這些是金色）、USB 集線器、螢幕清潔器和智慧手機信用卡保護殼等，如果你的行銷要數位化，那麼你的行銷材料也應該是數位化的。

　　開發數位行銷策略對數位轉型至關重要，使用數位行銷來教育你的客戶和數位服務的潛在客戶是完美的絕配。

章節回顧

★ 在數位時代，策略必須得到資料分析的支援。

★ 資料分析使金融機構能夠預測有風險的消費者，還可以幫助銀行發現消費者行為和環境的變化，讓他們建立一個有助於企業和個人的重要聯繫。

★ 資料分析可以幫助金融機構發現客戶行為背後的原因。

★ 你的策略必須包括利用新數位平台的行銷策略。

第 *16* 章

大數據與殭屍末日

重新下載資料！

你可能想知道大數據與殭屍末日劫難究竟有什麼關係，當我思索世界末日的規則時，然後以同樣的思維邏輯思考著新數位世界的規則，特別是在銀行業。之前我說過不打算寫一本書嚇唬你進入數位化會碰到的問題，事實上，我試圖做的是幫助理解如何實現數位化，而其中包括花點時間持續說明資料分析的真正意義。

我扼要重述：如果你不記得為什麼我們將出現一個末日般的世界 (Apocalyptic World)，請回顧第 13 章討論的 TIONS – 交換壓縮、侵蝕、數位化、行動化和去中間化，我們還談了一些關於支付方式和如何交換 (Interchange) 不會消失的理由，但是它正遭受價格壓縮的困擾，隨著時間過去，我們將看到更多的價格壓縮 (Price Compression)，替代性的支付將會更便宜，這意味隨著業務轉移到代收代付業，我們看到不同的支付模式將削減我們的收入，可預期的是，更多的改變將會發生，貸款業務將會改變，信用分數 (FICO) 是不夠用的，汽車貸款的欺詐行為導致貸款欺詐案件增加、破產的案例增多，對吧？學生貸款也成為焦點，持續看到消費者金融保護局 (CFPB) 發放損害賠償金，考慮到目前消費者金融保護局後續可能無法承擔更多的賠償金額，加上行政部門的逐漸強勢，我確信將持續看到銀行領域受到更多審查。

在這個新的末日般的世界，我們要如何生存？我開始想像用殭屍電影和電視劇中的角色來說明如何存活。首先，它們常是瞬息萬變的，這類似於我們將要學習如何更能應對瞬息萬變，更具行動性，特別是在資料和服務方面，這也就是雲端興起原因。

在殭屍末日的世界裡，你還得多做一點努力，走遠一點。一個資源匱乏的世界，對銀行業意味著什麼？在稀少性成為新法則的世界，銀行無法指望像抓住一隻大象般的大客戶獲得暴利，那些設法抓住大象的銀行必須

想辦法在未來留住大象，這樣它才能維持，更重要的是，你也必須弄清楚如何仰賴兔子生存，並且需要很多的兔子才足以供養銀行。

在末日世界裡，還要記住另外一件事，法律並非社會規則的主要因素。舊的規則已經不再適用，特別是關於彼此友善和公平競爭的規則，銀行將不得不為自己的地盤而戰，這個特別的行業正面臨一些巨大困難，基於監管規則，我們必須確實學會為自己規畫業務模式，以確保我們的陣地不會輸給金融科技公司和其他競爭者。

末日風險 (Apocalyptic Risk)

我們需要快速識別風險，重要的是要注意識別風險和不惜一切代價規避風險之間的區別。有些風險是可以承擔的，要想永遠避開風險是辦不到的，然而，如果金融機構能夠迅速識別風險並做出反應，那麼他們就有生存能力，正如本章後面將討論的，資料是識別風險和決定如何回應的關鍵。

我父親是個軍人，他常說高速、低阻力，表示他喜歡快速移動並拋棄任何阻礙他前進的東西，在這個世界，機會將瞬息萬變，今天的情況可能不會出現在明天。例如，我知道很多金融機構都成立團隊，當接到某位客戶打電話說：「我希望能在 10 天完成我的汽車貸款」時，將回覆他們會回電給客戶，不過有時候可能會在 1 小時之後才回覆。在現在的世界裡，1 小時太長了，你的客戶可能已經在別處取得貸款，走完程序，而且正開著新車離開，此時你的貸款才撥下來，然而你的客戶卻已經向汽車公司或其他公司完成貸款。我們必須學會更快速地反應，並且學會擺脫那些拖垮我們的事情。

在這個過程中，我們還必須學會輕裝旅行，那在我們的行業中並不常見。我們生活在這樣的世界，如果你有一個通路，我們並不反對擁有通路。我們不會扔掉一切，例如：得來速、提款機、自動櫃員機、語音系統、網路銀行等，我們仍然擁有這些通路，也沒有計畫逐步淘汰任何東西，現在我們還在持續新增行動功能，但問題是更多的通路需要更多的資源，如果沒有聚焦和規劃，將會阻礙發展，但資料將為我們指明方向。

末日中的人員配置

如果你用末日理論來思索未來，還需要考慮在你企業中工作的人。有很多人過去可能對你很有幫助，但卻沒有為未來做好準備。用僵屍比喻來說，花藝設計師有什麼技能可以在新的、令人恐懼的世界中發揮作用？插花根本不重要，但也許她知道你在野外採集的植物是否可食用，或許她的技能與她以前的職業生涯完全無關，但也許這位花藝設計師真的是最有價值的，因為她知道如何駕駛手排車，或是個跆拳道高手。我認為媽媽們是相當有價值、多才多藝的員工，她們有點嚇人但足智多謀，所以我一直尋找媽媽們加入我的團隊。

在我家鄉有句話說：我們總在談論你是否想加入我們的團隊。當僵屍末日來臨時，我們試著決定我們的團隊想要有誰，以及我們希望在身邊共存的人是誰。請你們四處看看，然後決定誰能在自己的團隊之中？你可能會對於結果感到驚訝，若有各式各樣的人在你的企業中，在這個新的世界是有幫助的。

列舉幾個新職銜的例子以供參考，我們在第 10 章討論過，一位分析長負責監督資料治理小組。統計和優化工程師將優化演算法充分利用並進行

統計分析，確保資料的正確性。資料科學家，有此一說，全美統計後只有
1.3 萬名合格的資料科學家，該如何吸引這些人和我們一起工作？行為科學
家，我讀過一篇很棒的文章，關於數位世界中，人們如何尋找哲學家和擁
有哲學學位的人，因為理解人們的行為遠不只是了解技術知識，而是更深
入了解他們的理念和習慣。用戶體驗專家能夠將怪異的資料轉化成你數位
前端的變動，來為你創造機會；接下來你需要一個完整的專案管理小組，
由敏捷大師 (Scrum Master)、專案經理以及品質管控人員和所有其他專案組
之人員，感覺起來真是龐大，你將會如何進行呢？好吧，好消息是你不必
一次同時擁有這些人和事情，但你確實需要瞭解這些人在做什麼，需要瞭
解這些角色是什麼，以便你能夠逐漸地使組織成長。

　　知人善任將使金融機構在未來處於有利的地位，在人力和其他資源方
面，企業需要儲備充足，在金融界應儲備充足資料並擁有知道如何使用的
人才。不論你相信與否，金融機構擁有非常充足大量的資料，找到已經理
解這些資料的人才是非常有價值的，這些人知道如何運用分析和機器學習
來幫助他們的行銷，這將有無限的機會。我們擁有資料並知道該怎麼處理
真是太棒了，願意分享給其他單位更是件好事，但我們必須擁有洞察力，
可以追溯到哲學、政治科學，達到一種當人們看到一系列資料，就可以根
據人類的思維做出假設或智慧猜測的程度。

　　能夠協同合作的人對企業的成功也極為重要。在銀行界，我們必須與
一些人合作，無論是與其他金融科技公司合作，還是與其他志同道合的金
融機構合作，我們都必須能夠協同合作。

　　這似乎是矛盾的，但這些合作者也需要知道如何面對挑戰。在這個世
界，如果你不知道如何戰鬥，甚至沒有挨過一拳，那麼對你是無益的，畢
竟我們不能逃避風險，也難以規避風險，我們應該為風險做好計畫，並知

道如何因應它。我們必須為我們的想法努力不懈，也必須為我們的消費者和客戶爭取利益，更重要的是，我們必須為我們的理想而戰，只有堅持這些原則，才有贏的機會。

同時，我們必須願意突破現狀。如果你看看主要的科技公司，譬如 AirBnB，它是世界上最大的連鎖旅店之一，實際上卻沒有在任何地方建造房屋，再看看優步 (Uber)，看看 Lyft，共享經濟正是突破現狀的絕佳案例。什麼是銀行業的現狀呢？我們的行業如何打破陳腔濫調，把人才吸引過來？

資料分析將如何幫忙？如果我們真的這麼考慮，資料分析可以為我們帶來新的參與機會、幫助我們最大化獲利能力、創造成本效益高的服務、找到新的收益來源、幫助我們深化關係和建立數位關係，更重要的是幫助我們了解消費者的習慣、趨勢和需求。

我們要在哪裡找到適合為我們工作的人呢？如果你是一家商業銀行，你會在哪裡找到想要使用你服務的創業人士？分析正好可以幫上忙，協助你從不知道已經存在的資料流中找到機會。我們剛討論過最大化盈利能力，不能只是把一頭大象從叢林中拖回來咬一口，然後就扔掉它，我們必須弄清楚如何全面地運用這頭大象，用銀行行話來說，這表示我們必須盡最大努力，鼓勵客戶與我們互動，並讓他們使用我們所有的產品和服務。

創造價值

現在我要澄清一個迷思。我將其稱為主要金融機構 (Primary Financial Institution, PFI) 的迷思，聽到「主要金融機構 (PFI)」的說法太多次，頻繁到讓我聽到就想哭，因為這很不實際。沒有人只固定去一家銀行辦事。我

不再相信這種情形，除非想要舊夢重溫或墨守成規，當然你還是可以嘗試去做，但在新世界裡，人們通常擁有多個金融機構支援他們。他們在某地辦信用卡，在他處有汽車貸款，而第三處有抵押貸款，你所能做的就是成為他們錢包中可能有四個產品中的三個。你可以成為他們的汽車貸款，可以是他們的支票帳戶，可以是他們的定存單，或者他們的投資服務，但你可能不是他們的抵押貸款，不過這沒關係。但你不能只是他們的支票帳戶，特別是按現在的利率，我們必須想辦法提高獲利能力，然後想辦法在對的時間向對的人、在對的地點、以對的金額提出對的報價。這就是分析將為你帶來的優勢。

我們還必須創造具備成本效益的服務，該如何確定為消費者提供什麼呢？好吧，我們再也不能只將手指放在空中，任憑風吹過以試著決定客戶的去向。我們可以使用演算法，透過資料來尋找資料所驅動的結果，為此，我們將使用歷史記錄並運用其他人的歷史記錄，這是協同合作可以發揮作用的地方。你可能希望與其他人共享你的資料以便匯集起來，然後對未來做出一些決定。

你能提供有價值的見解給客戶嗎？如果能做到這點，你將能創造新的收益來源。假如他們知道再去一次 Chili 餐廳，他們將無力償還抵押貸款，這對他們有好處嗎？當然你可以做到這點，這是分析帶來的一些機會，更別提透過挖掘資料流的能力，和從資料透漏的消息以及人們的需求中學習，這將更深化與客戶的關係。社群媒體是另一個重要的資料來源，可以支援關係的更加深化，例如，你了解客戶在 Twitter 和 Facebook 的個人資料嗎？它們透露了什麼？客戶是否曾在線上提及或聯絡貴公司？這些人是你們世界的影響者嗎？他們會宣揚你的企業，還是個惡意批評者呢？資料分析，將有助於確定我們所掌握的位置。

　　數位關係對企業未來的成功至關重要，雖然我知道將數位和關係放在一起，聽起來很奇怪，但事實是你可以透過與消費者建立有意義的聯結來建立數位關係，這可能發生在行動裝置或網站上。你不必像過去那樣每週在分行見客戶一面，而是在網上與他們見面；你可以用你的品牌和他們建立關係；你可以理解他們的需求，他們的期待，和他們是誰，以及數位化的他們是誰；你可以了解他們使用什麼樣的服務；你可以知道註冊 Netflix 的人與使用 Hulu 的人之間是否存在差異；使用蘋果產品的人和使用微軟產品的人之間有什麼區別嗎？…這需要你自己去發現其脈絡，以及它對你和你的企業意味著什麼。

數位洞察和直覺 (Digital Insight and Intuition)

　　當我們談論洞察時，通常指的是直覺，即你對於擁有關於一些資料或正在發生的事情有某種直覺。

　　人們如何看待資料分析？誰會獲益良多，誰將受到威脅？根據皮尤 (Pew) 的研究顯示，全球銀行將從分析和資料中受益最大。[1] 當你擁有大量資訊是非常有價值的，這可以回到協同合作這部分，由於中型或小型銀行可能沒有足夠的資料給予它們所需的直覺或洞察，他們必須與其他人合作，以確保他們擁有足夠的多樣性，以便洞察他們在尋找什麼。我們稍後將討論數量、速度和多樣，以及它們各自的意義。

　　當我們觀察社區銀行、信用合作社、地區銀行時，它們最大的差距是在於「分析」，我喜歡這樣比喻，當擁有分析能力的金融機構出現並與當

1　Pew Research Center, https://www.pwc.com/gx/en/banking-capital- markets/banking-2020/assets/pwc-retail-banking-2020-evolution-or- revolution.pdf.

地金融機構展開競爭時，他們會比大多數其他企業對客戶瞭解得更多，對業務的瞭解也更多。這個結果類似牛仔和印第安人的處境，當牛仔們帶著槍出現時，但印第安人只有弓箭，我們都知道結果將變成怎麼一回事，要想在金融科技主導的銀行業環境中生存，適應即將到來資料驅動化的零售金融環境，將是金融機構必須掌握的一項重要技能。

▶ 資料是有價值的

　　你的第一項行動是：囤積。就像在殭屍末日你會做的那樣，找個背包，開始儲存你所能找到的東西，對你所擁有的進行評估。你知道我們金融機構正坐在世界上那些最有價值的、最受歡迎的資料上面嗎？我們可以告訴你某人有什麼樣的房屋，我們可以告訴你他們喜歡使用哪種信用卡，我們可以告訴你他們買了什麼，我們可以告訴你他們何時購買，我們可以告訴你他們如何購買產品，或有什麼趨勢可循，我們可以使用行動應用程式來告訴你他們在哪裡買的，我們可以告訴你他們使用什麼樣的手機，我們可以給你他們的信用報告，我們可以告訴你他們用帳單支付定期付款給哪類帳單。在某些情況下，對於我們這些擁有預算軟體或個人理財管理平台的人，我們甚至可以知道他們與哪些金融機構往來。這些資訊極其珍貴，但卻沒有被金融機構組織起來，所以第一步就是找人來囤積你的資料。

　　不僅如此，你還在刪除資料嗎？是否定期從網站中刪除日誌？是否定期刪除行動的統計資料？那你可能就是在撒錢。你得立刻停止刪除並開始計畫囤積，囤積是在東西變得稀少缺乏時，我們會做的事情，在新世界裡，東西將變得稀少缺乏，因此，請坐下與你的團隊一起確定你擁有什麼樣的資料，然後查明所有資料有什麼關聯。如果你想要對一個客戶進行

360 度全方位的觀察，將是什麼樣的流程？如果你想知道「告訴我過去三個月去家得寶 (Home Depot) 購物的所有人。」你需要做什麼？或者知道「告訴我住在這家店附近的所有人。」你如何有能力做到這點？挑戰就在於，你能將這兩份資料相關聯起來嗎？你能否說：「讓我看看，在我們這有房屋貸款，也在我們的信用卡客戶中同時擁有 Netflix 帳戶的所有人嗎？」就是這個時候，事情變得有趣，就是這個時候趨勢突然出現，然後，機會來了。所以，開始囤積資料吧，儲備充足的人將會變得非常出色，而且你需要知道，你的團隊對自己的資料瞭解有多深。

讓我們談一些拖累進展的事情，當我和那些試圖用資料分析做點什麼事的小型金融機構討論時，我常聽到這些說辭。第一件事，我們有太多的資料，但沒有人知道所有資料在哪裡。資料分析是逐個部門一一完成的，我看過企業為監管要求而匯總所有報告，然後在各個部門之間傳遞，在這些部門裡，抵押貸款部門的人增加了報告的份量，客服中心的人增加了資料，直到最後終於有一份報告匯總在一起，但實際上沒有人知道組成報告的所有東西來自哪裡。從整體的角度來看，我們甚至不確定誰知道所有東西在哪裡，這是一個很嚴重的問題，它大部分是瑣碎的東西，對吧？當你坐下來想做點什麼事情，卻發現毫無條理可言，沒有你需要的資料，沒有什麼比擁有好想法，但卻沒有資料來支援，更讓人沮喪的。

第二件事，我看到很多在資料分析領域拖垮企業的，是他們覺得自己沒有足夠的處理能力。你想對他們說：「嘿！為什麼你不分析你的帳單支付資料呢？」或者：「為什麼你不分析這些資料的各個面向呢？」他們說：「好吧！我們願意做，但是上次做這項工作花了我們兩、三個月的時間，或者從來沒有完成過，或者花了一整天的時間。」在量子計算的世界裡，或者分散式處理的世界裡，我們不應該有這樣的問題。

我們該做些什麼來處理這個問題呢？第一，我們可以協同合作。第二，這是雲端計算的用武之地，你也可以購買一台超級大電腦，只使用它幾分鐘，或者不管執行資料需要多長時間，使用完之後就關閉它。在當今世界，有許多方法都可以解決處理能力的問題，關鍵是我們必須想要這麼做，我們必須尋找這些方法，而不是在遇到這些問題時就直接承認失敗。我聽過的另一個評論是：「你知道，我們有個很棒的人但是他離職了，現在我們找不到其他人來做。」現實上，的確是可能缺乏有技能的人，但考慮你的現況，你會發現你並不需要一位全職的資料科學家，只要將這些工作外包出去，就可能帶來豐厚的回報。你可以很容易地提一個商業案例，由幾位資料科學家組成諮詢團隊，他們能夠進行你的貸款預測或是你的拖欠還款預測。想降低這些壞帳，增加你的貸款，你只需要為他們在短時間內的這些投入支付費用。

最後，「分析」被管理階層視為單一產品，而非能力或策略的夥伴關係，這是一個極大的挑戰，我曾在數位領域裡提過這點，當時我說數位不是產品，而是一門專業。分析在相似的思維之下，它也不是一項產品，而是一門專業。你仔細想想，假如某人非常擅長使用 QuickBooks，我們不會稱他為財務長，因為我們不只買 QuickBooks 來檢視我們企業裡的會計功能，還擁有一位財務長、訓練有素的會計人員和註冊會計師，我們仰賴銀行企業中精通熟練的專業人員來處理銀行裡複雜的會計原則。但是，為什麼我們認為分析與會計專業不同呢？分析是一門專業，它理應在決策桌上占有一席之地。重要的是，分析將涉及未來金融業務的各個層面，例如：如果你開一家新的分行，就會想瞭解分行所服務區域的人口結構，想瞭解人潮走向，以及是什麼會讓人們放棄另一家分行，改來新的分行。這是一份分析的工作，他們應該從專案起始就參與其中，如果你正在設計新的金

融行動應用程式，你會想知道人們為什麼要使用它、要將應用程式推銷給誰、以及用戶期望的服務是什麼。讓分析團隊參與流程設計也是好的安排，他們可以幫助確定要收集什麼資料、收集資料的頻率和保留資料的時間，我相信你可以瞭解這個模式，分析應該參與到每個決策、每個新專案和每個流程之中。

更重要的是，你的分析小組可以是一個策略合作夥伴關係，由你企業中的某人領導，此人了解分析，或是有興趣了解如何管理分析。理想情況下，此人應該是一個高階管理人員具備參與決策的地位，並有專業人員向他報告；此人也許會尋找一名實習生或初級資料分析師，以協助他和諮詢顧問們互動，在企業準備建立一個全職分析小組之前的某個時點，尋找諮詢合作夥伴是瞭解企業在分析方面需要什麼的絕佳途徑。

▶ 資料是一門專業

如果我們要在這個世界上生存，我們必須明白分析不是一項產品，而是一門專業。作為一個生存在新世界的企業，當務之急是我們執行分析的能力。

我們來看一些例子。看看谷歌每天處理 35 億次請求，目前正在世界各地建立資料中心，預計每天會有一個艾位元組【Exabyte, EB，編註：一個 EB=1,000,000 (10^6) TB=1,000,000,000 (10^9) GB】的資料，這是一個瘋狂的資料量。在最近的分析和金融創新 (AXFI) 會議上，TED 演講人艾瑞克・伯洛 (Eric Berlow) 被問及他對於分析熱潮背後原因的觀點。大多數人認為電腦處理能力的提高和更精密的演算法是其原因，伯洛認為現在我們可以使用資料的總額和海量是由谷歌、亞馬遜、臉書、微軟或蘋果等公司每天不斷收集關於我們的資訊，而這些資料意味著你可以挖掘、查看和學習，然

後在資料中發現機會。

臉書每天收集 500 兆位元組 (TB) 的資料，包括 25 億條內容、27 億條按讚的內容和 3 億張照片，臉書承認截至 2012 年已經儲存了 100 千兆位元組 (PB) 的照片和視頻；亞馬遜從 1.52 億客戶中獲取資料，如果你不認為它是運用人工智慧 (AI) 執行系統和處理事物的話，那你應該是瘋了。這些公司正在從評論、回饋、你看到的內容以及你點擊的資訊中學習。

我最喜歡一個關於亞馬遜的故事。某天我搭車上班，身為范•海倫 (Van Halen) 的忠實粉絲，我想聽聽霍華德•斯特恩 (Howard Stern) 對大衛•李•羅斯 (David Lee Roth) 的採訪。當我收聽時，廣播推薦了一項名為「蹲便盆 (Squatty Potty)」的產品。我敗給了我的好奇心，當我開始工作時，便在谷歌上搜索「蹲便盆」，然後點擊亞馬遜的連結，我知道蹲便盆是讓你更容易上廁所的工具，它就像放在馬桶前的一個腳踏板，亞馬遜網頁上有張照片是某人正坐在馬桶上使用「蹲便盆」。你可能已經注意到，你曾在亞馬遜上瀏覽過的東西，以後可能都會在其他網站上彈出類似東西的廣告，這種方法被稱為網路跟蹤器 (Cookie)。於是，蹲馬桶的照片跟著我過了好幾天，都無法阻止它。話雖如此，這還是一種有效的銷售方式，但對我而言，在向數百人演講時，我會在電腦螢幕上顯示資訊來說明一些事情，然後蹲馬桶的男人跟著出現，真是令人尷尬。

這是一個很好的觀點，我已經聽到你這麼說：約翰，我們一直在考慮這點，我們的董事會對這樣使用資料感到不安，他們害怕侵犯人們的隱私，擔心我們會變得像個老大哥一樣監視他人。最近新聞裡有很多關於隱私問題的報導。愛德華•史諾登 (Edward Snowden) 可以說是有關隱私話題的最大新聞，他揭露政府以保護國土的名義對美國公民進行數位間諜活動的能力。不管是對或錯，他揭露政府不可思議地觸及我們的日常生活，

藉由我們的手機和網路習慣來追蹤政府感興趣的人。

最近的另一起隱私案件涉及 2016 年 2 月在聖貝納迪諾 (San Bernardino) 發生的恐怖襲擊，調查人員拿到這名恐怖分子的手機恰巧是蘋果 iPhone。iPhone 受到密碼保護，聯邦調查局 (FBI) 不願冒著刪掉手機和失去手機內容的風險來破解這個密碼，所以聯邦調查局聯繫蘋果公司，要求蘋果公司設立一個特殊的後門，以獲得手機的使用權。但，蘋果公司拒絕這麼做，因為該公司的政策是絕不損壞自身的安全措施。大多數金融機構都會定期與當局合作，在接到傳票要求時提供資料，不過我預計未來金融機構將推出類似的加密技術，這可能會使金融機構處於和蘋果公司在聖貝納迪諾案中的相同處境。谷歌和臉書在全球都面臨訴訟中，當然最有案可稽、最著名的資料過度越權事件，就發生在零售商塔吉特 (Target)。

塔吉特是分析領域的最大用戶之一。我最近讀了查爾斯·杜希格 (Charles Duhigg) 的書《為什麼我們這樣生活，那樣工作？(The Power of Habit)》，書中詳細描述了如今臭名昭彰的塔吉特事件，並提供了塔吉特龐大分析部門的幕後視角。塔吉特發現，透過分析客戶的購買習慣，就可以對客戶的未來需求做出預測。例如，塔吉特公司的分析師發現，購買大量乳液或某種維他命的客戶與懷孕之間存在關聯，然後，塔吉特將這些結果與其嬰兒登記處進行比較，以確定模型的準確性，他們以嬰兒登記處作為基準，確定了常見的購買趨勢，從而能夠準確預測某人是否懷孕，甚至預測客戶懷孕的時間。事實證明，孕婦是零售商店的寵兒，因為從統計資料上來說，母親在哪裡購買尿布、奶瓶等嬰兒用品，她通常會因為「方便」，在那裡一併購買食品雜貨等物品，新手媽媽們最重視的是時間 (可能還有睡眠)，因此，她們更傾向一站式購物。

塔吉特寄一張廣告傳單給一位年輕女士，上面滿是嬰兒衣服、嬰兒床和其他嬰兒用品的優惠券，因為她過去曾經買了某件商品，因此符合他們的模式。然而，這位年輕女士當時仍是就讀高中的青少年，她的父親對公開的目標行銷表示不滿，並抱怨塔吉特正在鼓勵他十幾歲的女兒懷孕。但後來發現塔吉特的模型是正確的，他女兒的寶寶將於 8 月出生。塔吉特發現寄送含有特定類型商品的廣告會讓人懷疑他們的購物習慣受到監控，還發現 (多虧這位非常沮喪的父親) 人們不喜歡自己被操縱去購買商品的感覺。塔吉特改變它的廣告方式，廣告中除目標商品 (如嬰兒用品) 之外還包括其他無關商品，如電視機或割草機。這種方法使它能夠瞄準行銷客戶但不至於警示他們，事實上他們的購買資料已經被分析而製成傳單。

塔吉特擁有大量關於客戶的資料，但與金融機構所擁有關於客戶的資料數量和品質相比則相形見絀。我曾與許多金融機構的高階管理者談過，他們非常關心挖掘資料，並利用資料向客戶做廣告，卻也擔心發生類似塔吉特事件。

對於金融機構隱私問題，這是我的想法：只要資料有利於消費者而且所做的事情都是公開透明，那麼銀行界的資料應該可以做任何你想做的事情。如果你是誠實坦率的，並且正在做一些事情來幫助別人省錢、賺錢、或者做出好的財務決策，那麼想做什麼就做什麼吧。金融機構必須克制使用他們擁有的大量資料來操縱客戶的衝動，隨著企業對資料的熟練程度越來越高，做令人不寒而慄的事和做正確的事之間的界限將越來越難以分辨。

在歐洲，他們對隱私問題特別敏感，通過保護人們線上和數位隱私的法律，新法律被稱為《一般資料保護規範 (GDPR)》，自 2018 年 5 月 25 日起生效，法律有兩大支柱，即被「遺忘權」和「知情同意權」。

　　讓我們從剖析法律中，規定人人有權被遺忘的部分開始。在歐洲一旦實施，個人將能夠聯絡谷歌和臉書，要求他們刪除你的搜索歷史記錄以及該公司儲存有關你的任何個人資料，然後還規定跨國公司(如谷歌和臉書)將被視為單一實體單元。截至今年，許多美國的大型跨國際組織都花費數億美元遵守監管規定，該條例規定違法的企業可能被處以高達 2,000 萬歐元的罰款，或占全球收入的 4% 罰款(以較高者為據)。

　　截至本文撰寫之時，Equifax 發生了重大資料外洩事件。Equifax 是一家提供信貸服務的公司，擁有數百萬個帳戶，駭客可以存取客戶非常私密的資料。如果這種情形發生在《一般資料保護規範》的最後期限之後，Equifax 必須支付其全球收入的 4%(超過 30 億美元)，或者 1.2 億美元的罰款。請記住如果你收集來自歐盟國家公民的任何資料，那麼《一般資料保護規範》理論上也適用於你。

　　知情同意權意味著我們不能放入 50 頁的「終端使用者授權協定 (End User Licence Agreement, EULA)」，它有一個按鈕或複選框，上面寫著「我同意我已閱讀並理解「終端使用者授權協定」。《一般資料保護規範》聲明，企業必須能夠以深入淺出的方式向客戶明確傳達他們同意的內容，許多人發現他們的資料被暴露在網際網路上，後來發現是他們安裝軟體的「終端使用者授權協定」包含允許該公司挖掘他們個人資料的條款。一家名為 PC Pit Stop 的公司決定測試是否有人真的閱讀其「終端使用者授權協定」，它裡面包括一項條款，承諾對任何透過電子郵件發送地址來的人給予財務酬金，結果整整等了四個月的時間，才有人讀了「終端使用者授權協定」的那段文字，並發送電子郵件(這個人得到了 1,000 美元)，這證明真正閱讀「終端使用者授權協定」者寥寥無幾。知情同意權為用戶提供保護，防止企業利用他們知道用戶沒人有時間去閱讀的大量文件內容，明確

指出「終端使用者授權協定」不應包含與「終端使用者授權協定」打算涵蓋的軟體或資料處理無關的其他條款。如果有的話，則必須向最終用戶明確說明這些條款，而且要用很清楚的方式讓他們看到該請求已超出此特定「終端使用者授權協定」範圍。這意味著「終端使用者授權協定」中不能有任何漏洞，例如，允許公司出售有關你與其服務的互動資料給予第三方，特別是如果該第三方供應商與「終端使用者授權協定」涵蓋的產品或服務沒有明確的關聯時。

好消息是金融機構擁有大量資料，我們能夠接觸到對的人，我們有良好的意圖，對於大多數人來說，像 GDPR 這樣的法律不會影響我們。我們使用資料來驅動結果，可以代表我們服務的客戶使用資料來驅動結果，提供更好的服務。

分析的種類

讓我們淺談資料分析是什麼，以及交換的工具又是什麼？當你開始接觸人、軟體和工具時，對於術語的含義將更能理解。首先要瞭解的是資料分析的類別。大多數人談論的分析有三類。第一種是描述性，「描述性分析 (Descriptive Analytics)」告訴我們已發生什麼事，而不是將會發生什麼事，這是歷史性的資料。分行報告是很好的例子，請告訴我所有在上週五進入分行並使用櫃員服務的客戶們，告訴我所有使用得來速的客戶們，告訴我所有使用這台自動櫃員機的客戶們，因為這些全是過去已發生的事情，所以被認定為「描述性分析」，報告描述已發生的事情。我發現大多數企業都已經精通掌握這類別的分析，許多人在整個職業生涯中依賴歷史性的報告，並仍然使用描述性分析進行決策，用描述性分析做出決策的人

通常尋找決策趨勢來下決定。細想一位分行經理審閱去年的統計資料，他可能注意到這樣一個事實，在寒假期間，分行更加繁忙，因此將相應地調整人員配置，他希望自己看到的趨勢能夠維持下去。雖然這種方法已經行之多年，但其實並未考慮外在環境的變化有可能影響該分行的客流量，例如，分行附近或周圍可能有新建築物妨礙人們進入分行，從而減少客戶數量。

這引起我們進行預測性分析的動機。「預測性分析 (Predictive Analytics)」是獲取歷史資料、添加其他資料和直覺，然後提出未來趨勢的一門藝術。雖然我們一定可以根據過去，預測未來可能發生的情況，但當我們在資料集 (Data Set) 裡增添新資訊時，我們提升找到新機會的可能性。一個新資料的例子是進行自動櫃員機或網路銀行等其它通路的比對，以提高結果的有效性並發現其他趨勢，這正是大多數企業試圖達到的目標，他們想從描述性轉變為預測性，特別是在新法規的背景之下。

預測性分析的一個很好的例子是美國銀行家協會 (ABA) 對當前預期信用損失 (Current Expected Credit Loss, CECL) 的改變，將現有的「已發生損失 (Incurred Loss)」模型替換成「預期損失 (Expected Loss)」模型。已發生損失主要基於歷史資料和趨勢，其根源在於描述性分析，這與新的「預期損失」形成鮮明對比，後者描述未來發生的事件。新規則要求在 2020 年到 2021 年之間，如果企業是公共企業實體 (PBE)，則該金融機構要能「預測」其投資組合中的基本風險。

最後一類是指示性分析。「指示性分析 (Prescriptive Analytics)」是關於情境方案規畫的，為你提供可操作的資料，當你在兩種方案之間做選擇時，可以使用這些資料來進行決策。指示性分析也可用於降低未來潛在風險，例如，如果擔心抵押貸款泡沫或市場未來出現下滑，指示性分析模型

可以為市場的不同變數給予訊息，並提供解決該風險的許多決策選項。這一切聽起來很不錯，對吧？這正是金融機構所需要的！那麼我該如何實現它呢？好吧，之所以把這個放在最後，是因為如果不先掌握描述性分析和預測性分析，將很難實現指示性分析。

指示性分析將成為建置機器學習或人工智慧的催化劑。例如，我們試圖確定哪些客戶在未來六個月內計畫購買汽車，該如何判斷呢？目前的方法是結合客戶行為的歷史資料，並在決定購買汽車之前的六個月內，將其與客戶基線 (Baseline) 及他們的行為進行比較。利用此模型，你會得到良好的回饋，但它將仰賴於人類觀察的意見，但人類觀察有時會忽視不太明顯的趨勢。

指示性分析模型還可以利用人工智慧處理輸入。這個模型會觀察最近所有買車的人，然後會仔細研究他們在買車前幾個月的行為，並嘗試利用人工智慧來確定什麼是共同趨勢。當你的模型是利用人工智慧而不是依靠人類直覺來發現共同趨勢時，需要提供大量的買車人名單給它，並將你手頭上所有相關的訊息，例如來店看車、網站資訊、購買歷史記錄，以及你所擁有的任何東西提供給人工智慧模型，然後讓它自己找到趨勢，當它提供回饋時，你可能需要剔除誤報來再訓練它，最終模型將學會其中趨勢。當你有更多購買汽車的客人名單時，繼續提供這些給它，你將會得到一個基線；然後你給它一個未買車人的目標清單，人工智慧將使用它從基線建立的分類器，根據行為相匹配來從中識別出未來六個月內可能購車的人。

提供越多資料給模型，它越能瞭解哪些是先決條件 (Prerequisites)，開始能分辨出什麼是前瞻性趨勢，最重要的是，對於打算購買汽車的人來說，首要指標是什麼，可能是他們期待會有新生兒（或許與塔吉特合作？），而且他們將需要一輛休旅車，也可能有人在你網站的汽車網頁花了

很多時間，這是顯而易見的，但也有可能不太明顯，只有靠電腦才能找到的東西，比如歷史採購記錄中曾支付高額費用給一家汽車修理廠。唯一可能看到這些趨勢過程的是「人工智慧」，因為人類的思維無法理解或感知這些資料的能力，這些資料分析將成為金融服務未來的遊戲改變者。

我們來談談交換 (Trade) 用語吧，底下是一些簡單的術語。你將聽到一些奇怪的東西，也許是件好事，至少你會知道這些是什麼。第一個是Hadoop，它是一個在開源軟體架構的大型叢集上運行的應用程式，對於試圖處理大量資料並尋找趨勢的人來說，它相當受歡迎，用一頭可愛的小象作為標誌，你一看到它就會認出來，下一個只是字母表中的一個字母，就是 R，它是另一個開源軟體工具，提供統計分析和資料的視覺化，例如，你想在網站上繪製一個三個維度視圖 (3D)，以確定哪些會員更可能前往某個分行，或基於地理位置而採用特定產品。最後 (這是一個包羅萬象的總稱) 是機器學習，也稱為認知分析，這是史丹福大學最受歡迎的課程。隨著我們獲得越來越大的資料集，機器學習被設計用來發現趨勢，並指出那些人類永遠找不到機會的行為。每種工具都具有特定的目的，並建立於本章中我們討論的三個分析類別：描述性、預測性和指示性。

現在，讓我們談談資料本身，以及需要哪些工具才能成功地進行資料分析。我們喜歡把它們看成三個 V，第一個是數量 (Volume)，你擁有的數量越多，你的企業就越有可能推演出可行的結果，如果你沒有大型資料集，那麼可能會因缺乏規模而影響結果，換句話說，如果你想找出一個關於蘋果的趨勢，你需要十個以上的蘋果來決定趨勢，然後在你真正地發表關於蘋果的陳述之前，你將需要查看數千甚至數十萬個蘋果，那就是資料數量。

下一個就是資料的多樣性 (Variety)。如果你所擁有的只是蘋果,而你正在試著找出水果的趨勢,那麼會錯過橘子、香蕉和所有其他的水果,這些可能會影響你的趨勢,擁有各式各樣的資料是非常強大的,你擁有的資料種類越多樣,你越有可能確定趨勢、檢測異常並做出準確預測,如果你查看的是一組客戶群,但在資料集中只包含郵遞區號的資料,特定群組的區域性行為可能導致你的結果出錯,資料多樣性將可充分發揮作用。

最後一個是速度 (Velocity)。資料速度正迅速成為分析最重要的面向,超過五個小時的資料已經是無用的。有一個很好的例子,之前我們談到有人打電話給她的金融機構說要申請貸款。當金融機構回電說:「嘿!你在做什麼?你買車了嗎?我們想幫你!」客戶回答:「哦!我已經買了新車。」就像殭屍末日中的生活一樣,事情發展得很快,因為金融機構的反應速度趕不上在經銷商貸款的速度,金融機構失去一名客戶和一筆貸款。如果你仍在處理最後一次是上個季度更新的資料集,包括信用卡餘額、資產或財務狀況等資訊可能早已發生變化。不僅如此,提供輸出來源作為你資料集內容的環境可能也發生變化,因此,我們看到分析模型在未來將轉變為使用即時資料 (或接近即時資料),以避免從過時資料中作出報價或假設。

再次扼要重述:重點就是「數量」、「多樣性」和「速度」。

那我們有什麼機會?我們將不得不成為數位服務的殺手。我們需要建立數位流,使金融服務機構能夠提供我們如此多資料,並利用這些資料改善我們客戶的財務健全狀況。請注意我並沒有說要操縱別人,這不是我們所討論的。我們需要人工智慧 (見第 4 章),正如我之前提及,我們必須有能力確定擁有蘋果 iPhone 的人和擁有安卓手機的人兩者之間的行為差異,什麼是他們想要的,什麼是他們的需求,他們是如何謀生的,他們的生活

選擇如何表達他們及其性格，畢竟決定貸款風險的重要面向是來自個人特徵的評估。

最後，我們必須將自己的資料貨幣化 (Monetize)。我知道這又是這個行業最討厭的事情，但人們已經開始這麼做了。如果想到 Mint，想到 Yodlee，如果你想到所有登入並透過我們的平台抓取客戶資料的人，其他人已經在將我們消費者的資料貨幣化，客戶也已選擇加入並允許這些第三方廠商這樣做。將資料貨幣化可能意味著與數位行銷商合作，在我們的網路銀行或行動產品中為汽車做廣告，或者行銷客戶信任的本地零售商服務。

總而言之，以下是在僵屍末日仍能夠存活的關鍵點：

- 行動化。不要在任何一處停留太久，總是在找下一個安全港。
- 囤積。確保沒有刪除重要資料。評估你擁有的東西，今天就開始囤積！
- 仔細挑選你的隊友，確保你的文化將支援資料驅動的方法。
- 資料分析是一門專業，而不是一項產品。
- 快速果斷地使用資料來驗證你的方法。幾分鐘之前在這裡的東西，可能會在接下來的五分鐘內消失，機會正在變小。
- 了解如何使用交換工具。如果你無法射擊，那麼只有一把手槍是無法保護你的。
- 確定你的能力。瞭解你企業的營運是基於哪一種資料分析模型：描述性、預測性和指示性。
- 將資料貨幣化。如果你不這麼做，別人也會這麼做。

所以，這將是你如何透過資料分析來挺過僵屍末日的存活方式。

章節回顧

★ 重要的是，要注意識別風險與規避風險之間的區別。風險永遠不可能避免，然而，如果金融機構能夠迅速識別風險並做出反應，那麼它們就有生存能力。

★ 金融機構可以獲得世界上一些最有價值的、最受歡迎的資料，這行業需要儲存充足資料並能夠迅速採取行動，當必要時，連策略都可能改變。

★ 金融機構可以將資料貨幣化，透過建立新的服務，引入新的方式來使用大量資料並改善客戶的財務健康狀況。

結　論

▶ **策略：為達到主要或總體目標而製定的行動計畫或政策。**

如果你已經走到這一步，恭喜你挺過我各種衝擊的想法、建議和故事，可能對展開行動感到很興奮，但同時卻不知所措不確定如何開始。如果你是高階管理人員 (C-level)，你可能有權按照本書所建議的做一些改變；若你是中階管理人員，可能面臨較艱難的挑戰。不要害怕！無論你在企業的級別如何，都有一種方法能讓你參與。如果你仔細看上述定義，策略總是為某個目標所制定。因此第一步就是，決定什麼是你的目標？

在莎拉・奈特 (Sarah Knight) 的一本書《你給我認真一點！(Get your Sh!t together)》中，描述目標為贏得勝利的一種方式。她問：「在你的生活中能體會真正獲勝的感覺是什麼？」我想引用借問「你的〈請在這裡添寫部門、工作或企業的名稱〉在數位領域真正獲得成功的感覺是什麼？」這種勝利感會讓你發布新聞稿、在街上跳舞、和員工一起策劃慶祝活動。如果你在貸款單位，也許是兩頁長的數位貸款申請單；如果你在客服中心，也許是利用人工智慧接聽 35% 的來電。如果你是執行長，它可能是能讓整個企業使用的完整數位平台；如果你是人力資源部門的成員，可能是一個詳盡全面的工作流程，讓員工以數位方式進行報到和培訓。讓你的企業及客戶感到高興的，到底是什麼呢？

接下來，在這裡停下來好好思考一下，也許需要幾天時間才能將你的目標以簡潔的句子表述出來，舉凡「只需 5 分鐘客戶就能獲得貸款」、

「沒有客戶等待超過 30 秒才能與客服代表對話」、或者「我們的數位平台將確保每個部門使用系統的持續性」。不管是什麼都寫下來，然後盯著它看一會兒，一旦你有了目標，更困難的部分才正要開始，將是制定策略來實現目標的時候了，以下是一些需要回答的問題。

1. 到底你的目標是什麼？現在應該能從句子到完整描述的時候了，盡可能具體和精確地描述。

2. 實現目標合理的時間需要多久？

3. 你需要誰來實現目標？

4. 誰會妨礙你實現目標，為什麼？

5. 你將為實現目標付出多少代價？

6. 目標能否分階段實現嗎？

7. 企業目標的價值主張是什麼？

8. 目標將如何影響企業的文化？

9. 為了達成這個目標，是否需要聘用人員？

10. 這個目標會導致需要解雇員工嗎？

11. 如何監控達成目標的進展？

12. 什麼是你的領先指標 (Leading Indicators)？

13. 關鍵績效指標 (Key Performance Indicators) 是什麼？

14. 是否有可用的資料來支援你的方法？

15. 何時能夠達到目標？

　　這些都是必須回答的關鍵問題，以便你可以制定攻擊計畫或策略來達成目標。你的數位策略是數位轉型的開始，這不必然是一個包羅萬象的策略，如果由合適的人來執行，它可能是一個較小的策略。例如，假設目標

是改善客服中心的等待時間，你也許可以透過擴展企業其他部門的產品或服務來實現這一目標。因此真的要確定你的目標符合群體之需要，並瞭解對企業的附帶影響，然後必須盡可能充分地定義目標。如果你的目標包括建立一個有流程的新網站，請不要害怕，拿張紙畫出來，事實上，網路上也有許多工具可以讓你輕易模擬一個數位流程（例如 balsamiq.com、lucidchart.com、moqups.com 或 wireframe.cc，所有這些都有免費工具）。我好像聽到你說，資訊技術部門絕不允許你使用這些網站或下載這些軟體。好吧，那就去當地的圖書館，並在那裡操作。你必須想要這樣做，它才能讓你完成「在街上跳舞」的目標。

現在你的策略已經完成了第一輪更迭，該實現目標了。本書分為六篇不同主題：流程、科技、安全性、人員、文化和策略，每個章節都提供企業在這些領域如何幫助達成或是阻礙目標的資訊，請仔細閱讀每一章節，並將其用作公司策略的指南。

文化問題

你的目標如何融入企業的文化？例如，如果你的目標是銷售目標，而你的企業文化是以服務為基礎，那麼你可能發現實施流程或購買實現目標所需的資產會受到阻礙。在提出目標之前，確定目標與企業文化的契合程度是一個關鍵步驟。

你的計畫是否涉及到文化變革，即使這只是你公司的部門文化？例如，你計畫建立一個數位工作流程，以改進卡片遺失或被竊的通報流程，或者如何處理註銷帳戶。任何流程的改變都將影響你的文化，重要的是要理解大多數金融機構並非「友善改變型」的，因此其整體文化是非常靜態

固定的，如果你引入一種變革，必須仔細思考這種變革對文化會產生什麼樣的衝擊。

例如，任何可能減少人工作業的數位工作流程都可能被員工視為試圖透過自動化流程減少員工人數。如果你的變革需要增加資源，員工可能會擔心衍生其部門的額外開銷或工作競爭，令人悲哀的是幾乎所有變革都將受到某些或所有企業的負面眼光看待。身為在我工作過的企業引入了大量變革的人，我可以誠實地說，無論變革的結果多麼積極，總會有一群人可以在計畫的變革中找到消極因素。

從上面的例子，你將如何應對這些問題？例如，使用減少人力作業的數位工作流程，你可以利用節省的時間做些什麼呢？例如，如果你的數位流程過去需要幾分鐘的時間，現在用不到 30 秒，那麼你的員工或團隊可以利用額外的時間做些什麼呢？是否可以利用此時間來增加與客戶的接觸？有什麼事情可以做得很好，但你從來沒有人手去做？如果要為新流程增加資源，你將如何引領這一小組融入文化之中？偶爾聘請一位新員工是一回事，但同時聘用十個人或更多員工則是另一回事。

你的新想法或新流程是否與你企業的文化背道而馳？如果你的企業不是一個偏重銷售的企業，但你正在引入一個流程，希望員工銷售產品或向上銷售品項，那麼你可能會因為碰到的阻礙而受到衝擊，如果企業文化不支援該想法，你將遭遇強大阻力，其實，引入一個與你的文化相悖的想法也並非不可能，但是你必須以一種截然不同的方式來實現目標，有種方法是首先將這一想法介紹給有影響力的人。

了解企業或部門中的影響者，將為你節省大量時間，與其教導整個員工或部門，不如先與影響者聊天，獲得他們的回饋，並確定他們所關心的問題，讓他們參與，對你的策略成功將大有幫助。

人員策略

如果說我學到一件事，那就是永遠不要孤軍奮戰。如果你正計畫一個新的數位流程或任何形式的變革，重要的是，在較小圈子裡將這個想法透過社群化以獲得回饋。與其讓員工措手不及，還不如從較小的群體那裡獲得迴響，並確認誰是改革路上的支持者，透過回饋，將使你針對所提出的問題制定相應的對策，支持者將是首批採用者，他們可以向團隊的其他成員保證，變革不是件壞事。

需要你回答的第二個問題，是「誰」。需要誰來完成你的目標？在網站上你能找到可以下載並列印的策略啟動指南，請下載本指南並開始填寫問題的答案，如果可以的話請具體說明是誰，例如：當你寫下「資訊科技」，請具體說明所需的人才是由資訊部門裡的誰來完成目標。

既然已經確認是由「誰」來做，也是時候確定完成目標所需的時間。確定時間範圍會碰到的一個問題是，你經常無法控制實現目標所需的資源，現在先別擔心這個，假裝你擁有無限的資源、資金和時間可以完美地完成目標，並概述完成工作所需的內容。

流程變更

如果你的新想法是要改變超出你可控制範圍的流程，那麼必須直接處理這個問題。我有個關於此主題的好故事可以分享，有一天，我與一個團隊成員研究一個非常早期版本的網路銀行業務，我們正在建置支票影像作業。在此之前，如果你在線上查看支票的歷史記錄，你只能查看金額和支票編號，藉助新技術，客戶可以點擊連結並查看支票的背面和正面影像，

其中包括「備註」欄位和「收款人」欄位，作為書呆子宅男的我們，認為這是有史以來最酷的事情（請記住這是 90 年代）。與我共事的那位員工也是我們的櫃員和客服中心服務平台專家，該平台在客戶打電話進來時支援櫃員和客服代表服務客戶。我們共同構思出一個想法，讓櫃員們可以點擊一個連結來查看支票影像，與我共事的那位員工回到他的辦公室，在一個多小時後來到我的辦公室，向我展示他已經開發完成，然後我們都覺得很酷，也覺得這就是最好的設計。當時，該企業剛剛安裝 Citrix 環境，該環境允許對企業中的所有桌上型電腦進行虛擬化。我幾乎不知道，當修改軟體以選取支票影像時，他修改了所有櫃員和客服代表在企業中使用的主畫面，而使得其他員工也能看到支票影像。第二天早上，員工們發現他們可以從終端機中查看支票（這些都還是綠色螢幕終端機時代，因此在當時算是相當酷的把戲），他們注意到連結並點擊它，這本來是件好事，但這家企業每次讀取支票影像都要收費，不用說會計沒多久就找到了我，並問為什麼支票影像費用如此之高。事實上，這個數字的確比我想像的高很多。由於我從未告知企業的其他人，我們已經推出了這項服務功能，讓許多管理者不快，因為他們對員工提出這項服務的相關問題，還沒做好準備該如何回答，於是便要求我將其關閉。我對數字為什麼這麼高始終無法釋懷，我看到有人就是玩玩而已，隨著時間流逝，它應該會逐漸消退才對，我擔心的是，也許我引入了一個安全問題。於是，我去家裡附近的一家分行，拜訪櫃員，因為這家分行似乎是最大的違規者之一，我問他們是否看過該功能以及他們的想法。他們的反應讓我震驚，他們說：「我們喜歡這個功能！當客戶想要進行大筆交易時，我們不必手動找出客戶留存的簽名卡【編註：此機制與台灣使用的印鑑卡相似，作為客戶進行交易的認證憑據】，我們只需點擊並將其簽名與幾張支票進行比較即可」。這個故事雖

然最終有一個圓滿的結局，但如果我能按照一個更好的流程來告知員工並在社群上推動此想法，應該就能避免給其他管理者帶來敵意和麻煩。

這裡的重要概念是試圖解釋流程變更的意外後果，在現今高度連接的數位世界中，改變大多數流程往往有意想不到的後果。在某種程度上，只要你能透過深思熟慮、在社群上推動此想法，或研究其他企業，就可以識別它們，然後可以避免產生附帶的影響。

科技

接著是一些我用於科技策略的經驗法則。

你要升級到或建置的科技是否比你現在擁有的要好上至少50%？正如我在前幾章中所提到的，大多數銀行科技都具有85%的相同和15%的差異。關鍵是，要確保變更或建置該平台所付出的努力是值得的。我看到許多企業在信用卡平台、貸款徵審以及服務平台之間進行轉換，期望發生變化，結果卻發現這個平台並沒有比他們所替換掉的平台好太多，而且由於建置新平台，他們發現專案計畫落後數年之久。

無論你計畫什麼，重要的是要考慮建置所需付出的努力，並權衡新軟體的好處。我發現大多數情況下，與其更換平台，多數時候與顧問或原公司的專業服務合作，在原平台擴充以彌補功能差距可能更有效益。雖然這種方法不能永遠持續下去，但保持平台發揮作用是有益的，直到出現值得進行系統轉換的業務轉型需要。

在專案開始之前，數位治理小組也應該參與。這個小組可以確保你的專案符合企業的科技標準，他們還可以檢查你的專案進度，以確保與主要的企業科技計畫沒有衝突。例如，你的專案是一個新的貸款流程，而科

技組正計畫升級貸款平台，那麼你可能要晚一點才啟動專案，以免干擾升級，或者升級可能將提供和你的專案範圍重疊的新功能，科技組將幫助你確定這些問題，並使你的專案與他們的計畫保持一致。

如果專案需要額外的科技資源才能完成，數位治理小組將幫助你瞭解該科技對專案造成的衝擊。一個很好的例子是，如果你選擇的產品供應商僅支援 Linux 作業系統，而你的企業主要是在 Windows 環境。數位治理委員會可能會通知你，內部沒有支援 Linux 平台的專業知識，並要求你納入支援該平台的新全職員工的成本。另一個例子是，如果你的產品僅能接受軟體即服務模式 (SaaS model) 的支援，但你的企業從未建置過軟體即服務產品，於是，數位治理小組需要審查或更改透過軟體即服務平台交付的政策。

你的專案對資料分析有什麼影響？你的專案是否會提供新的指標或資料，這些指標或資料在你企業的其他部門中具有價值嗎？例如，如果你正在建置一個企業範圍的行事曆系統，該系統允許客戶透過其手機與財務專家安排約會，你可以從新系統中收集哪些資料，以及確認如何運用使企業受益。這是在開始專案之前與資料治理小組合作的目的，團隊成員有機會確定對企業有價值的任何資料，並與你的科技供應商合作收集和儲存資料，以供將來使用。

安全性

這是策略章節中最棘手的部分，因為它涉及到在必要時準備放棄一個想法，在研究新想法或新流程時，以開放的心態參與安全工作是很重要的，安全人員可以讓你成功也能讓你失敗；安全部門可以決定你的想法風

險太大並予以終止，也可以決定為你提供協助。在大多數情況下，你對專案的態度將成為決定安全團隊或人員如何回應的要素，這些都是實現安全性時，需要考慮的幾個關鍵項目。

建議你在向安全部門提出專案之前，先執行自己的風險評估，使用網站上的專案風險評估表單，你可以在與安全小組聯繫之前，確定專案的許多業務風險和安全風險。透過此流程，你還可以掌握一些解決緊急問題的想法，然後再採取安全措施。

儘量在專案執行的前期獲得安全部門的支援，而不是等到最後。安全部門可能有助於你的專案，但是可能需要花費時間或資源來幫助你到達終點，越早讓他們參與進來，就越有時間實施變更、進行購買或完成可能對你專案有幫助的任務或項目。另一方面，如果專案存在安全問題或風險，導致其成本過高或不可行，最好也能在你花費大量其他員工時間之前儘早知道。

同樣重要的是，要考察其他相似規模、提供類似功能的企業。通常情況下，如果你可以指出在另一個企業成功地建置產品或流程，安全團隊可以瞭解他們是如何做的，並從你的想法中得到一些洞察。

如果你知道自己的想法存在可疑之處，請不要害怕進行你自己的安全研究。你可以使用我發現叫「Google」這令人驚歎的網站來研究對安全的疑慮，並找出一些其他人過去使用過的概念或解決方案。重要的是，要認識你自己不是一個安全專家，也許你正在尋找的解決方案對你的企業來說是不可行的，然而大多數安全專家將尊重你的努力，並欣賞你在此過程中投入大量時間嘗試幫助他們。安全性研究總是有價值的，即使它不是基礎研究，但將有助於你產生關於問題的新想法或新思路。

最重要的是，你可以問問自己：「我的想法或目標，如何適應企業整體策略？」如果你是正閱讀本書的執行長，你很可能與你的高階主管團隊和董事會一起制定該策略，而你每天都在執行該策略；但如果你是高階主管團隊或中階管理層的一員，那麼你的職責就是確定能夠支援該策略成功的所有機會。如果你的行動是為了支援企業策略，尤其是在數位領域，那麼在你的日常工作中認識到這點非常重要。如果發現自己正在重新設計一個你知道最終一定會被數位化的流程，那麼你是真的支援你企業的數位策略，還是拖延不可避免的趨勢？對於每位管理者而言，建置策略取決於能否平衡管理者在企業中強項與弱項的能力。努力理解企業策略的領導者將發現，他們能夠輕易地辨識出自己需要做哪些專案，更重要的是，不應該做哪些專案。策略是我們用來定義範圍內和範圍外的標準。

目標是為了在企業內清晰實現策略。如果貴企業的任何成員在接到請求時都能清楚地傳達貴公司的策略，更重要的是可以解釋他們如何親自執行該策略，無論他們在公司中的職位如何。那麼，恭喜！你的企業已經做到了禪宗般的境界，每個人都將策略內化到心裡，你應該感到自豪。然而，如果貴企業成員抱怨缺乏溝通，或者他們覺得優先事項太多，那麼你的訊息很可能會隨之丟失。陷入策略癱瘓的企業，通常有一份出色的書面業務策略，但是，如果企業缺乏在董事會之外傳達策略的能力，並且缺乏不斷提供易於理解的關鍵績效指標給企業中的每個人的技術，那麼會發現他們的員工經常感到沮喪和困惑，因為這關係到他們如何參與公司策略。

最後，如果你遵守所有規則，按照書中的規定去做，卻失敗了該怎麼辦？你有為失敗準備好計畫嗎？第一件事是重新定義失敗，這個詞本身就是誤導，你真的失敗了？還是你錯失了目標？我喜歡將失敗重新劃分為兩類。

　　第一類是「挫折」，意味著你遇到一個問題，迫使你重新思考專案的一部分，或者它導致某人重新思考在某個領域如何規劃。任何專案都應該遇到挫折，關於挫折的好消息是，你可以從挫折中恢復過來。

　　第二類是「學習機會 (Learning Opportunities)」，這是一個純粹失敗的專案，無論你試圖做什麼，它都徹底失敗了，這應該被視為學習機會。在開始專案之前，確保你可以得到每個專案的學習機會，事先這麼做是很有幫助的，因為你還可以從一些任務 (Tasks) 來支援學習目標，例如詳細記錄專案的某些面向。即使專案失敗或受挫，則已被視為專案紀錄的一部分將是學習機會，被視為專案的寶貴資產，而不是用後即棄的資料。

　　總的來說，在此架構內執行的目標會令人非常滿意，與企業策略一致的目標是管理的重要指標，因為策略正被整個員工理解和執行中。

祝你好運，數位轉型成功。

謝 辭

這本書要感謝的人太多了，它本可以成為另一章節。這裡有一份清單（除了我的家人以外，沒有特殊順序）。

我的家人們，Christie、Ryan、Abby、Dyn、Lynn、Tracy 和 Melissa—

多年來你們全力支持我的瘋狂，沒有你們，我永遠無法實現這個目標。

Ed Gonzalez、Tom Stacy、Elliot Cotto 和 Best Innovation Group—

感謝你們在我撰寫這本書的時候，沒有殺了我。

Kevin 和 Susan Johnson—

在這個行業感謝有你們多年的支持，你們的洞察力和領導力是本書靈感的重要部分。

Kevin 和 Irene Sarber —

感謝你們對我所有專案的支持和熱情！

Suncoast、GTE、WESCOM 和多年來我參與的所有其他企業，包括與我共事的每個人，以及其他成員們。

這些企業，是你們塑造了我。

來自 WRG 的全體工作人員—

我們在戰壕裡度過所有美好時光。

Paul Ablack 和 *OnApproach* 的團隊—

　　幫助塑造資料分析的的協同合作願景，對於你們的支持，我獻上深摯的謝意。

Kirk Kordelski —

　　感謝你的智慧和指導。

CUNA—

　　美國信用合作社全國協會， Julie Esser、Eric Gelly、和 Chery Sorenson，曾經說過：「你應該寫本書……」。

我的播客網路朋友們—

　　John Jancleas、Glen Sarvady、Anne Legg、Laura Wiese 和 所 有 聽眾。

Christina Verigan —

　　那位被指派把我這些亂七八糟的想法變成一本書的可憐女士！

James Burke Frazier —

　　「老闆，如果我們做了這件事會怎樣呢？」之王，也是我見過的最具創造力的人之一。

Kirk Drake、*Paul Fiore* 和 *Chris Otey* —

　　教會我如何成為一名企業家而且不輕易妥協。

Brett King —

　　激勵我追隨他的腳步 (即使他的鞋子太大無法塞滿)。

　　還有上百萬人需要感謝，我無疑為此錯過不少，很抱歉這本書只有這麼多章節。

金融網路書店 *Financial Book Store*

台灣金融研訓院網路書店(www.tabf.org.tw/fbs)提供下列服務，歡迎瀏覽採購：

❶ **新書快訊**－提供新出版品資訊，讓您及時獲得相關新知。
❷ **暢銷書榜**－暢銷書籍排行。
❸ **證照、就業、檢定**－提供金融相關證照參考書籍資訊。
❹ **特價專區**－讓您以最優惠的價格，買到您想要的書籍。
❺ **熱門推薦**－推薦最熱門的書籍，節省您蒐尋的時間。

金融廣場書店 *Financial Square*

喧囂城市中的悅讀天堂 Book Store

營業項目

財金專業　商業管理
大眾閱讀　親子叢書
各類雜誌　文具用品

營業時間

週一至週六
AM10:00~PM10:00
週日、國定假日
AM10:00~PM06:30

人文與咖啡的詠嘆調 Coffee Shop

營業項目

品味咖啡　時尚輕食
歐風花茶　甜點美饌

營業時間

週一至週六
AM08:30~PM10:00
週日、國定假日
AM08:30~PM06:30

地址｜台北市中正區羅斯福路三段62號1樓　電話｜02-3365-3666　書店轉595.596　咖啡廳轉599

數位破發點

作　者　約翰・貝斯特 John Best

譯　者　方慧媛

編　審　孫一仕、蕭俊傑

發　行　財團法人台灣金融研訓院

地　址　100 台北市羅斯福路 3 段 62 號

電　話　(02) 3365-3666

印　刷　豪隆彩色製版有限公司

版　次　2019 年 11 月初版一刷

ISBN　　978-986-399-172-4 (平裝)

國家圖書館出版品預行編目資料

數位破發點 / John Best 作；方慧媛譯 .
-- 初版 -- 臺北市；台灣金融研訓院, 2019.11
　面；　公分 .-- (科技應用系列 ; 7)
譯自：Breaking digital gridlock, +Website:
improving your bank's digital future by
making technology changes now
ISBN 978-986-399-172-4 (平裝)

1. 銀行業　2. 銀行管理　3. 數位科技
562.029　　　　　　　　　　　　108018784

感謝您購買台灣金融研訓院出版品，為不斷提
升本院出版品的水準，若您對於本書內容有疑
問或建議改進之處，歡迎透過下列任一方式給
予寶貴的意見：

● 請 E-mail 至 傳 播 出 版 中 心 客 服 信 箱：
　pub@tabf.org.tw。

● 請掃描上方 QR Code，留下問題與建議。